www.tredition.de

AF214758

Roman Nies

Das Kommen des Herrn und die Manifestation des Bösen

Die Thessalonicherbriefe

www.tredition.de

© 2019 Roman Nies

Verlag und Druck: tredition GmbH, Hamburg

ISBN

Paperback: 978-3-7482-5538-3

Hardcover: 978-3-7482-5539-0

e-Book: 978-3-7482-5540-6

Das Kommen des Herrn

und die

Manifestation des Bösen

-

Die Thessalonicherbriefe

Eine heilsgeschichtliche Auslegung

von

Roman Nies

Inhalt

Einführung

Manche Kulturphilosophen und Historiker sehen in der Hinwendung zum Monotheismus die Geburtsstunde des geistigen Europas. *1 Was bedeutet dann aber die Abwendung? Offenbar kehren ja die europäischen Völker wieder zu den alten Göttern zurück, den Nichtsen, die nicht verantwortlich dafür sein können, was unter ihrer Herrschaft geschieht, weil der Mensch seine Verantwortung nicht auf seine Gedankengebilde abwälzen kann. Ist mit der Abwendung vom Eingottglauben die Grabesstunde Europas angebrochen?

Im 21. Jahrhundert sieht man nun immer mehr, wie sich Aberglauben, Esoterik, Zauberei, Okkultismus und die Verkultung von Mensch und Tier und materiellen Dingen ausbreiten. *2 Zu den alten Göttern kommen ganz neue, die sich der Mensch ausgesucht hat, dazu.

Paulus hat auch in seinem Brief an die Thessalonicher die Götzendienerei der damaligen Gesellschaft angeprangert. Evangeliumsverkündigung bedeutete für ihn zuerst einmal, den Menschen deutlich zu machen, was für eine Alternative denn Jesus Christus zu diesen Götzen darstellte. Er trat dabei in einen Wettbewerb mit der herrschenden religiösen Meinung. Und oft genug wurde man auch handgreiflich aus den gleichen Gründen wie heute. Man hat keine Argumente mehr gegen die Wahrheit oder noch schlichter: man wünscht und will die Wahrheit nicht, ja, man hasst sie, weil man nicht etwas lieben kann, was gegen die eigene Lebenseinstellung steht und deshalb nur als Anklage verstanden werden kann, die man persönlich nehmen muss.

Die Motive des Volks der Finsternis, was die wahre Erkenntnis Gottes anbelangt, sind leicht zu finden. Wer den Götzen anhängt, die seinen Bedürfnissen und seiner Lebensweise entsprechen, kann nicht dem Gott folgen wollen, der diejenige Alternative zu den Götzen bietet, die sie überflüssig macht und damit auch die gesamte Lebensausrichtung in Frage stellt. Man verteidigt seine Götzen, weil man seine

Bedürfnisbefriedigung in Gefahr sieht, oder, einfacher ausgedrückt, die personifizierte Finsternis fürchtet das personifizierte Licht. Beide zugleich können nicht in einer Person existieren. Wer sich der Finsternis hingibt, wird ihr auch anhangen. Wer sich zum Licht hingezogen fühlt, wird die Finsternis meiden. Die Finsternis bekämpft das Licht, weil es sonst weichen muss. Das Licht hingegen kämpft nicht, es breitet sich wachstumsmäßig aus. Früher wusste man, was man unter einem „rechten Menschen" verstehen musste. Er hatte „Recht" und lebte „recht". Er war „recht" und „gut". Das Gutsein gehörte zum Rechtsein dazu. *3

Paulus brachte mit seinem Evangelium den Menschen eine Botschaft, die sie nicht willkommen hießen, sondern fürchten mussten. Das Evangelium besagt, dass Gott Mensch geworden ist und für alles Böse, das der Mensch darstellen kann, ein Sühneopfer abgeleistet hat. Die Rechtsfolge der Versöhnung mit Gott braucht also nur akzeptiert zu werden, was aber zur Folge hat, dass man nun nicht mehr den Götzen und den alten Gewohnheiten lebt, sondern ein neuer Mensch in Christus wird.

Einerseits ist es erstrebenswert, dabei ein guter Mensch zu werden. Jeder sollte also erlöst werden wollen. Aber jeder Mensch trifft bereits bei dem gedanklichen Prozess, über die Folgen der Hinwendung zu Christus nachzudenken, auf ein sonderbares Phänomen. Man will gar nicht zu sehr gut sein. Jeder Mensch gibt zu, dass es gut ist, „gut" zu sein. Wenn man einen Inder fragt, warum er keinen einzigen „guten" Gott hat und warum er ausgerechnet solche Götter zu seinen Lieblingsgott gewählt hat, die nicht gut, oder jedenfalls so gut sind, dass sie auch menschliche Schwächen haben, bekommt man vielleicht zur Antwort, dass es ja weniger um das Gutsein gehe bei der menschlichen Existenz, sondern um die Annahme bei Gott und gelegentliche Vorteilsnahme mit dem Endziel nach endlosen Wiedergeburten endlich mit Gott zusammenzugehen. Und wenn Gott eine ungute menschliche Eigenschaft hat, hat das den Vorteil, dass man, wenn man diese Eigenschaft selber hat, daran schon nichts ändern muss. Und Gott könne auch bei anderen Eigenschaften aufgrund seiner eigenen Unvollkommenheit ein Auge zu-drücken.

Der Gott der Mohammedaner erhebt auch nicht den nachvollziehbaren Nachweis, dass er vollkommen sei. Er trägt Züge von Vergeltungslust, Härte, Grausamkeit, Gnadenlosigkeit. Mit diesen Methoden ließ sich auch ein großer Teil der Welt er-obern, weshalb sich der Islam auch gerade so ausgebreitet hat. Die Nomaden der Wüste waren ebenso wie ihr Allah, vergeltungssüchtig, Blutrache übend, grausam und gnadenlos. Und, auch wenn es sogar mehr Fälle von Versöhnung und Gnä-digkeit gegeben haben sollte, was man gerne den Mohammedanern zuschrieben möchte, so sind diese tadeligen Eigenschaften innerhalb des Islam durch die Jahr-hunderte sehr lebendig und wirkmächtig gewesen! Allah war wie ein bestellter Gott, für den Mohammed das Inserat geschrieben hat. Man konnte ihn als Waffe benutzen und zugleich als Rechtfertigung für Gewalt, die Unterdrückung von Stammesfeinden und die Beherrschung der Frauen.

Ähnliches könnte man über den Gott der Katholiken oder Protestanten sagen. Er ist ein Gott, dessen Gnädigkeit und Barmherzigkeit zwar von den Kirchen immer wieder behauptet wird, aber angesichts zweier Umstände meist nicht immer über-zeugend umgesetzt worden ist. Zum ersten haben sich die Kirchen und ihre zuge-hörigen Glaubensvölkern oft nicht durch Gnade und Barmherzigkeit hervorgetan. Sie haben die Völker der Dritten Welt und sich untereinander und gegenseitig mit Gewalt und Unterdrückung und Kriegen überzogen. Zum anderen lehren sie einen Gott, dessen Gnade und Barmherzigkeit nur den Gläubigen wirklich zu Gute kommt, während die Mehrheit der Menschen von diesem Gott für immer an einem finsteren Ort verbracht wird, wo es nicht sehr ruhig zugehen wird, weil dort alle vor Qualen schreien und schluchzen. So behaupten es jedenfalls die Kirchen und dementsprechend haben sie gehandelt. D.h. die Vorstellung, die sie über Gott ha-ben, stimmt mit ihrem Handeln überein. Da ist viel Gutes, was getan und initiiert worden ist. Und vieles wurde auch zum Segen für die Menschheit. Aber dass es da noch mehr Schlechtes und Böses gab, darüber lassen sich viele Belege finden.

Und vieles davon ist nicht zu entschuldigen. Zu beschönigen gibt es an der Geschichte der Christenheit nicht viel. Und man muss wissen, es handelt sich vorwiegend um die Geschichte der Kirchenchristenheit, also jener Christenheit, die aus einem zu Untaten verführten Volk und den zugehörigen geistlichen Verführern, den Religionsführern bestand und immer noch besteht.

Paulus hat nichts mit all diesen Kirchen und Glaubenssystemen zu tun. Er predigte ein anderes Evangelium. Er brachte eine Botschaft, die sämtliche Götzen und Ungötter degradierte zu bloßen Schattenbildern oder Finsternisgestalten, Gefangenenwärtern und Sklavenhaltern, Verbrecherbandenanführern und Gottesfeinden, Lügnern und Mördern. Paulus brachte ein Evangelium, das herausfordert, weil es makellos ist. Es stellt Gott als pures Licht der Erlösung dar und Jesus, den Heiland und Erlöser als vollkommenen Menschen und Gott. Die Gottmenschen der Griechen waren wie Menschen, nur mächtiger. Sie waren nicht vollkommen, sondern hatten die Schwächen ihrer Gott- und Menscheltern. Auf der Augenhöhe der Menschen der Antike waren ihre Götter. Manchmal waren sogar die Menschen tugendhafter und heldenhafter als die Götter. Schon die Juden waren wegen ihres Glaubens an einen vollkommenen, vor allem vollkommen guten Gottes, nicht sehr beliebt bei den Menschen. Wie konnte man jemals so einem Gott gefallen?

Bei nüchterner Betrachtung der Lage und der Berücksichtigung sämtlicher Fakten, war die Lücke einfach zu groß zwischen Mensch und Gott. Mit dieser Erkenntnis, die bei den meisten eher einer unguten Ahnung entsprach, waren die Nichtjuden, Römer und Hellenen vielleicht sogar ein Stück weiter als so manche Juden, die sich auf ihre gedachte Botmäßigkeit etwas einbildeten. Überraschenderweise haben diese Juden ihre Nachfahren in den Kirchenchristen. Denn auch denen ist meist nicht bewusst, wie groß und unüberbrückbar nach menschlichem Maß die Lücke zwischen Mensch und Gott ist. Sie ist exakt so groß, dass alles, was ein Mensch dazu tun kann, um die Lücke zu schließen, mathematisch über eine Null nicht hinauskommt.

Wenn also Paulus über die Götzenhaftigkeit seiner Zeitgenossen nachgedacht hat, kann es sein, dass ihm auch in die Gedanken gekommen ist, dass dieses Geschenk Gottes an die Menschen, diese Lücke zwischen Ihm und dem Menschen mit dem Kreuz von Golgatha zu schließen, zu viel verlangt vom Menschen. Der Mensch kann es nicht akzeptieren, dass Gott alles gemacht hat und er, der Mensch, nicht einmal einen Beitrag leisten kann. Und zwar kann er auch deshalb nichts dazu tun, weil er über das Stadium eines Stümpers niemals hinauskommt. Der Vergleich hinkt, denn selbst die Arbeit eines Stümpers kann zum Teil gebraucht werden.

Es gibt da also das Problem, wie nehme ich das Geschenk eines neuen und erfüllteren Lebens aus den Händen von jemand, der mir zugleich zeigt, dass ich es nicht verdient habe und niemals verdienen werde. Wenn ein König deine Hütte betritt, für die du dich in unzähligen Arbeitsstunden abgemüht hast, und dir sagt, dass du ab sofort im Königspalast wohnen kannst, dafür aber deine Kritik am König bleiben lassen sollst, wo sie nachweislich nicht berechtigt ist, wird das letzte Bedenken, das man gegen dieses Angebot hat, wohl dies sein, dass man sich fragt, „wo soll ich dann aber mit meinem Stolz hin?" Er bestand ja darin, dass ich aufbegehrte und dass ich selber meine Hütte aufgebaut habe. Es könnte meine Weigerung aber noch eine andere Ursache haben. Es sind meine Gedanken, dass es im Palast des Königs immer feind und sauber zugeht und ich da gar nicht hinpasse mit meinen schlechten Manieren. Man braucht also etwas, was Paulus immer wieder einforderte und anmahnte: Vertrauen in den König! Wer sich auf den König von Zion einlässt, wird von Ihm auch passend gemacht, denn tatsächlich gibt es im Palast des himmlischen Königs nur Passende. Sie wurden passend gemacht. Ist es also doch die Angst vor dem Passendgemachtwerden, die das Evangelium in den Ohren so vieler für Misstöne sorgt?

Warum hat Gott überhaupt den Wirkraum des Palastes verlassen? Warum hat Er den Menschen in eine böse, gefallene Welt hineingestellt? Warum hat Er sie nicht gleich nach dem Sündenfall beseitigt, wo der Schaden noch gering und die

Abräumkosten überschaubar gewesen wären? In jeder Stunde werden immer mehr Menschen auf diesem Planeten geboren. Und es wäre unverantwortlich von Gott, wenn Er zwar die Zahl der getauften Kirchenchristen immer weiter anwachsen ließe, aber zugleich die Zahl der Ungläubigen noch viel schneller anwachsen würde. Als Abraham hoffte, in Sodom wären zehn Gerechte, wurde er von Gott eines Besseren belehrt. Es gab keinen einzigen. Aber angenommen dies wäre das Verhältnis, ein Gerechter, neun Verlorene. Dann wären in der nächsten Generation bei gleichem Verhältnis zwischen Geretteten und Verlorenen zwei Gerechte und 18 Verlorene. Die Zahl der Verlorenen wäre also doppelt so groß wie vorher. Und im Jahr 2019 würde sich die Weltbevölkerung aller Menschen, die jemals gelebt haben auf etwa 100 Milliarden Menschen aufsummiert haben und 90 Milliarden davon, wären Verlorene. Warum also lässt Gott die Weltzeit weiter laufen, ohne einzugreifen und dem zunehmenden Unheil Einhalt zu gebieten? Paulus hatte die Antwort. Gott sucht das Verlorene so lange, bis Er es gefunden hat, vielmehr, bis sich das Verlorene gefunden findet. Dabei löst Er zugleich noch ganz andere Aufgaben, die der Mensch nicht sehen kann, solange es ihm nicht von Gott gegeben ist.

„Das Böse gibt Gott sogar Gelegenheit, Sich in einer Weise zu offenbaren, wie Er es sonst nicht vermocht hätte: als Rettergott, als Gott aller Gnade, als der Vergebende, den Sünder Liebende, als ein Gott, der mit unendlicher Liebe dem verlorenen nachgeht, bis Er es findet (Lk 15,4)". *4

Der erste Brief an die Thessalonicher wird als ältester Brief von Paulus betrachtet. Empfänger seines Briefes ist eine von Paulus gegründete Gemeinde. Dabei handelt es sich nach Ap 17,4-5 hauptsächlich um *„Griechen und nicht wenige der vornehmsten Frauen."* Und Juden? Lukas hat über sie nur zu sagen, dass sie eifersüchtig geworden waren. Die Juden waren in der römisch-griechischen Gesellschaft nicht sonderlich beliebt und waren mit ihrer Sicht der Welt bei den „Bildungsbürgern" meist abgelehnt worden, auch wenn es unter ihnen auch immer wieder

Sympathisanten für das Judentum gab. Trotzdem war die Situation für Juden in der Diaspora immer eine angespannte. Und nun kam dieser Paulus daher, dieser Zeltmacher aus Kleinasien, und zog gottesfürchtige Nichtjuden, die vorher noch unschlüssig über ihre Haltung gegenüber dem Judentum gewesen waren und mit den Synagogen in Kontakt gestanden hatten, sektiererisch an sich. 1 Thes 1,9 und 2,14 bestätigen, was der Reisebegleiter von Paulus in der Apostelgeschichte berichtet hat. Die Gemeindemitglieder waren zumindest überwiegend Nichtjuden.

Paulus war zusammen mit Silas von Philippi her nach Thessalonich gekommen (Ap 16,40f.). In Philippi hatte Paulus zum ersten Mal europäischen Boden betreten. Dort hatte er eine kleine Gemeinde geründet, die wegen ihrer Mitglieder Verbindungen zur Synagoge hatte. *5 Er wurde aber von der einheimischen Bevölkerung abgelehnt. In Philippi, einer römischen Legionärsstadt, war die Mehrheit der Bevölkerung Römer, die ihre Stadt als Klein-Rom betrachteten. Paulus kam in Haft. Die Obrigkeit entließ ihn zwar wieder daraus, bat ihn aber die Stadt zu verlassen. Er zog weiter in die Provinzhauptstadt nach Thessalonich und predigte dort wiederum, nach seiner Gewohnheit, bei den Juden in der Synagoge (Ap 17,3). Und auch da sprachen einige der griechischen Proselyten auf seine Predigt an, sehr zum Missfallen der Juden. Die klagten ihn und alle anderen, die eine Verbindung zu Paulus hatten, an (Ap 17,6). Das erklärt, warum die Gemeinde schon von Anfang an unter Druck geriet. Gerade eben gläubig geworden und gleich darauf schon deshalb verflucht und verfolgt (1 Thess 3,4)!

Thessalonich war damals wie heute ein Zentrum Mazedoniens. Die Stadt war Hauptstadt der römischen Provinz Makedonien und damit auch Sitz des Prokonsuls. Sie hatte nicht nur eine große politische Bedeutung, sondern aufgrund ihrer Lage war sie auch für den Handel sehr wichtig. *6 Von den Götzen, die Paulus in 1 Thes 1 anspricht, gab es wie in allen Provinzhauptstädten des Römischen Reiches eine große Auswahl. Die römisch-griechischen Götter wurden überall verehrt. Die Archäologen haben Kultstätten von Dionysos, Isis und Serapis ausgegraben. Es gab auch eine jüdische Gemeinde mit mindestens einer Synagoge (Ap 17,1). Paulus hat auch diese Stadt unfreiwillig verlassen müssen. *7 Aus dem 1. Thessalonicherbrief ergibt sich, dass das Verhältnis der Gemeinde zu Paulus gut ist und Paulus lobt die Gemeinde auch. Anlass der Abfassung dürfte aber ein anderer gewesen sein. Auf die Gemeinde war anscheinend Druck von den Juden ausgeübt worden (1 Thes 2,14). Urheber waren die Paulusgegner, die ihn in Misskredit zu bringen versucht hatten. Und schließlich fragte sich bei all dem Druck jeder, wann denn endlich der Herr zurückkommen würde. Es waren nun schon so viele gestorben und Jesus war immer noch nicht gekommen. Oder hatten sie irgend etwas verpasst?

Nach Ap 18,5 traf Paulus in Korinth seine Mitarbeiter Silvanus und Timotheus. Am Anfang des Briefes erwähnt er sie als Mitgrüßende. Sie sind also bei ihm, was bedeuten kann, dass sich Paulus in Korinth befindet, wohin er von Athen aus weiter reiste. *8

Nach dem Tumult in Thessalonich zogen Paulus und Silas aber zunächst weiter nach Beröa (Ap 17,10). Später dann von Athen aus schickte Paulus Timotheus wieder nach Thessalonich (1 Thess 3,1f.5). Paulus hatte ja dort sein Werk nicht vollenden können. Anscheinend sollte Timotheus nun der kleinen, unter Druck stehenden Gemeinde, beistehen. Irgendwann, vermutlich Anfang der 50er Jahre, brach Paulus von Athen aus nach Korinth auf, *9 der damals größten Stadt Griechenlands. Da der Briefgruß nicht auf eine in Korinth existierende Gemeinde verweist, die sonst mitgegrüßt haben könnte, war Paulus wohl auch noch nicht lange in Korinth. Aber es würde noch lange werden, über ein Jahr lang. *10 Er plante aber wieder nach Thessalonich zurückzukehren, um das, was dort gesät worden war, weiter wachsen zu lassen und zu befestigen (1 Thess 3,10).

Neben der Danksagung an der Mitwirkung der Verbreitung des Evangeliums und der Zeugenschaft Jesu Christi, befasst sich ein Teil des Briefes, typisch für Paulus, auch mit der Heiligung. *11 Das Besondere stellen aber die Verweise auf die Parusie Jesu Christi dar. ***12** Die Gemeinde zu Thessalonich hatte ein Bedürfnis der Erkenntnis, auf das Paulus versuchte einzugehen. Anfang der fünfziger Jahre rechnete man offensichtlich damit, dass Jesus, der ja gesagt hatte, dass Er Seine Rückkehr nicht verzögern würde, immer noch „bald" Seine Voraussage wahr machen würde. Je länger es aber dauerte, desto weniger überzeugend wurde die Predigt vom nahen Kommen Christi. Und irgendwann wird der Verkünder auch seinen Zuhörern gesagt haben, für die meisten dauere das Warten auf den Herrn sowieso ihr ganzes Leben.

Und das währte auch damals gewiss nicht länger als einhundertzwanzig Jahre. Aber ob es zwanzig oder hundert Jahre sind, danach ist man bei Christus angekommen.

Paulus legte also, wie die anderen Apostel und Verkünder, den Schwerpunkt nicht auf das Wann der Rückkehr Jesu, sondern auf das „Dass" der Vereinigung mit Ihm. Dass die Heimat eines Christusgläubigen nur Christus sein kann und es auch wird, ganz unabhängig davon, welches Leben man führen musste, als Sklave oder Freier, als Jude oder Hellene, das war klar und wahr. Das galt es zu verkündigen. Es gab ja schon immer bei den Gottesfürchtigen ein Verständnis für die heiligen Schriften Gottes. Aus ihnen lässt sich entnehmen, dass Gott ein Gott der Weltgeschichte ist, aber zugleich die Heimholung jedes einzelnen zu Sich betreibt. Das ist ein Prinzip, das man auch beim Studium der Geschichte Israels beachten muss. Wenn Gott sagt, dass Er ganz Israel zur Erlösung bringt, dann meint Er nicht allein ein wirkmächtiges Handeln am ganzen Volk, das Er in sein angestammtes Land zurückbringt, oder unter Seine unmittelbare Herrschaft und in die Gemeinschaft mit Ihm bringt. Er meint damit auch, dass Er sich um jede einzelne Seele kümmert und sie heil macht. Besonders deutlich wird das mit dem Kommen und Wirken Jesu. ***13** Israel ist aber nur der Vorgänger aller Völker und aller Menschen.

JCJCJCJCJCJCJCJCJC

1. Kapitel
Die Wirkungen des Vertrauens
1 Thes 1,3-5.8-9; 2,4-14

Paulus verdeutlicht schon bei seinem Grußwort an die Thessalonicher, was ihm wichtig ist. Es ist das, was er den Thessalonichern hier zugleich bescheinigt. Das Werk des Glaubens, die Bemühung der Liebe und das Ausharren in der Hoffnung auf Jesus Christus (**1 Thes 1,3**). Man hat das als Trias von Glauben, Liebe und Hoffnung bezeichnet. Man darf glauben, dass das die Eckpunkte und Grundwerte im Leben des Paulus sind. Mit dem Werk des Glaubens sind nicht spezielle Werke oder gar das Halten der Torah gemeint, sondern die Gesamtheit der Anforderungen, die sich mit dem rechten Glauben stellen. Der Glauben ist besser mit „Vertrauen" zu übersetzen. *14 Bei Paulus geht es immer um das persönliche Vertrauens- und Treueverhältnis, welches ein Kind Gottes mit seinem Vater im Himmel haben kann. Es ist keine Frage, dass man bei Gott eine begründete Vertrauenswürdigkeit hat.

Der Mensch hat die Aufgabe,
sich der Vertrauenswürdigkeit Gottes würdig zu erweisen.

Ohne dies ist keine tragfähige oder wirksame Beziehung zu Gott möglich. Der rechte Glaube ist der Anfang dieser Beziehung und die Treue unterhält sie und stärkt sie weiter. Ein Ende des Vertrauens kann es nicht geben, denn hier stimmt es wirklich, die Beziehung geht über den Tod hinaus, der Tod scheidet nicht Gott und Mensch. Und das Vertrauen an sich ist von der rechten, unvergänglichen Art.

Wenn man den richtigen „Glauben" hat, kann man auch mit der „Bemühung der Liebe" erfolgreich sein. Es ist ein „Bemühen", weil der Wandel in der Liebe vieles abverlangt, auch wenn er vieles gewinnt. Liebe muss einem wie das Gottvertrauen gegeben sein. Dann wird sie sich immer zu einer Liebe Gottes entwickeln, wenn sie in der wachsenden Vertrauensbeziehung zu Gott gezeugt worden ist. Sie richtet sich aber auch auf die Mitmenschen, weil das der Liebe Gottes zu eigen ist. Die Erschaffung der Menschheit war ja nicht irgend ein spontaner Einfall Gottes aus einer ungefähren Willkür. Die Liebe Gottes war das Antriebsmoment für die Schöpfung und die Festsetzung des Schöpfungsziels, aber auch für die Methoden der Zielverwirklichung. Und daher bleibt sie auch immer eine Begleitende der Schöpfung.

Für die Thessalonicher und Paulus ist ein „Bemühen der Liebe" auch ein Hinweis auf das Geschehenlassen dessen, was Gott tut, um unser Wesen zu verändern. Es wird von einem alten verhärmten Adamswesen zu einem neuen Menschen in Christus, der sich voll und ganz auf die Wesensmerkmale Gottes zubilden lässt. Und so fällt es dem Menschen oft schwer, das Gute und Schöne nicht nur wertzuschätzen, sondern auch die inneren Widerstände dagegen fahren zu lassen. Konkret dachte Paulus hier sicher an die Versuche der Thessalonicher füreinander da zu sein, Gastfreundschaft, Brüderlichkeit und Hilfsbereitschaft walten zu lassen, mithin das, was eine christliche Gemeinschaft am ehesten als des rechten Glaubens klassifiziert. Liebe zu den Menschen wird aber nur dann dauerhaft sein können, wenn sie auf einer festen Beziehung zu Gott gegründet ist. Je mehr das der Fall ist, desto mehr wird sie bedingungslos sein, desto weniger berechnend und kalkulierend.

Bei alledem, einem großen Maß an Vertrauen in Gott und Bereitschaft zum Liebesdienst am Nächsten, braucht es aber noch die Hoffnung auf Jesus Christus.

Was ist das für eine Hoffnung? Es sollte nicht allein die Hoffnung auf Erlösung sein, denn wer den Geist Christi hat, vertraut Ihm und allem, was er zugesagt hat, voll und ganz. Man „weiß", dass man die Erlösung hat, denn Gott ist treu und zuverlässig. Was ist also noch zu hoffen? Dass Gott es so fügt, dass man sich bestens fügen lassen kann. Es sind die Umstände, die die Gläubigen immer wieder belasten und das Leben versauern lassen. Man setzt deshalb auch da sein tägliches Hoffen auf den Beistand Jesu Christi. Er ist das Alpha und das Omega, der Anfang und der Vollender der Schöpfung. Ihm liegt alles in den Händen und Er bestimmt das Geschick jedes Einzelnen, wie das, was unbedingt werden wird, sich in die Realität einbilden lässt. Der in Christus Vertrauende fragt sich weniger „ob", er fragt sich mehr nach dem „wie" und „wann". Die Frage nach der Rückkehr Jesu Christi war gerade bei den Thessalonichern aktuell, wie der Brief zeigt. Das Ausharren in der Hoffnung auf das, was sie sich wünschten, war insbesondere, wenn die äußeren Umstände des Lebens schwierig geworden waren, anzustreben.

In Vers 4 bestätigt Paulus, dass die Thessalonicher auserwählt sind. Sie sind auserwählt, weil Gott Paulus mit seinem Evangelium zu ihnen geschickt hat und es dort in den Herzen der Thessalonicher Aufnahme gefunden hat (**1 Thes 1,4**). Dieses Evangelium und die Umstände der Verkündigung bezeichnet Paulus näher (**1 Thes 1,5**). Es ist ein Evangelium, welches nicht nur den Worten nach verkündigt worden ist, sondern die Worte bekamen ein besonderes Gewicht. Es war nämlich kraftvoll, geistvoll und erkenntnisvoll: *„in Kraft und im heiligen Geist und in großer Gewissheit"*.

Ob etwas „in Kraft" geschieht, sieht man am besten an den Wirkungen. Paulus weiß, dass sein Evangelium in Kraft kam, weil er sah, dass es bei den Thessalonichern auf Aufnahme stieß. Diese Kraft kam vom Geist Gottes. Das ist der gleiche Geist, der auch beim Empfänger des Evangeliums Aufnahmebereitschaft erwecken muss, weil sonst die Sinne verschlossen bleiben. Es gibt kein kraftloses Evangelium, allenfalls ein falsches, das nur als Evangelium bezeichnet wird. Die Botschaft, die Paulus zu verkünden hatte, war eine Kraft an sich, weil die Wahrheit, die von Gott her kommt, immer stark ist. Sie muss aber immer auf Empfänger treffen, die sich durch diese Kraft bekräftigen lassen. Auch der Empfänger muss durch die Kraft von oben vorbereitet werden, damit er offene Ohren für die neue Botschaft und die kraftvolle Wahrheit bekommt.

Paulus weiß, dass seine Verkündigung dem Auftrag von Gott entspricht. Er hat darin „große Gewissheit". Wer auf der Kanzel steht und seine Mutmaßungen und Einschätzungen wiedergibt, kann niemals solche Kraft entfalten, wie einer, der sich seiner Sache gewiss ist. Die Gewissheit von Paulus hatte ihren Ursprung mit dem Damaskuserlebnis, wo er dem auferstandenen Christus begegnet war, dann aber auch bei den weiteren Zusammenkünften mit Christus in der Wüste Arabiens. Ob man diese Zusammenkünfte als allein im Geiste geschehene versteht oder nicht, ist dabei ohne Belang, denn Paulus durfte sich seiner Sache sicher sein.

Mit der Kraft meint Paulus nicht so sehr die äußeren Wirkungen, als das, was sich im geistlichen Bereich abspult. Der Mensch ist in seinen Lebensäußerungen von der Kraft abhängig, die er aus dem Gegebenen her nimmt. Wer geistlich „kräftig" sein will, braucht zu allererst einmal die Berührung Gottes, die ihm einen Auftrag und eine Aufgabe gibt. Er muss willig gemacht werden, nicht durch Zwang oder Unausweichlichkeit, sondern durch alles, was Gott in Seine Berührungen gesteckt hat. Wer davon überzeugt ist, dass der Mensch, der ihm gegenübersteht, freundlich ist, wird ihm eher vertrauen und dies zu seinem eigenen Wohlergehen eher nutzen können als wenn der Gegenüber einem Üblen verdächtigt werden müsste. So hängt das Ansehen Gottes beim Menschen auch davon ab, wie sich Gott dem Menschen offenbart. Wird Er als freundlich und gut wahrgenommen, beginnt man, Ihm zu vertrauen. Der Wille dazu entwächst also der Einsicht in die Vertrauenswürdigkeit.

An solchen Reifeprozessen ist immer der Geist Gottes beteiligt. Aus der Bibel wird klar, dass der Geist Gottes, sowohl dem Vater, als auch dem Sohn zugeschrieben wird. Das ergibt sich bereits aus Joh 4,24: *„Gott ist Geist, und die ihn anbeten, müssen in Geist und Wahrheit anbeten."* In Röm 8,9 wird außerdem klar, dass der Geist Christi mit dem Geist Gottes *gleichgesetzt wird: „Ihr aber seid nicht im Fleisch, sondern im Geist, wenn wirklich Gottes Geist in euch wohnt. Wenn aber jemand Christi Geist nicht hat, der ist nicht sein."*

Weil Jesus auch über Geist verfügen kann, den er zuweist (Joh 20,22) und jedem Gläubigen gegeben ist (Röm 5,5), kann dieser Geist offenbar auch mit einer Kraft gleichgesetzt werden. Sie ist ebenso wie die Geistigkeit Gott innewohnend. Das Innewohnen des Christus im Gläubigen ist also ein Innewohnen des Geistes Christi, welcher Kraftwirkungen entfalten kann. ***15**

So wie in 1 Thes 1,5 Kraft, Geist und Gewissheit, die ihren Ursprung bei Gott haben, beim Verkündiger der Botschaft hervorgehoben werden, ist es in **1 Thes 1,6** der Empfänger, sofern dieser ein „Nachahmer" geworden ist. Das Evangelium verlangt nämlich Nachahmung, Befolgung des Weges, den es vorgibt in Jesus Christus. Paulus definiert die Nachahmung: *„indem ihr das Wort in viel Bedrängnis mit Freude des Heiligen Geistes aufgenommen habt."* Bedrängnis und Freude sind Gegensätze. Solcherart Gegensätze vermag nur Gott aufzulösen und also ist sein Geist auch geeignet, Hoffnung und Gewissheit zu geben, dass die Auflösung in der Erlösung auch geschieht. Der Gläubige nimmt ja die Erlösung nicht als einmaliges Geschehen wahr, das er sich erhofft, sondern es ist ein fortschreitender geistiger Prozess, der mit der Umkehrbereitschaft anfängt und mit dem Wachstum in Gnade und Erkenntnis weitergeht. Ablösung von der alten, sündigen Welt und von der alten, sündigen Natur, Abschied von der Abgewandtheit gegenüber Gott und Hinwendung zur Zugewandtheit und zu nehmendem Vertrautwerden.
Darauf richtet man sich aus und wird darin auch immer kompromissloser. Wer gerettet ist von der Sündenmacht des Todes braucht ja zu seiner Erlösung nicht nur ewiges Leben, sondern Leben in Freude und Frieden. Dazu braucht es Wesensänderungen, denn wie soll man sich vollkommen freuen und befrieden, wenn man noch unfertig und roh ist. Man muss auch die göttlichen Eigenschaften erwerben, bevor man erben kann. Nur die göttliche Freude und der göttliche Frieden sind vollkommen.

Wenn die Thessalonicher das Wort Gottes über die Verkündigung von Paulus *„in viel Bedrängnis mit Freude des Heiligen Geistes aufgenommen"* haben, bedeutet dies, dass der Geist Christi in ihnen bereits soweit gewirkt hat, dass sie trotz der

Bedrängnis, die sie als Christen in der heidnischen Umgebung zu erdulden hatten, zur Freude über die Erlösung und das neue Leben im Geist Christi fähig waren. Das ist wiederum für Paulus Grund zur Freude, da er nun als Außenstehender und „Ziehvater" der Thessalonicher erkennen kann, dass sein Dienst Früchte erbracht hat. Das ist für jeden Verkündiger und Evangelisten gut zu wissen und ermutigend. Es gibt allerdings eine besondere Form der Bedrängnis, die Paulus immer wieder verärgerte. Das waren die Versuche der Juden, insbesondere der messianischen Juden, die von Paulus behirteten christlichen Gemeinden vom Kurs abzubringen. Ihnen war Paulus mit seiner Verkündigung ein Dorn im Auge, da er doch weder die Beschneidung noch die Einhaltung der Torah forderte. Hätte er das nur den Heiden und Hellenen gegenüber getan, ihnen die Freiheit von der Torah beizubringen, wäre das schon schlimm genug gewesen. Aber Paulus predigte überall, wo er hinkam, zuerst in der Synagoge und alarmierte damit die jüdischen Glaubenswächter. Und dann waren die Gemeinden, die sich durch seine Missionsarbeit bildeten, meist gemischte Gemeinden. Es gab dort Juden und Nichtjuden. Nie hatte es ein Jude gewagt, einem anderen Juden gegenüber von der Hinfälligkeit der Torah zu reden und zu lehren. Paulus war der erste.

Ob die Juden Paulus überhaupt richtig verstanden ist noch einmal eine andere Sache. Paulus vertrat nämlich gar nicht die Auflösung der Torah. Er ließ die Ordnungen Israels mit Gott bestehen. Aber er wies der Torah den Platz zu, den sie hat, nämlich unter Gott und Jesus Christus, nicht daneben oder sogar darüber. In dem richtigen Satz „Sogar Jesus hielt sich an die Torah" kann der Gedanke mitschwingen, dass Gott Seinem Gesetz gehorsam sein müsse, das ihn sonst verurteilen könnte. Aber streng genommen kann nur Gott jemand zu Recht verurteilen. Und Er ist selber nie verurteilbar, weil Er als vollkommenes Wesen immer Recht hat. Dass Jesus der Torah gehorsam war, hat ebenso einen heilsgeschichtlichen Grund wie die Forderung Gottes an Israel, dass das Volk Sein Gesetz und Seine Satzungen einhält.

Bedrängnis und Freude, das begegnet allen Jesusnachfolgern und Christusvertrauten. Die Bedrängnis geschieht oft wegen der Wahrheit, die man vertritt. Und die Freude wird aus den Erlebnissen des Vertrautwerdens mit Christus gespeist. Müsste man ganz ohne Ermutigung durch die führende Stimme Gottes hoffen, würde die Freude sehr schnell versiegen. Sie muss daher immer wieder vom Geist Christi befeuert werden.

Zum Erfahrungsschatz von Christen gehört dazu, dass ihnen gerade wegen ihres Gottvertrauens und des besonderen Vertrauensverhältnisses zu Gott immer wieder Hindernisse in den Weg gelegt werden und sie Nachteile und Verfolgung erleiden müssen. Es geht nun darum, dies als Beweis der Rechtmäßigkeit ihres Vertrauens zu erkennen und daraus noch mehr Freude zu generieren. Bedrängnisse sollen nicht befremden, sondern als Bestätigung genommen werden. Wer Recht hat, wird in einer Welt des Unrechts immer Ungerechtigkeit erfahren müssen. Der Kluge lässt aber nicht locker und verteidigt weiter das Recht, weil er so immer auf der Seite Gottes bleibt, ja, aber auch weil es keine Alternative gibt, wenn man seine Existenz mit dem, was recht und gut ist – und das ist wiederum in allererster Instanz Gott – eins werden lassen will.

1 Thes 1,8 zeigt, dass es sich beiden Thessalonichern, die Paulus anschreibt, allem Anschein nach zumindest mehrheitlich um Nichtjuden gehandelt hat, sonst hätten sie sich nicht *„von den Götzen zu Gott bekehrt"*. Im nachfolgenden Vers wird deutlich, dass auch diesen Nichtjuden in der Gemeinde Jesu zu Thessalonich die Kunde vom bald kommenden Messias gegeben worden war, denn es war bekannt, dass Jesus aus dem Himmel kommend zu erwarten war (**1 Thes 1,9**). Der Zusatz *„der uns rettet von dem kommenden Zorn"* ist bedeutsam. Paulus hatte den Thessalonichern also beigebracht, dass sie zuerst bei Jesus wären und dass es dann für die Welt einen „kommenden Zorn" geben würde, nicht aber für die Gläubigen. Das ist also die Reihenfolge. Zuerst kommt Jesus zu den Seinen. Er bringt sie in Sicherheit vor dem, was dann kommt, den Zorngerichten Gottes.

Mit diesem Zorn ist der Zorn Gottes, das Gericht, das über die Menschen der Welt kommen wird, gemeint. Andernorts wird er auch als *„Tag des Herrn"* bezeichnet. Paulus sagt also, dass es für die Thessalonicher diesen Zorn nicht geben wird, denn sie haben sich ja Jesus Christus hingegeben und Seiner Gnade und Heilsmacht überlassen. Er ist nicht nur Heiland und Erlöser, sondern auch Bewahrer vor dem Zorn Gottes, den Er ja selber vollzieht. Dieses, *„es ist schrecklich in die Hände des lebendigen Gottes zu fallen"* (Heb 10,31) bezieht sich auch gerade auf diesen Tag des Herrn. ***16**

Paulus lässt noch einmal Revue passieren, was ihm in Philippi geschehen war. Ähnlich unsanft hat man ihn in Thessalonich behandelt, aber das wissen die Thessalonicher aus eigener Erfahrung. Er berichtet davon, um seine Aussage über die Bedeutung der Verkündigung zu unterstreichen. Sie *„wurden freimütig in unserem Gott, das Evangelium Gottes zu euch zu reden unter viel Kampf."* „parrésiazomai" bedeutet couragiert, furchtlos. ***17** Und kann auch mit freimütig übersetzt werden. Luther übersetzt es mit „mutig". Nach Schlachter ist auch eine Übersetzung mit „Freudigkeit" möglich. Der Gedanke, dass sich bei Mut, der sich bewährt, Freudigkeit einstellt, ist naheliegend: *„…gewannen wir dennoch Freudigkeit in unserem Gott".* Und umgekehrt ist man bei einer Freudigkeit, die von Gottes Geist gewirkt ist, keine Furcht vorhanden.

Trotz allem Kampf und „Würgen", wich dem Apostel der Mut und die Freudigkeit nicht, auf diesem Weg der Verkündigung fortzufahren. Das kann ein Mensch nicht aus sich schöpfen. Es muss ihm gegeben sein. Viele können von ähnlichen Erfahrungen berichten. Es hat schon immer in der Geschichte Gottes mit denen, die Er zu einem besonderen Dienst berufen hat, eine gewisse Unerschrockenheit, gepaart mit Freudigkeit bei ihnen eingestellt, die sie über besondere Klippen hinweggehoben haben, die einen stolpern machen können. Eines der frühen Beispiele der Apostel ist dazu das Auftreten der Jünger Jesu nach dem Gewahrwerden der Auferstehung Jesu. Jesus hatte sich ihnen unmissverständlich mehrfach gezeigt (Ap 1,3). Und nun kam an Pfingsten der Geist Christi über sie und machte sie mutig und furchtlos (Ap 2,14). Und ihre Predigten strahlten eine Zuversicht und Freude zugleich aus. Für ihren Dienst und Auftrag waren die Worte, die ihnen gesagt wurde, als Jesus zum Himmel auffuhr von entscheidender Bedeutung: *„Dieser Jesus, der von euch weg in den Himmel aufgenommen worden ist, wird in derselben Weise wiederkommen, wie ihr ihn habt in den Himmel auffahren sehen!"* (Ap 1,11) Sie rechneten damit, dass es nicht mehr lange dauern konnte, ehe Jesus zurückkehrte. Und der Tod hatte seinen Schrecken weitgehend verloren, da er über Jesus keine Macht hatte. Jesus hatte Seinen Jüngern das ewige Leben zugesagt. Bis zur Wiederkehr stand jetzt nur eines auf dem Programm, und es war ein großartiger, zur Freude Anlass gebender Programmpunkt: *„So soll nun das ganze Haus Israel mit Gewissheit erkennen, dass Gott Ihn sowohl zum Herrn als auch zum Christus gemacht hat, eben diesen Jesus, den ihr gekreuzigt habt!"* (Ap 2,36).

Paulus zählt den Thessalonichern eine Negativliste auf. Er spricht sich frei von jeglichen Verdächtigungen, dass er unlautere Ansichten verfolgt habe. Das unterstellten ihm natürlich seine Gegner. *„Denn unsere Ermahnung geschah nicht aus Irrtum, auch nicht aus Unlauterkeit, auch nicht mit List"* (2 Thes 2,3). Das ist auch heute noch so. Wer die Lehren Paulus verbreitet, bekommt keine so heftige Widerrede von Atheisten oder Buddhisten oder Agnostikern als von denen, die im Lager daneben zu Werke gehen. Man wird in kirchlichen Kreisen sehr schnell verteufelt oder als Irrlehrer bezeichnet. Und man befindet sich dabei mit Jesus und Paulus in guter Gesellschaft.

Nicht Paulus handelte im Irrtum, sondern die jüdischen Rabbis, als sie das Evangelium vom Messias Yeschua nicht annahmen. Paulus hatte gute Absichten, denn es war klar, er hatte die beste aller Botschaften und er hatte sie nicht nur für Juden, sondern für alle Menschen. Jesus hat alle erlöst! Lautete die Botschaft. Wer das glaubt, wird gerettet und kommt in die Gemeinschaft mit Gott, wer es nicht glaubt, kommt ins Gericht. Und auch da kommt niemand an Jesus vorbei, dem Richter der Völker aller Zeiten.

Irrtum, Unlauterkeit und List sind die Mittel der falschen Verkündiger, der Täuscher und Blender. Sie kennen die Wahrheit nicht, nur Teile davon. Auf dieser Grundlage können sie nur Irrtümer aufbauen, die sie brauchen, um ihre Bedeutung und Herrschaft zu sichern. Ein Beispiel dafür wäre, dass die Kirche Roms glaubt, sie sei die Nachfolgeorganisation der Gemeinde Christi. Als solche habe sie die Schlüssel Petri, mit dem man den Himmel auf und zuschließen kann. Somit hängt es allein von der Kirche ab, ob sie Menschen in den Himmel lässt oder nicht. Wenn man etwas glaubt, ohne zu wissen, dass es falsch ist, befindet man sich im Irrtum. Eine Steigerung zum bloß Menschlichen hin, ist, wenn man nicht nur die Wahrheit nicht kennt, sondern weiß, dass man die Wahrheit nicht hat und sie deshalb dennoch als Wahrheit verkaufen will. Das geschieht durch List und Tücke. Ein Beispiel dafür wäre die jesuitische List durch Lüge, andere zu etwas zu bringen, was sie durch die Wahrheit nicht erbracht hätten. Das haben nicht die Jesuiten erfunden, aber als rechtes, Gott wohlgefälliges Mittel, etwas Gutes zu erreichen, bezeichnet. Die gleichen Mittel werden im Islam sanktioniert. Dort heißt es auch, dass Allah der größte Täuscher sei. *18

Bei der Unlauterkeit werden beides miteinander verbunden Irrtum oder List mit tadeliger Zielsetzung. Es geht also nicht einmal noch darum, etwas Gutes zu bewirken, sondern man hat böse Ziele. Es wäre unlauter, würde man ein Kind täuschen, indem man ihm zusagt, dass seinem Vater nichts Böses geschieht, wenn es verrät, wo er sich aufhält und ihm dann doch etwas antut. Johan Hus wurde 1415 freies Geleit zugesprochen, als er nach Konstanz zum Konzil ging, um seine Lehren zu verteidigen. Man verschwieg ihm aber die wahren Absichten, die man hatte, und ermordete ihn, um das „Evangelium" nach Rom zu verteidigen. Eine Wahrheit muss niemals durch das Böse verteidigt werden. Sie steht für sich und kann auch nie umgestoßen werden.

Die Botschaft von Paulus war wie sein Vortrag, irrtumsfrei und lauter. List hatte sie nicht nötig, Unlauterkeit war tabu. Das ist die Souveränität Gottes, die Er mit Seinem Geist auf Seine Verkünder überträgt. Während die Diener Satans immer zu List und unlauteren Mitteln greifen müssen, um die Unwahrheit und den Irrtum zu halten und zu verbreiten und eine Gewaltherrschaft zu errichten, bleiben die Vertreter der Wahrheit Gottes tadellos. Es ist ein Phänomen, das sich immer wieder in der Menschheitsgeschichte beobachten lässt. Wer in seiner Weltanschauung zu Abweichungen von Gottes Weg neigt, also den Irrtum pflegt, greift irgendwann zu List und Tücke, um seinen Stand zu verteidigen und endlich wird er gewalttätig. Das war beim Islam nicht anders wie bei der Kirche Roms. Der Mangel an Wahrheit ist eine Lücke, die durch Boshaftigkeit geschlossen wird. Jesus war gewaltfrei. Und seine Jünger waren es auch. Die Kirchen konnten nicht gewaltfrei bleiben, da sie nur abbilden was die Natur der Menschen ist.

Man kann sich nicht zu einem Auserwählten Gottes machen. Eine bloße Erklärung und Inthronisierung auf irgendwelche Posten reicht nicht aus, sondern man muss von Gott tauglich gemacht werden (**1 Thes 2,4**). Und erst dann wird man mit der Verkündigung Seines Evangeliums vertraut. Kirchen bilden ihre Aspiranten aus, impfen sie mit ihrer Denkweise und ihren Lehren und Hausordnungen. Sie können nur zwei Dinge nicht. Erstens können sie ihren Auszubildenden keinen heiligen Geist vermachen und zweitens können sie die Wahl Gottes für ein ganz bestimmtes Amt nicht vorwegnehmen.

Paulus gibt hier auch an, warum es Menschen gibt, die sich zwar Diener Gottes nennen lassen, aber weit davon entfernt sind, weil für sie wichtig geworden ist, *„Menschen zu gefallen"*. Man kann Gott nur mit einem lauteren Herzen dienen, denn Gott prüft die Herzen. Die Absicht, das Motiv, die man für seinen Dienst hat, müssen mit Gott im Reinen sein, sonst baut man vergeblich an seinem Dienst. Und dann ist es vielleicht ein Dienst für Menschen und für einen selber, aber nicht für Gott. Wer Gott wahrhaft dient, freut sich zwar, wenn er dabei Menschen gefällt. Aber das ist nicht sein Hauptziel. Tatsächlich ist das Evangelium nur für die etwas Erfreuliches, die bereit sind, umzukehren. Für alle anderen wird es erst dann zu etwas Erfreulichem, wenn sie sich ebenfalls bekehren zur Quelle aller Freude, dem Schöpfer von Himmel und Erde, dem Heiland und Erlöser.

Paulus erinnert die Thessalonicher daran, wie er mit Silas und Timotheus aufgetreten ist. Und stellt sie gleich darauf ein, was noch auf sie zukommen könnte. In Kleinasien sind die Gegner von Paulus ihm sogar teilweise nachgereist. Er charakterisiert seine anonymen Gegner so: sie treten *„mit schmeichelnder Rede"* auf, mit einem Vorwand für Habsucht, suchen die Ehre bei den Menschen (**1 Thes 2,5-6**). Bei dem Vorwand, der die Habsucht verdecken soll, könnte man an die Reichtümer und Prachtbauten der Kirche Roms denken, die als Vorwand die Ehrung Gottes anführt, als ob die Kirche Gottes auf Erden durch Goldschmuck herausragen sollte und nicht durch geistliche Herrlichkeit. Mancher Bischof wird seine Residenz ausgebaut und es mit der Pflicht gerechtfertigt haben, die Kirche Gottes angemessen repräsentieren zu müssen. Außerdem, wozu sollte man Obdachlose versorgen, wenn sie nicht katholisch sind? Sie kommen ja sowieso in die Hölle, da muss man kein Geld verschwenden!

Es ist keine Frage, dass Menschen ganz natürlich dazu neigen, von den Menschen Ehrung entgegen zu nehmen und Beachtung zu finden. Man beherrscht schon als Kind die Schmeichelei, um jemand für sich zu gewinnen und weil man egoistisch ist, will man nicht selten auch das haben, was einem nicht zusteht. Aber bei jemand, der den Geist Christi in sich walten lässt, werden diese Naturheiten überlagert und ausgedünnt. Man ist als Mensch Gottes so sehr um die Ehrung Gottes bemüht, dass man seine eigene Ehrung nicht nur hinten anstellt, sondern vergisst. Sie findet nur nach statt, wenn es andere meinen, tun zu müssen. Selber hat man mit seiner Selbstehrung nichts mehr zu tun. Sie befremdet und bekommt ein schlechtes Ansehen. Es gibt Theologen, die sich auf ihren Doktortitel etwas einbilden. Andere kassieren dafür, wenn eine Arbeit, die sie abgeliefert haben, von einem anderen verwendet wird, obwohl die Arbeit nur von Gott kommen kann, wenn sie ein rechter Gottesdienst ist. ***19** Wer Irrtümer verkauft und mit Unwahrheiten handelt hat ein viel größeres Problem, als nur das der Habsucht.

Paulus vergleicht sich lieber mit einer *„stillenden Mutter"*, die *„ihre Kinder pflegt."* (**1 Thes 2,7**) Er ist sogar *„in Liebe zu euch hingezogen"* (**1 Thes 2,8**). Es gibt ja auch Mütter, die ihr Kind nicht sonderlich lieben und dennoch versorgen. Bei Paulus ist das nicht so, er hat die makedonischen Christen besonders ins Herz geschlossen. Mit ihnen hat er schon einiges durchgestanden und die Gemeinschaft ist dadurch noch enger zusammengewachsen.

Paulus macht alle nachfolgenden Kirchengenerationen darauf aufmerksam, dass man einen faulen Baum an seinen Früchten erkennen kann. Während er vor solchen geistlichen Kapazitäten warnt, die im Irrtum, in Unlauterkeit und List handeln (1 Thes 2,3), um Menschen zu gefallen (1 Thes 2,4), mit schmeichelnder Rede und getarnter Habsucht (1 Thes 2,5), die Ehre der Menschen suchend (1 Thes 2,6), stellt er kühn das Konzept des fruchtbringenden von Gott beauftragten Dieners vor. Das ist so wie er ist: *„Nacht und Tag arbeitend, um niemand von euch beschwerlich zu fallen"* (**1 Thes 2,9**), was die weltliche Seite des Dienstes anbelangt und geistlicherseits: *„heilig und gerecht und untadelig"* (**1 Thes 2,10**).

Welcher Verkünder kann so bemessen sein, dass er so etwas von sich sagt, ohne dass ihm Hochmut und Selbstüberschätzung nachgesagt wird? Man hat zur Kenntnis zu nehmen, dass jemand, der in der Lebens- und Bewusstseinsgemeinschaft mit Christus steht, sich seiner Sache sehr sicher sein kann. Das hilft anderen nicht, die eventuell auf die Dienste solcher „Überzeugungstäter", die keinen Zweifel zulassen, dass sie von Gott Beauftragte sind, treffen. Aber gerade deshalb muss man auf die Früchte schauen. Das heißt nicht, dass ein Mann Gottes immer hervorragende Früchte erbringt. Die Analogie zu anderen Glaubensgestalten der Bibel drängt sich auf. Ein David oder auch ein Abraham hatten ein großes Vertrauen in Gott, das ihre tiefe Verbundenheit mit Gott zeigt. Und doch hatten sie auch mitunter faule Früchte zu liefern. In diesem war ihnen nicht zu folgen.

Aber man kann nicht Menschen oder Organisationen folgen, die konstant den Weg des Bösen gehen. Zu deutlich wird hier, dass es nicht nur einzelne Früchte sind, die bei jedem Baum einmal aus der Reihe fallen können, sondern, dass der ganze Baum regelmäßig schlechte Früchte bringt, weil er von innen her fault, Stamm und Wurzeln sind befallen. Das ist der große Unterschied zu Menschen, mit einem Auftrag von Gott, die wie jeder andere Mensch mit seinem alten Adam zu kämpfen hat, und anderen Menschen, die vielleicht selber glauben, einen Auftrag von Gott bekommen zu haben, aber eben nicht mit ihrem alten Adam kämpfen, weil sie keinen neuen Adam haben, mit dem sie gegen den alten Adam alsbald zu kämpfen anfangen würden.

So gehört zum Lebensrepertoire des alten Adam, dass er sich leicht gegen alles, was von Gott gut geheißen wird, auflehnen kann und eine Gegenposition einnehmen lässt. Man nehme das Beispiel Israel. Der alte Adam lässt sich leicht zur Feindschaft gegen Gottes Volk anregen. Christus liebt Israel und hebt es hervor als Sein Volk, mit dem Er im messianischen Reich die Nationen beherrschen und ein Vorbild für die rechte Lebensweise in der Hingabe und im Vertrauen auf Gott geben wird. Es wird dann allerdings ein Israel sein, das nicht mehr verstockt und nicht mehr torahlastig sein wird.

„Heilig, gerecht und untadelig" wird man nicht, indem man der Kirche gehorsam ist. Dafür bekommt man seinen Lohn von der Kirche. Es handelt sich um einen irdischen Lohn für irdische Ehrenämter und Leistungen. *„Heilig, gerecht und untadelig"* wird man einzig und allein in Christus. Es gibt das nicht in menschengemachter Form. Was der Mensch als „heilig, gerecht und untadelig" versteht, ist nur eine Kunstform, ein Schattenwerk, das nicht bleiben kann, ein Bühnenbild, das wieder abgebaut ist, wenn die Vorstellung beendet ist und das Bühnenlicht endgültig ausgegangen ist.

Der Berufungs- und Heiligungsprozess ist bei den Thessalonichern noch nicht ganz zu Ende gegangen. Die Thessalonicher sind mitten drin. Man ersieht das auch daran, dass Paulus zu ihnen sagt, dass er und sein Begleiter sie: *„ermahnt und getröstet und beschworen haben, des Gottes würdig zu wandeln, der euch zu seinem Reich und seiner Herrlichkeit beruft."* (**1 Thes 2,12**)

Auf die Berufung folgt ein würdiger Wandel. Was ist das? Ein Wandel entsprechend der Berufung. Berufen wird man zum Glied am Leibe Christi oder zum Bewohner des Reiches Gottes. Man kommt in beiden Fällen in eine Umgebung, wo der Adel einer lauteren, Gott ergebenden und Jesus Wesen widerstrahlenden Gesinnung vorherrscht, wo es keinen Zweifel mehr gibt, was überall in die Sinne springt, die Tugendhaftigkeit und Lauterkeit Jesu, das Gute und das Schöne in der höchstgradigsten Ausprägung. Christen, die nicht einfach nur Kirchenchristen sein wollen, sondern sich Jesus angleichen lassen wollen, lernen schnell, dass sie so nicht bleiben sollen, wie sie sind, denn sie sollen ja würdig sein und nicht eine Beschämung. Beschämt wird jeder Mensch, aber es liegt auch an ihm selbst, ob die Beschämung eine lang währende wird, oder nicht. Und daher sollen auch noch jene, von denen man weiß, dass sie Christus als ihren Herrn angenommen haben, weiter ermahnen und sogar „beschwören".

Mit „beschwören" ist nur mit Nachdruck verdeutlicht, dass man ganz gewiss auf einen engen Wandel mit Christus abzielen, ja drängen soll. Ein entschiedenes Bekenntnis zu Christus muss auch das entschiedene Begehen des Weges Christi nach sich ziehen, auch wenn dieser Weg ein Kreuzesweg ist. Das ist die Konsequenz der Lebensübergabe an Christus.

Paulus unterscheidet hier zwischen Gottes Reich und Seiner Herrlichkeit. Gottes Herrlichkeit ist nicht begrenzt auf das kommende oder schon da seiende Reich. Sein Reich ist nicht zu jeder historischen Stunde in einem gleichen Zustand. Es gibt ja immer noch das Unheile und Unheilige. Es ist aber verheißen, dass es ein Ende damit geben wird. Also kommt noch eine andere Heils- und Gnadenzeit, in der Gottes Herrlichkeit noch einmal anders erfahrbar sein wird. Das ist ja das Ziel der Schöpfung und der Heilsgeschichte Gottes mit den Menschen, dass Er sich und zugleich die Schöpfung verherrlicht. Bei der Schöpfung erreicht Er es dadurch, dass Er sie vollendet. Daraus bezieht Er Seine Freude und Verherrlichung, denn zur Schöpfung gehören die Menschen, die dann wie Kinder eines göttlichen Elternpaares sein werden, wenn man den Vater und Sohn so bezeichnen kann. Zu diesem vollendeten Gottesreich sind alle Menschen berufen und sie kommen nach und nach in den Tonbereich des Rufens Gottes. Paulus war einer der ersten dieser Rufer. Sein Rufen verbreitet das „Evangelium Gottes". So nannte Paulus es (**1 Thes 2,9**).

Es beinhaltete jedenfalls auch die Bezeugung des würdigen Wandelns. Zu diesem würdigen Wandel gehört das Reden Gottes und gemäß dem Evangelium, nicht der Kirchen, sondern dem Evangelium Paulus gemäß, oder, wenn man ein Königreichgänger oder messianischer Jude ist, darf man reden wie es dem Evangelium der Beschneidung entspricht. Jeder, der sich Christus anvertraut, ob Jude oder Nichtjude, kommt selbstverständlich unter Seine Königsherrschaft und zwar auch schon, bevor das messianische Reich auf Erden angebrochen ist. Insofern ist es berechtigt diese Herrschaft „Königsherrschaft Gottes" zu nennen.

Unwürdiges Reden entspricht anderen Botschaften, die ein anderes Evangelium betreffen. Unwürdiges Reden verfälscht Wahrheiten, verdreht Tatsachen. Unwürdiges Reden schmäht den Sohn Gottes und Israel. Daran kann man es erkennen. Unwürdiges Reden beleidigt Gott und stellt ihn unwürdig eines Gottes dar. Unwürdiges Reden verteidigt eine endlose Qualhölle und die Machtlosigkeit Gottes, und leugnet Seinen Vorsatz alles zu sich zu ziehen und in allem bis zur Vollendung zu Wirken. Unwürdiges Reden ist Finsternisreden, wo doch die Weisheit Gottes ausgestrahlt werden sollte. Unwürdiges Reden beschmutzt das Erbe, das den Menschen von Gott in Aussicht gestellt wird und ist letzten Endes unmenschlich und widergöttlich.

Dieses Evangelium, von dem Paulus spricht, bezeichnet er auch als „Wort Gottes", das dem Menschenwort, etwa seiner Gegner, entgegenstand (**1 Thes 2,13**). Das tut es auch heute noch. Vor allem bei den Kirchen, die sich immer mehr auf ihre Tradition und neue Atemtechniken ihrer Seele berufen, wenn sie vom Reden Gottes sprechen. Das geschriebene Wort Gottes ist für sie oft überkommen, out of date. Heute sind andere Dinge „in" und gesellschaftsfähig. Nur dieses Wort Gottes wirkt in den Glaubenden so, dass es das Vertrauen in Gott verstärkt! Gottes Wort wirkt nicht in den Gottlosen. Eigentlich müsste es richtiger so heißen: Die Gottlosen lassen es noch nicht gelten, selbst wenn es schon bei ihnen damit anfängt, eine Wirkung zu entfalten. Zunächst ist es vielleicht noch die Wirkung des Widerspruchs und der Ablehnung. Der Nichtberufene versteht es nur nicht.

Es wirkt anders in denen, die auserwählt sind als in denen, denen es noch nicht gegeben ist, es zu verstehen. Vor der weiteren Wirkung auf einer ganz anderen Ebene, steht natürlich das Verstehen. Wie soll man nach Gottes Absicht handeln, wenn man Ihn noch nicht einmal verstanden hat? Dieses große Unglück, dass man Gott nicht versteht, ist von den meisten, die behaupten, etwas über Gott zu wissen, noch gar nicht wahrgenommen worden. Dem Papsttum geht die Erkenntnis dem Anschein nach ganz ab. Es meint die Erkenntnishoheit zu haben, weil der Geist stets ex cathedra präsent ist. Und das stimmt auch. Es ist aber gewiss nicht der Geist Christi oder sonst ein heiliger Geist.

Paulus kommt auf das aktuelle oder zumindest drohende Problem der Thessalonicher zurück. Sie wurden Menschenworten ausgesetzt und unter Druck gesetzt, die Gemeinschaft der Ungläubigen doch nicht zu verlassen: *„Denn, Brüder, ihr seid Nachahmer der Gemeinden Gottes geworden, die in Judäa sind in Christus Jesus, weil auch ihr dasselbe von den eigenen Landsleuten erlitten habt wie auch sie von den Juden."* (**1 Thes 2,14**) *20

Paulus will damit keinesfalls sagen, dass sie in allem die Nachahmer der hier positiv hervorgehobenen Gemeinde in Judäa seien. Er hebt hier besonders den Umstand hervor, dass die Gemeinde in Judäa, die ja hauptsächlich aus Juden bestand, sehr stark von den nichtmessianischen Juden bedrängt wurde. So erging es auch den Thessalonichern, jedenfalls denjenigen der Gemeindemitglieder, die vorher in die Synagogen gegangen waren und es jetzt vielleicht auch noch taten, wenn sie Juden waren, dass sie von denen bedrängt wurden, zu denen sie einst zumindest kulturell dazugehört hatten, sich aber nun von ihnen glaubensmäßig absonderten. Die Glaubenszugehörigkeit wirkt trennend, weil es dabei auch immer um Irrtum und Wahrheit geht, nach denen die Menschen leben. Gerade weil es um die

Wahrheit geht, die heilsauslösend sein kann, darf es hier auch keine Vermischung mit dem Irrtum geben. Das wird leider im 21. Jahrhundert bei den Ökonomiebestrebungen der Kirchen übersehen. Oder man sieht es, aber hält es von untergeordneter Bedeutung. Zwei Krähen aus unterschiedlichen Nestern, können ja gemeinsam Jagd auf einen Jungvogel machen.

Dieser Hinweis von Paulus verstärkt den Eindruck, dass der Brief noch in der Anfangszeit der Mission von Paulus geschrieben worden ist. Man kann sich denken, dass sich Paulus später nicht mehr so günstig über die Gemeinde in Judäa geäußert hätte. Man nimmt an, dass die Apostelkonferenz in Jerusalem bereits im Jahre 48 war. Wenn Paulus den Brief an die Thessalonicher zeitnah danach geschrieben hat, erklärt sich daraus gut seine Milde gegenüber den Gläubigen aus Judäa.

In Jerusalem war erstmals Paulus als Arbeiter Gottes und Bote Jesu Christi von der Gemeinde in Jerusalem, zumal ihren „Säulen", ganz offiziell anerkannt worden. Niemand konnte damals ahnen, weder ein Paulus noch ein Jakobus, dass die torahfrommen Glieder der Gemeinde ganz und gar nicht bereit waren, von Paulus ihre Torah angreifen zu lassen. Ihnen ging es ganz genauso wie vielen christlichen Glaubensgemeinschaften später bis zum heutigen Tag. Sie verstehen Paulus ganz unterschiedlich. Das spricht dafür, dass man ihn falsch bzw. gar nicht verstanden hat.

Was Paulus sich außerdem denken konnte, ist, dass auch die Thessalonicher von messianischen Juden bedrängt werden würden, so wie es ja schon in den Gemeinden in Kleinasien vorgekommen war. Er schreibt aber seinen Brief, um die Thessalonicher zu ermutigen und in ihrer Glaubenshaltung zu festigen. Damit bereitet er sie zugleich auf Eventualitäten vor, die noch erscheinen können. Er wusste ja, wie es ihm und den ersten Paulusjüngern in Kleinasien ergangen war.

JCJCJCJCJCJCJCJCJCJCJC

2. Kapitel
Antisemitismus - die uralte Form des Widergöttlichen
1 Thes 2,14-16

Über die Juden, die der Gemeinde in Judäa so sehr zugesetzt haben, sagt Paulus kritische Worte, die manche Ausleger als anti-judaistisch oder antisemitisch bezeichnet haben. Damit verharmlost man diejenigen, die tatsächlich zu den Feinden der Juden gerechnet werden müssen. Es sind die gemeint, *„die sowohl den Herrn Jesus als auch die Propheten getötet und uns verfolgt haben und Gott nicht gefallen und allen Menschen feindlich sind"* (**1 Thes 2,15**). Es gibt nicht erst in der Neuzeit Bibelausleger, die einen Antisemitismus in die biblischen Aussagen des Neuen Testaments hineinlesen. Es gab sie bald schon nach der Zeit, als die Verfasser der Schriften des Neuen Testaments alle nicht mehr am Leben waren. Es war die Zeit, in der das jüdische Christentum abgelöst worden ist durch das griechische und römische Christentum, das sich dann schnell zum kirchlichen Christentum entwickelte. Hierzu muss klar Stellung bezogen werden.

Antisemitismus ist eigentlich von seinem Ursprung her ein Hass auf den Gott, der den Juden das Gesetz gab, nachdem sie leben sollten. So formulierte ja auch Haman, der Perser, der die Juden vernichten wollte, seine Abneigung im Buch Esther (Est 3,8). ***21** Wieso stellt der kluge Geist des Haman da eine Verbindung zwischen einem Gesetz und dem Gott, von dem es kommt, her? Natürlich, weil das Gesetz offenkundig Gottes Willen kundtut. Und der ist anders als der Willen Satans. Wer sich also an der Torah Israels stört wie es Haman tut, stört sich daran, dass sie etwas fordert, was den Gehorsam gegenüber Gott und die Übereinstimmung mit Seinem Willen bedeutet. Die Torah bedeutet aber mehr. Sie ist nämlich Bestandteil des Bundes Israels mit Gott. Und hier wird es hochinteressant. Zur Klarstellung: Gott gab die Torah Israel als Bundesmittel. Niemand sonst bekam die Torah, denn

Gott schloss nur mit Israel diesen Bund (und mit allen, die sich Israel anschlossen!). Satan überträgt seinen Widersinn auf die Menschen und reizt sie zur Eifersucht auf das Volk Gottes, Israel.

Abgesehen davon, dass dieser Bund dem Volk Israel Segnungen einbringen würde oder zumindest könnte, wenn man sich nach der Torah richtete, besagte er jedoch auch, dass Israel Gottes Volk ist. Satan schafft eine Parallelwelt und also schafft er sich seine Gegenvölker. Das sind dann die Widersachervölker. Sie führen die Sache wider Israel, aber in Wirklichkeit und Konsequenz auch gegen Gott. Gott warnt bereits in 1 Mos 12,3 davor: *„Und ich will segnen, die dich segnen, und wer dir flucht, den werde ich verfluchen; und in dir sollen gesegnet werden alle Geschlechter der Erde!"* Gott sagt „in dir" werden die Völker gesegnet, Er sagt nicht „außerhalb von dir". Diese Verheißung wiederholt Gott dann noch bei Isaak und Jakob, der in Israel umbenannt wurde. In 4 Mos 24,9 wird über die, die aus Ägypten herausgeholt worden sind, ausdrücklich gesagt: *„Die dich segnen, sind gesegnet, und die dich verfluchen, sind verflucht!"*

Interessanterweise hat 2000 Jahre später ein gewisser Mohammed versucht, diesen Fluch umzudrehen und hat damit anscheinend nur die Selbstverfluchung erreicht. In Sure 5,64 lässt er die Araber wissen *„Die Juden…. Feindschaft und Hass werden Wir bis zum Tag der Auferstehung unter ihnen erregen."* Diese Verfluchung der Juden ist interessanterweise auf die Nachfolger dessen, der den Fluch ausgesprochen hat, also Mohammed, gekommen, denn die arabischen Völker sind seit jeher untereinander zerstritten. Schiiten und Sunniten hassen sich einander sogar oft noch mehr als die Juden und Schiiten und Sunniten sind weiter aufgesplittert in Gruppierungen, die teils gegeneinander, teil gegen die ganze Welt Krieg führen, Feindschaft und Hass ohne Ende! So erfüllen sich die Prophezeiungen der Bibel und die Prophezeiungen des Koran richten sich gegen diejenigen, die ihm Glauben schenken.

Jedes Volk gehört Gott, aber Gott lässt es zu, dass Satan die Völker verführt. Das gelang Satan mit jedem Volk, einschließlich Israel. Israel wurde sogar öfter ein Widersachervolk als jedes andere Volk. Aber Satan mobilisierte viele Völker gegen Israel: Ägypten, die Assyrer, die Babylonier, die Perser, die Griechen, die Römer, das Kirchenvolk, die europäischen Völker beinahe ohne Ausnahme, die Araber, die Türken, die Palästinenser usw. Es scheint so als wurden sie in der Hand Satans zu Widersachervölkern, zu „satanischen" Völkern. Wie zur Vorbereitung auf den Antisemitismus der Kirchen gab es unter den Griechen und Römer bereits viele judenfeindliche Schriftsteller. *22

Ein besonderer Geniestreich des antisemitischen Geistes scheint zu sein, dass es ihm gelungen ist, die Kirche als „neues Israel" darzustellen. Er verführte somit die Kirchen zu einem Glauben, der gegen Israel und gegen Gott gerichtet ist. Ausdruck dieser Gottesfeindlichkeit ist die Ersatztheologie, die anstelle Israels die Kirche setzt. Die Christen seien jetzt das neue Volk Gottes. Die sogenannten Kirchenväter der ersten Jahrhunderte nach Christus waren allesamt keine Juden. Meist waren es Römer oder Griechen, die aus einer Tradition stammten, wo man den Juden schon immer mit Misstrauen, Vorurteilen oder sogar Feindschaft begegnet war. Und so erhob sich schon sehr früh der Antisemitismus nach dem Schlage und Muster Hamans. Diese Entwicklungen sind deutlich erkennbar und nachzuweisen.

Die Kirchenchristen fingen also schon frühzeitig damit an, die Juden zu verleumden und setzten das fort, was das Heidentum vorexerziert hatte.

Justin, der sogenannte „Märtyrer" (100-165 nZ), schrieb, *23 die Juden seien das falsche Israel, die Christen das wahre Israel. Interessant auch, dass Justin davon zu wissen scheint, dass die Juden von Jerusalem aus den Aposteln hinterherreisten, um deren Verursachungen zu verhindern oder abzuschwächen: *„Ihr habt damals auserlesene Männer von Jerusalem ausgesucht und in alle Herren Länder geschickt. Die Botschaft: die Sekte der Christen sei ganz offensichtlich gottlos." Dieses Offensichtliche könnte bei Paulus jedenfalls die Predigt gegen die*

Beschneidung und gegen die Torah gewesen sein. Bei den anderen Aposteln, die Predigt vom Messias Yeschua. Vielleicht weiß die Überlieferung aber nicht, dass es nur um Paulus ging, denn die Apostelgeschichte und die Briefe des Neuen Testaments berichten nur in Bezug auf Paulus von „Nachreisenden". ***24** Melito von Sardes (120-190nZ), behauptete in seiner „Oster-Homilie" , die Juden seien Gottesmörder. Das bedeutet, dass Christen bereits im 2.Jhdt, noch lange bevor die Kirche Staatskirche geworden war, ein Vorurteil und Hass gegen die Juden entwickelt entwickelt hat, mit der Begründung 1. Sie seien Gottesmörder 2. Sie seien nur noch das falsche Israel, denn die Christen seien das wahre Israel und damit seien sie aus der Gnade Gottes gefallen.

Interessant auch, dass Justin davon zu wissen scheint, dass die Juden von Jerusalem aus den Aposteln hinterherreisten, um deren verursachungen zu verhindern oder abzuschwächen: „Ihr habt damals auserlesene Männer von Jerusalem ausgesucht und in alle Herren Länder geschickt. Die Botschaft: die Sekte der Christen sei ganz offensichtlich gottlos." ***25** Dieses Offensichtliche könnte bei Paulus jedenfalls die Predigt gegen die Beschneidung und gegen die Torah gewesen sein. Bei den anderen Aposteln, die Predigt vom Messias Yeschua. Vielleicht weiß die Überlieferung aber nicht, dass es nur um Paulus ging, denn die Apostelgeschichte und die Briefe des Neuen Testaments berichten nur in Bezug auf Paulus von „Nachreisenden".

Lucius Caecilius Lactantius (Laktanz) (250-320nZ) war Erzieher am Kaiserhof Konstantins in Trier und bestätigte diesen Vorwurf. ***26** Und schließlich war es Konstantin der Große selbst, also derjenige römische Kaiser, der damit begann, die Christen zu privilegieren in seinem „Osterbrief" im Jahr 325nZ, die Juden seien eine „feralis secta" – Verderben bringende Sekte, und eine „nefaria secta" – verruchte Sekte. *„Nichts wollen wir mit dem feindlichen Volk der Juden gemeinsam haben."* Bischof Ambrosius, ebenfalls ein Trierer (340-397) forderte in seinem Brief an den bereits christlichen Kaiser Theodosius *„Mit dem Gottlosen müssen auch die*

Beweisstücke der Gottlosigkeit vernichtet werden." ***27** Damit meinte er die Rechtfertigung für die Zerstörung der Synagoge von Kallinikon. Ambrosius wollte den Kaiser von der Eucharistie ausschließen, falls der nicht von seiner Absicht, die Synagoge wieder aufbauen zu lassen, abließ. *„Gott verbietet, für jene zu beten (Juden), die du (der Kaiser) rächen willst."*

Kirchenvater Johannes Chrysostomus (349-407), war ein besonderer „Goldmund". Er behauptete Die Juden seien für immer verflucht. *„Weil ihr Christus getötet habt,… gibt es für euch keine Gelegenheit mehr zur Wiedergutmachung, keine Gnade mehr, keine Rechtfertigung mehr."* ***28** Der berühmteste und einflussreichste aller Kirchenväter, Aurelius Augustinus (354-430) verkündete, die Juden seien, *„Israeliten nach dem Fleisch, nicht nach dem Geist".* ***29** Schon bald wurden auch die ersten Gräuellegenden in Umlauf gesetzt. So schrieb Sokrates von Konstantinopel (382-344): *„Sie nahmen einen christlichen Jungen, banden ihn an ein Kreuz und hängten ihn auf… damit er auch sterbe."* ***30** Diese Legende wurde in zahlreichen und fantasievollen Abwandlungen bis in die Neuzeit unter Kirchenchristen verbreitet.

Es gibt keinen Zweifel, dass es die sogenannten Kirchenväter waren, die den Samen des Judenhasses und „Antisemitismus" tiefer in das Kirchenchristentum eingepflanzt haben, wo es durch die Jahrhunderte bis zum Holocaust reiche Früchte erbracht hat. Das Kirchenchristentum bekam dabei aber Unterstützung von einer anderen Seite her. Wie schon gesagt, wurde auch der Islam zu einer judenfeindlichen Bewegung, was in zahlreichen Suren zum Ausdruck kommt. Auch dort wird zu Feindschaft, Vertreibung, Unterdrückung und Totschlag aufgerufen. ***31**

Im Falle der Araber und aller Muslime ist ebenfalls ein „neues Israel" geschaffen, welches das alte auserwählte Volk angeblich ablöste. Der Koran sagt ausdrücklich, dass nun die Gläubigen des Islam das Volk Gottes seien. ***32** Doch der Gott des Islam ist Allah und das ist nicht der biblische Gott. Insofern kann der Koran sogar stimmen, wenn er aussagt, dass Allah sich ein Volk genommen hat, das er segnet und ein anderes dafüpr verflucht. Hier wird also genau das, was die Bibel sagt, ins Gegenteil gekehrt. Daher müssen die Muslime auch sagen, dass die Juden und Christen die Bibel verfälscht haben. Bei dieser Methode sind sie geblieben gerade auch in bezug auf Israel. So heißt es Israel würde Kinder ermorden, dabei tun es die Terroristen, die sich auf Allah und den Propheten berufen. Es heißt, Israel würde das Land „Palästina" nicht zustehen, obwohl sogar der Koran den Juden das Land zugesteht. *33 Lüge, Verdehungen und Verfälschungen bis ins Absurde, so dass die Irreführung nicht mehr bemerkt wird. Das sind die Methoden des Diabolos, griechisch für „Durcheinanderwirbler".

Das Interessante dabei ist, dass gerade die historisch frühen Kirchen, und in abgewandelter Form auch der Islam, die Torah, die Gebote Gottes wie sie in der Bibel stehen, einerseits übernommen haben. Sie wollen ja, jeder für sich, das neue Bundesvolk sein. Sie sagen, *„wir sind jetzt die Gesegneten Gottes, wir haben jetzt den neuen Bund mit Gott".* Diese Idee stammt aber natürlich nicht von Gott, der sich nicht widerspricht und dessen Ratschluss unverändert bleibt. *34 Da sie aber in Wirklichkeit gar nicht das Volk Gottes sein können, weil Gott sie nicht dazu bestimmt hat, scheint Gott Vorsorge getrage zu haben, dass sie gar nicht die ganze Torah anerkennen. So hat die Kirche des vierten Jahrhunderts das vierte Gebot abgeschafft. Sie hält den Sabbat nicht. Ihre Tochterkirchen tun es ihr darin nach. Und auch das Bilderverbot, womit Gott ursprünglich die götzenhafte Verbildlichung vorbeugen wollte, hat sie für sich nicht gelten lassen. Auffälligerweise hat der Islam dafür dieses Bilderverbot sehr eng gefasst, aber ebenfalls den Sabbat als Ruhetag übergangen.

Christen, die sich teils bereits im 2. Jahrhundert am Sonntag versammelt haben, wurde ab dem vierten Jahrhundert geboten, nur noch am Sonntag, dem früheren Feiertag der Sonnengottanbeter zusammenzu kommen. *35 Damit waren die messianischen Juden gezwungen, sich heimlich zu versammeln. Muslime sind auf den Freitag als Tag des Moscheebesuchs gekommen.

Gott hat mit Israel noch einen speziellen Bund geschlossen, den Sabbatbund, der ausdrücklich festlegt, dass Israel durch das Halten diesen Bundes erkennen wird, dass Gott, YHWH, ihr Gott ist (2 Mos 31,13). Auf dieser Grundlage können jedenfalls die Kirchen und der Islam diesen Gott nicht kennen, da sie nicht Bestandteil dieses Bundes sind. Seit dem 20. Jahrhundert bekennen sich allerdings viele Kirchenführer dazu, den gleichen Gott wie die Muslime, also Allah, anzubeten. Riochtigerweise bezeichnen sie die Muslime als ihre Glaubensbrüder und machen gemeinsam Front gegen Israel.

Hieraus wird klar, warum es dem Perser Haman auf der Zunge lag, das Volk der Juden für ihre Torah anzuzeigen, obwohl er damit im Grunde die Rechts- und Heilsordnung Gottes anging, die Israel aus den Völkern heraushob. Aus den Juden kommt das Heil (Joh 4,22). Das gilt immer noch und wird immer gelten, denn Gott ändert Sein Vorhaben nicht. Nach Apg 4,12 kommt das Heil von dem Juden Jesus Christus, den die Bibel als Gottes Sohn bezeichnet, der wegen 1 Kor 10,4 auch von den Juden als der anerkannt werden sollte, den sie längst kennen sollten. Nach Paulus war Jesus der geistliche „Felsen", der die Juden bereits durch die Wüste nach dem Exodus aus Ägypten begleitete, seit der Geburtsstunde der Nation Israel.

In der Kirchengeschichte kam es sehr frühzeitig, bereits Ende des ersten Jahrhunderts zu der Entwicklung, alles jüdische, also das Volk Israel betreffende, aus der Glaubenspraxis und der Lehre zu entfernen oder umzudeuten. Alles was Israsel verheißen war, sollte nun im Besitz der Kirche sein, die Flüche blieben bei Israel hängen. Darüber wurde auch die Theologie der Erlösung schief, denn wer behauptet, dass Gott die Juden für immer verfluche, weil sie zu Gottesmördern geworden seien, verkennt offenbar, dass Jesus für jeden Sünder starb und deshalb jeder Hand angelegt hat an Gottes Sohn. Jeder Mensch hat einen Hammerschlag auf die Nägel des Gekreuzigten ausgeführt.

Der Kirche entstand also zweifacher Schaden durch den aufkommenden Antisemitismus. Sie ließ sich verführen zum Widersachertum Gottes, verlor die

Erlenntnis Gottes und gelangte so auch zum Verlust der Erkenntnis des jüdischen Heilandes. Nichtkennen heißt, keine Gemeinschaft haben können. Für einzelne Menschen kann man solche Voraussagen nicht treffen, aber die Institutionen an sich, stehen und standen offenkundig unter keinem guten Stern bzw. Engel. Dass sich Kirchenvertreter und Muslime zum Teil als Brüder im Glauben bezeichnen, die den gleichen Gott anbeten und eine teils ähnliche Tradition und Berufung haben, ist nicht weiter verwunderlich, denn wahrscheinlich haben sie damit recht.

Und so erhob sich auch in der Kirchenchristenheit schon sehr früh der Antisemitismus nach dem Schlage und Muster Hamans. Diese Entwicklungen sind deutlich erkennbar und nachzuweisen. So gibt es aus der Antike Schriften verschiedener römischer und griechischer Autoren, die antisemitisch gehalten sind. Man bedenke, dass nur ganz wenig Literatur aus der Antike auf uns gekommen sind. Die Historiker gehen von jedenfalls unter 3 % der verfassten literarischen Schriften aus. Fest steht, dass Antisemitismus als Anti-Judaismus in der Antike verbreitet war und aus den überlieferten Schriften sind zwei Dinge nachweisbar. 1. Die Autoren hatten einen erheblichen mangel an Kenntnissen über das Judentum, den sie 2. durch Erzählungen von Legenden auszugleichenh versuchten. Wenn es im Jahr 2016 möglich ist, dass sich die Abgeordneten des EU-Parlaments applaudierend erheben, wenn der Präsident der Palästinenser als Gastredner die alte Lüge von den Brunnen vergiftenden Juden verkündet, kann man erkennen, dass es eine lange Tradition der Lügen gibt, die selbstverständlich vom Vater der Lügen (Joh 8,44) initiiert und unterhalten wird. Fast alle sogenannten "Kirchenväter", die entweder von der katholischen Kirche oder der griechisch-orthodoxen Kirche zu Heiligen erklärt worden sind, waren Antisemiten. Damit haben sie den Nachweis erbracht, dass sie die Bibel sicher nicht gut verstanden haben.

Antisemitismus äußert sich immer in zwei Zielrichtungen. Erstens geht er gegen Israel, zweitens gegen Gott, auch wenn letzteres nicht immer von den „Antisemiten" beabsichtigt wird. Die Bibel hat bereits früh den Hinweis für diese doppelte

Stoßrichtung gegeben. Der Pharao des Exodus sagte nämlich zu den Israeliten: Euren Gott kenne ich nicht und ich lasse euch nicht ziehen. *36 Später lernte er Gott kennen und ließ folgerichtig auch Israel ziehen. So wird es allen Antisemiten ergehen. Sie kennen Gott noch nicht, deshalb trauen sie sich auch noch, Israel zu bekämpfen und halten es sogar für einen Gottesdienst. Sowohl die Kirchen als auch der Islam haben sich gerühmt, dass sie die von Gott angeblich verfluchten Juden vernichten würden.

Im Falle der Muslime steht die Anweisung dazu ausdrücklich im Koran. Im Fall der Bibel haben es die Kirchenväter und alle späteren Generationen von Theologen immer wieder versucht Gott in den Mund zu legen, obwohl Gott bei aller Kritik gegen Israel, immer auch betont hat, dass Israel sein Volk bleibt. *37 Im Falle der katholischen Kirche hat Satan den Kunstgriff eingeführt, dass sie die kirchliche Tradition als gleichberechtigt mit dem Wort Gottes stellt, was automatisch dazu führt, dass die Tradition das Übergewicht behält, denn aus ihr heraus wird nur noch die Bibel interpretiert. Man hat sich selber eine Falle gestellt, um dann selber hineinzutappen. Die Kirche musste so handeln, weil sie sonst sehr schnell ihre Irrtümer hätte zugeben müssen. Einer dieser Irrtümer war, den Antisemitismus nicht nur gutzuheißen und danach zu handeln, was sich in endlosen Pogromen wiederspiegelte, sondern auch zu glauben, dass man Gott kennen würde, solange man an der Feindschaft gegen Israel festhielt. *38

Der Pharao war verstockt und durfte nicht erkennen, was ihn zur Umkehr gebracht hätte. Das ist die logische Umkehr: aus *„ich kenne Gott nicht und werde (deshalb) Israel nicht frei lassen"* wird ein *„nun kenne ich den Gott Israels und deshalb werde ich auch keine Hand mehr gegen Israel richten".* Aber der Pharao hatte keine biblischen Erkenntnisse. Seit zweitausend Jahren sind die Kirchen im Besitz von Gottes Wort und dennoch lassen sie Israel nicht ziehen und weigern sich Gott besser kenen zu lernen. Sind sie auch verstockt oder müssen sie nicht ein viel härteres Gericht als der Pharao erdulden? *39

Auch heute noch gibt es Theologen, die behaupten, dass sich eine Berechtigung für eine Ablehnung oder Verdammung der Juden sich ja schließlich aus der Bibel ergeben würde. Man verwechselt hier durchweg Angelegenheiten, die Gott und Israel angehen, mit solchen die einen selber betreffen. Wenn ein Vater eines von zwei Kindern wegen Versäumnisse rügt oder bestraft, kann doch das andere Kind das nicht als Beweis dafür sehen, dass der Vater das Kind verstoßen hat und nun schlecht behandelt werden müsste.

Gott macht nicht nurn im Alten testament, sondern auch im Neuen Testament klar, dass Er Israel nicht verstoßen hat. In Jeremia 31,37 bekennt sich Gott klar zu Israel für alle Zeiten: *„So spricht der HERR: Wenn man den Himmel oben messen könnte und den Grund der Erde unten erforschen, dann würde ich auch verwerfen alle Nachkommen Israels für all das, was sie getan haben, spricht der HERR."* Die Verheißung von Jer 31,33-34 zeigt, dass sie noch gilt und dass sie so lange gilt, bis ideale Verhältnisse herrschen: *„Ich will mein Gesetz in ihr Herz geben und in ihren Sinn schreiben, und sie sollen mein Volk sein, und ich will ihr Gott sein. Und es wird keiner den andern noch ein Bruder den andern lehren und sagen: »Erkenne den HERRN«, denn sie sollen mich alle erkennen, beide, Klein und Groß, spricht der HERR; denn ich will ihnen ihre Missetat vergeben und ihrer Sünde nimmermehr gedenken."*

Aus dem Neuen Testament reicht der Hinweis von Röm 11,26, wonach nach einer Zeit der Verstockung ganz Israel erlöst werden wird.

Klar ist, dass die Bibel keinen Antisemitismus gutheißt oder fordert. Dass schon das frühe Christentum damit angefangen hat, Juden in Misskredit zu bringen, sie auszusondern und sie auch physisch zu verfolgen, ist eine Folge der Verbundenheit mit widergöttlichen Traditionen, nicht eine Folge von Fehlinterpretationen der Bibel. Solche Fehlinterpretationen kamen nach der weltanschaulichen Festlegung. * **40**

Folgende Stellen wurden und werden immer noch antisemitisch gedeutet:

1.

Mt 27,24-25:

Pilatus wäscht seine Hände, *„Da antwortete alles Volk und sprach: Sein Blut komme über uns und unsere Kinder!"* *41 Erstens sind diejenigen, die das sagten und auch ihre Kinder schon längst tot. Daher kann es dahingestellt bleiben, ob das eine Selbstverfluchung war, die noch dazu funktioniert haben könnte. Zweitens ist es Fakt, dass „alles Volk" nur dasjenige Volk war, das anwesend war und eben diese Worte gesprochen und eingestimmt hat. *42 Drittens, können sich Menschen aus Unwissenheit oder anderen Gründen selbst verfluchen, was Gott niemals zwingt, diese Flüche wahr werden zu lassen.

Dass Gott nicht jeder Verfluchung des Menschen Folge leistet, davon war sicherlich jeder Mensch schon mehrfach Zeuge. Gott lässt sich nicht manipulieren oder instrumentalisieren. Ob die Formulierung mit dem „Blut auf den Kopf'. *43 Nur eine Bezugnahme auf das Hier und jetzt der anwenden Generation meint, ist unerheblich, weil Flüche ohnehin keine Wirkung innewohnt, sondern von Gottes Handeln und Zulassen abhängt. Die Menschen sterben und mit ihnen ihre Möglichkeiten Böses und Verhängnisvolles zu tun.

Doch nun kommt der in diesem Zusammenhang wichtigste Punkt. Selbst wenn diese Verfluchung von allen jemals lebenden Juden unisono ausgesprochen worden wäre und Gott darauf eingegangen wäre, dann gilt ja dennoch Röm 11,26 oder Jer 31,37, d.h. die Verfluchung gilt für eine gewisse Zeit, doch dann macht Gott mit Seinem Volk wieder gnädig weiter. So hat Er es im ganzen Alten Testament gemacht, immer wieder erweist sich Gott als gnädig und treu, und so macht Er es immer noch bis zum heutigen Tag. Wie sollte man sich sonst das Erblühen des jüdischen Staates erklären.

Es ist wahr, es scheint so, als habe die Verfluchung wie eine Prophetie auf die folgenden zwei Jahrtausende geschaut, wo Israel immer wieder viel Blut vergossen hat. Man muss aber auch sehen, dass die Verfolger und Mörder der Juden Kirchenchristen und Muslime waren. Und Gott wird auch das nicht ungestraft lassen. Ob also die Selbstverfluchung enger oder weiter gefasst werden soll, ist unerheblich, sie reicht nämlich nie so weit, dass man dafür eine Berechtigung ableiten könnte, antisemitisch zu sein oder zu handeln. ***44**

Antisemitismus ist eine Teufelei, die schweres Gericht nach sich ziehen wird. Wer dafür Nachhilfeunterricht braucht, soll darauf schauen, was aus Deutschland geworden ist. Die Nazis haben einige Millionen Juden ermordet. ***45** Deutschland hat im gleichen Zeitraum 6 Millionen Tote im Krieg verloren. Die deutschen Städte erlitten einen eigenen Holocaust durch die Bomber der Alliierten. Ein Drittel des Landes mussten abgetreten werden, die Bevölkerung wurde vertrieben und nach Schätzungen der Historiker wurden 2 Millionen deutsche Frauen vergewaltigt. Antisemitismus zahlt sich nicht aus. Das erleben auch die Muslime, die sich im Nahen Osten selber zerfleischen, es sei denn, sie sind israelische Staatsbürger und leben in Israel. Antisemitismus ist sehr töricht, weil man dafür eine teure Zeche zahlen muss.

2.

Lk 13,34-35:

Jesus beklagt, dass Jerusalem die Propheten getötet hat und sich nicht von Jesus helfen lassen wollte. *„Euer Haus werdet ihr verlieren!"* prophezeit Er.

Jesus tadelt hier Jerusalems Bewohner. Er kündigt ein Strafgericht an. Aber wieso der Mensch sich Gottes Gerichtshandeln zum Vorbild nehmen dürfen soll, selber die Sache in die Hand zu nehmen, ist unverständlich. Nirgendwo sagt Gott, dass man Menschen drangsalieren soll, deren Volksangehörige einmal gegenüber Gott ungehorsam waren. Wo Gott Menschen beauftragt hat, etwas in Seinem Namen zu tun, hat Er sie auch stets deutlich angesprochen. Das war zum Beispiel bei der Landnahme Kanaans durch Joshua der Fall. Es ist absurd Jesus zu unterstellen, dass Er ein Antisemit war und deshalb dürfte man selber Juden drangsalieren. Man müsste diese selbstverständliche Wahrheit nicht erwähnen, wenn es nicht tatsächlich Myriaden von Kirchenleuten gegeben hätte und noch gibt, die genau so argumentieren. Das wäre geradezu unfassbar, wenn man nicht die Erklärung für solche gedanklichen Fehlleistungen längst gefunden hätte: Antisemitismus! Er kleidet sich vielleicht in geschliffene Reden, aber im Innern ist er faulig und böse.

3.

Joh 8,42-47:

Es ist nicht ganz klar, zu wem Jesus hier redet, außer dass Jesus sie so klassifiziert, dass es Juden sind, die ihn töten wollen. Somit müssen es Schriftgelehrte und Pharisäer sein, die er ein paar Verse vorher angesprochen hat. Er sagt ihnen, dass sie den Satan zum Vater haben (Joh 8,44). Dieser Zusammenhang ist konkludent. Es hat ja nur der Satan ein Interesse daran, den Messias und Erlöser seines Volkes umzubringen, dann haben sie offenkundig den ersten aller Mörder zum Vater. Hieraus kann man nicht die Berechtigung ableiten, alle Juden zu verfolgen, zumal ja sicher nicht alle Juden Jesus umbringen wollten! Es ist zu vermuten, dass gerade diejenigen, die Israel verteufeln, dem Teufel auf den leim gegangen sind.

4.

Ap 7,48-55:

Hier spricht Jesus die Halsstarrigen an, deren Vorfahren bereits die Propheten verfolgt haben, also auch wieder die Bösen des Volkes. Es sind ja immer nur die bösen Menschen, die die Gerechten verfolgen und beseitigen wollen, so auch hier. Darin unterscheiden sich die Völker nicht. Wie man auch schon von Jes 63,10 weiß, kann Widerspenstigkeit gegenüber Gott dazu führen, dass man den heiligen Geist damit betrübt und Gott als „Feind" kennenlernt. Aber welches Volk wäre nicht gegen Gott ungehorsam gewesen? Ist daraus ein verfolgungsrecht abzuleiten? Sicher nicht!

5.

Ap 18,5-6:

Paulus warnt die Juden in Korinth: *„Euer Blut komme auf euren Kopf! Ich bin rein; von jetzt an werde ich zu den Nationen gehen."* Auch hier bedeutet das Kommen des Blutes auf den Kopf nur, dass die Korinther sich nun selber gerichtsreif gemacht haben, weil sie Paulus nicht geglaubt haben. Sie hatten ihre Chance. Das kommende Gericht übt Gott aus. Es könnte z.B. bei den Korinthern darin bestehen, dass sie lange Jahre nichts mehr vom Evangelium hören würden. Vielleicht auch, dass Korinth als Stadt von der Bildfläche verschwindet. Für das alte Korinth ist das jedenfalls wahr geworden.

6.

1 Thes 2,14-16:

Die Juden, sagt Paulus, selber ein Jude, haben *„sowohl den Herrn Jesus als auch die Propheten getötet und uns verfolgt haben und Gott nicht gefallen und allen Menschen feindlich sind."* Macht man sich die Mühe, heutzutage ein paar Juden kennen zu lernen, wird man bemerken, dass sie nicht alle einen verfolgen und nicht alle feindlich gesinnt sind. Und die Propheten und Jesus haben sie auch nicht getötet. Das konnten nur die Juden, die damals bei den Verfolgungen und Tötungen dabei waren. Es stimmt, es waren Juden, die Jesus und die Propheten getötet haben. Doch woher nimmt man sich jetzt das Recht der Lynchjustiz in einer verschärften Form, nämlich dass man es so macht wie es die Nazis praktiziert haben: Nicht die Täter zur Verantwortung ziehen, sondern die ganze Sippe. Wenn Wehrmachtsoldaten von Partisanen bekämpft wurden, nahm man sich einfach Zivilisten und brachte sie zur Vergeltung um. Das sind Nazimethoden! Die Nähe der Nazis zu den Kirchenvätern ist nicht zufällig, denn sie waren vom gleichen Antisemitismus verseucht. Auch zahlreiche Päpste übernahmen ihn, Leo der Große nannte sie hassenswert und fluchwürdig, für Papst Stephan VIII waren sie „Hunde", Innozenz III, bezeichnete sie als „gottverdammte Sklaven" ***46** Da geht es nicht ums Recht, um Fairness, um Gerechtigkeit, um Humanität, da geht es nur um die rücksichtslose Vernichtung. Heutigen Deutschen wird der Holocaust auch nicht mehr angelastet. Wenn aber einzelne Juden ein Verbrechen begehen, werden dafür alle Juden zur Verantwortung gezogen, noch Jahrhunderte später!

7.

Titus 1,10-11:

„Denn es gibt viele Aufsässige, hohle Schwätzer und Betrüger, besonders die aus der Beschneidung, denen man den Mund stopfen muss." So die ElbÜ, manche bevorzugen die Übersetzung *„zum Schweigen bringen"*. Eigentlich kann man ja so dämlich kaum sein, hieraus die Berechtigung abzuleiten, Juden umzubringen. Paulus hat natürlich gemeint, dass man diese Leute durch Argumente und die Wahrheit zum Schweigen bringt. Wie wir wissen, haben aber Generationen von Kirchenverantwortlichen Andersgläubige tatsächlich für immer zum Schweigen gebracht bzw. bringen lassen. D.h. nicht für immer, denn vor dem Gericht der Mörder, werden die Opfer reden und anklagen.

8.

Jak 5,1-6:

Hier stellt Jakobus die Reichen als Mörder des „Gerechten" dar, mit dem höchstwahrscheinlich Jesus gemeint ist. Das macht Sinn, denn die Hohepriester standen mit der Besatzungsmacht unter einer Decke und hatten ein gütliches Auskommen. Der Jakobusbrief ist ausdrücklich an die Hebräer gerichtet. Es ist absurd annehmen zu wollen, dass der Jude Jakobus, der für seinen Gerechtigkeitssinn und seine Torahfrömmigkeit bekannt war, den Juden in der Diaspora an die der Brief gerichtet war, sagt, dass sie Juden verfolgen sollen.

9.

Of 2,9; 3,9:

Auch die Offenbarung muss dafür hergehalten werde, den Antisemitismus der Bibel nachzuweisen. Da ist von Juden die Rede, die zwar sagen, *„dass sie Juden sind,* *es aber nicht sind.“* Johannes bezeichnet sie als „Synagoge Satans“. Er schreibt aber nichts davon, dass man sie abbrennen muss. Gott tut es auch nicht, denn in Of 3,9, heißt es auch, dass diese Juden noch dazu kommen werden, die Liebe Christi zu erkennen. Dazu dürfte nicht dienlich sein, dass man sie mit einem christlichen Hass überfällt!

Nun schlägt aber Paulus unübersehbar den Bogen zu denjenigen Juden, die nach **1 Thes 2,15** nicht etwa Nacheiler des Messias geworden sind, sondern *„den Herrn Jesus als auch die Propheten getötet“* haben zu denen, die *„uns verfolgt haben“.* Sind da die gleichen Juden auf die große Reise nach Griechenland gegangen? Eher nicht, denn Paulus war ja selber einmal so ein Abgesandter aus Jerusalem. Paulus meint hier die jüdische Obrigkeit in Jerusalem, die ihre Anhänger überall hatte und überall hinschickte, wo sie es für notwendig hielten. Man hätte erwarten können, dass Paulus hier gnädiger über sie geredet hätte. Aber inzwischen hatte er, wenn nicht die Boshaftigkeit und Widerwärtigkeit der jüdischen Obrigkeit, zumindest aber ihr zerstörerisches Potential erkannt, weil sie sogar dadurch allen Menschen Feind waren *„ indem sie - um ihr Sündenmaß stets voll zu machen - uns wehren, zu den Nationen zu reden, damit die gerettet werden; aber der Zorn ist endgültig über sie gekommen.“* (**1 Thes 2,16**).

Das große Thema des Neuen Testaments ist die Wahrheit und deshalb ist auch die Unwahrheit, Täuschung und Verführung ein großes Thema. Da die Religionen die Wahrheitsbesitzer und –verteidiger sind, müssen sie immer aufeinanderprallen. Das Neue Testament berichtet noch wenig von Heiden, die gegen Christen vorgegangen sind. Zuerst war es eher umgekehrt. Satan war so schlau, die Verfolgung der Juden durch Christen wie Nichtchristen meist im Hintergrund der Kirchen- und Weltgeschichte zu halten. Sie wurde, da wo sie angesprochen worden ist, immer verharmlost. ***47** Die Kirchen können, wenn ihnen der Tiefblick in das Wort Gottes fehlt, an der Oberfläche des Wortlautes bleiben und sich ihren eigenen Wort-Unterbau schaffen. Und so nehmen sie sich aus der Bibel die angeblichen anti-jüdischen Schriftstellen aus der Bibel heraus. Das war voraussehbar.

Die Juden, die gegen die Judenchristen vorgingen, gehören zu den Nachfahren derer, *„die sowohl den Herrn Jesus wie die Propheten töteten".* (1 Thes 2,15) Und sie sind diejenigen, die *„uns verwehren [sie, zu] den Nationen zu sprechen, dass [diese] gerettet werden"* (1 Thes 2,16 KÜ). Die Abneigung der Juden den Götzendienern und ihren gewalttätigen römischen Unterdrückern gegenüber war ebenso groß wie ihr Glauben, dass sie das auserwählte Volk waren und andere nicht (5 Mos 7,6). Wer zu dem Volk Gottes dazugehören wollte, musste ganz und gar Jude werden. Bei Paulus mussten Nichtjuden nur an Jesus Christus als ihren Heiland glauben. Ob Paulus unter diesen „Juden" auch diejenigen Judenchristen mit einschließt, die ebenso an der Torah festhielten wie ihre nicht an Jesus glaubenden Judenbrüder, ist unklar. Er warnte andernorts vor diesen letztgenannten. Er könnte sie daher miteingeschlossen haben. Für diese Juden, die gegen die Lehre von Paulus vorgingen, hat Paulus die Voraussage, dass der Zorn Gottes sie erfassen wird (1 Thes 2,16)

Für die nichtmessianischen Juden war klar, dass man zum Volk Israel dazugehören musste, um gerettet zu werden. Und so redeten sie auch zu den Nationen. Folgerichtig mussten sie Paulus wehren, dass er etwas anderes behauptete. Aber warum sollte deshalb „der Zorn endgültig über sie gekommen" sein?

Dies darf man nicht missverstehen. Paulus war noch weit davon entfernt, nicht mehr in jüdische Synagogen zu gehen, um dort Gläubige zu gewinnen. Das wäre konsequent gewesen, wenn er wirklich gemeint hätte, dass der Zorn Gottes nun endgültig über die Juden gekommen wäre, so wie es viele Ausleger meinen. Hier ist aber gar nicht der Zorn Gottes gemeint. Der Zorn Gottes sieht Paulus erst in Ap 28,25ff in mächtiger Konsequenz für den Rest des Äons über die Juden gekommen. Entweder ist „eis telos" mit „endgültig" falsch übersetzt, oder Paulus spricht hier von dem Zorn der Juden. „Eis telos" bedeutet „zum Äußersten" oder wörtlich „zum

Ende", „zur Vollendung". Das wäre für den Zorn Gottes nicht zutreffend. Damals war Gott ganz offensichtlich nicht fertig mit Seinem Zorn. Damit hätte Paulus lediglich gesagt, dass die Juden sich nun schon äußerst erzürnen. Mehr geht nicht! Für diesen Zorn gab es gute Gründe. Da gibt es eine Sekte, die behauptet nicht nur, dass derjenige, den sie wegen Gotteslästerung getötet haben, auch noch der Messias wäre. Sie sagen sogar, dass die Torah und die Beschneidung als Zeichen des Bundes mit Gott hinfällig wären, in dieser vereinfachten Form der Überlieferung glaubten sie zumindest, das so feststellen zu müssen. *48 Und, für viele Juden noch das größte Ärgernis: die Juden seien nicht mehr das alleinige Volk Gottes, die auserwählte Nation, die alleinige Braut Gottes. Die Nationen sind jetzt gleichberechtigt, gleichgeliebt, gleichbevorzugt. Und alles nur deshalb, weil sie diesen Betrüger Jesus anbeteten. In der Tat, die Juden waren zur Eifersucht gereizt worden, wenn auch nicht unbedingt mit den Konsequenzen, wie es sich Paulus erwünscht hätte.

Manche Ausleger finden die Verse von Paulus an die Thessalonicher anstößig. Hat Paulus nicht zum Beispiel im Brief an die Römer viel milder über die Juden geurteilt? Doch der Fall ist klar. Im Römerbrief redet Paulus heilsgeschichtlich über die Juden. Im Thessalonicherbrief geht es um die konkrete historische damals-Situation. Und genau hier ist die Schnittstelle zwischen Antisemitismusvorwürfen und nüchterner Beurteilung und berechtigter Kritik, die Israelhasser nie verstehen werden, solange sie nicht vom Saulus zum Paulus bekehrt sind. Auch im Römerbrief geht Paulus auf die Gräuel der Juden ein. Er zitiert Elia: „Herr, sie haben deine Propheten getötet, deine Altäre niedergerissen!" (Röm 11,3f). Dann redet er von der Auswahl, die gleich Gnade erlangt hat und von dem Rest, der verstockt wird. Wozu? Paulus fragt: *„Sind sie etwa gestrauchelt, damit sie fallen sollten?"*, um es gleich zu beantworten: *„Auf keinen Fall! Sondern durch ihren Fall ist den Nationen das Heil geworden, um sie zur Eifersucht zu reizen."* (Röm 11,11)

Doch dabei bleibt es nicht, denn auf den „Reichtum der Nationen", die zweifellos durch das Evangelium reich geworden sind, folgt „viel mehr ihre Vollzahl" (Röm 11,12). Paulus stellt also den wenigen Juden, die auserwählt wurden, der kleine Rest Israels, einen „Reichtum der Nationen", nämlich eine Auswahl der Nationen, das ist die Gemeinde Jesu Christi, ebenso gegenüber wie der „Vollzahl" Israels die Vollzahl der Nationen, auch wenn er es nicht ganz ausspricht, weil er sagt: wenn schon das kleine zu Gewinn führt, wie sehr wird dann das große Volle erst zu Gewinn führen? Dieser gewinn kann dann nur auch die Vollzahl sein, weil sonst der Vergleich hinken würde.

Es kann also kein Zweifel geben. Paulus redet über die Juden nicht gehässig, sondern er bleibt sachlich. Er analysiert und zeigt die Folgen auf. Zunächst sind sie verheerend, dann aber, dank Gottes Gnade, erfüllen sich doch noch alle Verheißungen, die Gott jemals Seinem Volk gegeben haben, denn Gott ist treu.

Manche messianische Juden bemängeln die Übersetzung von „Ioudaion" mit „Juden". **49** Ihre Besorgnis vor einer antisemitischen Auslegung ist verständlich, zumal es nicht von der Hand zu weisen ist, dass die im Neuen Testament beschriebenen Ereignisse im Zusammenhang mit dem Fehlverhalten der Juden gegen das Judentum angeführt werden und als Grundlage dafür betrachtet werden können, die Juden zu verfolgen, etwa nach dem Prinzip „Auge um Auge". Und tatsächlich haben nichtjüdische Kirchenchristen unter den Augen und meist mit dem Einverständnis und Zuspruch ihrer Kirchenoberen es ganz genau so gemacht.

Jedoch ist nicht einzusehen, was eine Übersetzung mit Judäer verbessern könnte, denn Judäer sind auch Juden. Die historische Tatsache ist, dass Paulus die Juden gemeint hat, weil die Juden diejenigen waren, die Jesus und die Propheten und nun auch die in der Nachfolge dieser stehenden Christusnachfolger und Christusnachahmer – denn die Juden werden sich nicht immer die Mühe gemacht haben, von „echten" und „unechten" Christen unterscheiden zu wollen -verfolgte. Dass die Juden mehr als alle anderen Völker verfolgt und unterdrückt wurden, ist bekannt.

Aber ebenso richtig ist, dass auch die Juden in einer kurzen Zeitperiode zu Verfolgern wurden. Die Deutschen sagen gerne, dass es die Nazis waren, die den Holocaust und all die anderen Kriegsverbrechen begangen haben. Aber die Nazis waren Deutsche (und Österreicher). Deshalb ist es historisch richtig, zu sagen, dass die Deutschen für den Holocaust verantwortlich sind. ***50**

Die Situation bei der Kreuzigung Jesu war so: Einige Juden waren direkt verantwortlich für die Verhaftung Jesu und die Forderung, Ihn umzubringen. Einige mehr halfen mit. Einige mehr riefen „kreuziget ihn!" und viele schauten dem ganzen Treiben zu, ohne einzuschreiten. Dazu gehörte auch die „geistliche Elite", wenn man die Jünger Jesu auf Verdacht so nennen will, jene, die sich schnell aus dem Staub machten oder, um sich zu schützen, zu beschämenden „Notlügen" Zuflucht nahmen. Das sind die Petrusse der Gesellschaft, die nur solange bei der Wahrheit bleiben, wie es gut für sie ist. Und es gab noch mehr, die von alledem nichts mitbekamen, aber, wenn sie dabei gewesen wären, den vorgenannten Gruppen zuzuordnen gewesen wären.

Die gleichen Gruppen gab es auch in Nazi-Deutschland. Man braucht nur eine Gruppe hervorzuheben. Diejenigen, die zuschauten und nichts taten. Das ist meist die Mehrheit. Und bei ihnen kann man sich fragen, ob darunter diejenigen, die wussten, dass hier Unrecht geschah, „gerechter" waren als diejenigen, die es für Rechtens hielten. Wenn man also die Juden verteidigen will, dann kann man es nur so tun, indem man sagt, dass sie genauso sind wie andere Menschen auch. Dann erübrigt sich jede Verfolgung wegen der Volkszugehörigkeit. Vor allem Deutsche sollten das gelernt haben. Wer deutsch ist und anti-jüdisch eingestellt ist, ist anachronistisch. Anachronismen sind meist fehl am Platz. ***51**

Natürlich ist der Vorwurf, das Neue Testament sei antijüdisch genauso berechtigt oder unberechtigt wie der Vorwurf, das Alte Testament sei antijüdisch. Wenn Gott anti-menschlich ist, insofern als Er die Menschen maßregelt, dann ist auch die Bibel antijüdisch, weil sie die Juden maßregelt. Aber warum maßregelt sie die Juden? Weil Gott viel daran liegt, dass Er ihnen Gutes tun kann, ja, Er will sie sogar in die Gemeinschaft mit Ihm bringen. Die antisemitischen Kirchen sind nicht antijü-disch, weil sie etwa den Juden Gutes tun wollen, sondern weil ihnen die Bevorzu-gung der Juden durch Gott ein Dorn im Fleisch ist. Das ist der entscheidende Un-terschied. Jesus hat sich für die Juden geopfert. Sind seine Aussagen, mit denen er Juden kritisiert, darauf aus, dass es den Juden gut oder schlecht geht? Er will sie offenbar zur Umkehr bewegen. Also sind sie gut. Paulus hat sich auch für die Juden geopfert. Immer wieder hat er versucht, sie zur Umkehr zu bewegen. Also sind auch seine Aussagen darauf aus, dass es den Juden gut geht und dass sie ihr Ziel bei Gott erreichen, möglichst ohne große Umwege und schmerzliche Gerichte. Das gleiche gilt für die anderen Autoren des Neuen Testaments. Schon daraus kann man folgern, dass jeder, der will wie Gott will, wollen sollte, dass es den Juden gut geht!

Eine andere Frage ist, ob Autoren des Neuen Testaments die Aussagen, die sie über Juden gemacht haben, nur auf einen bestimmten Personenkreis eingegrenzt sehen wollten. Messianische Juden, aber auch judenfreundliche Bibelausleger be-mühen sich immer wieder darum, das herauszustellen. Aus theologischer Sicht ist dieses Bemühen sinnlos und nicht zielführend. Was sollte damit gewonnen sein? Die Bibel sagt, dass die Juden ihren Heiland umgebracht haben. Sie meint nicht, dass ein Jude, der im 20. Jahrhundert gelebt hat, damals bei der Kreuzigung dabei war. Und dennoch meint sie mit „Juden" das ganze Volk der Juden. Aber anderer-seits deuten ihre Aussagen, auch wenn sie nur „Juden" sagt, auf etwas hin, was alle Menschen betrifft, denn jeder, der je sündigt, hat das Opfer Jesu notwendig gemacht und muss es auch annehmen, wenn er gerecht gesprochen werden will. Manchmal fällt es schwer, große, unverdiente Geschenke anzunehmen. Ein Sün-der verbeugt sich nicht gerne als Bittsteller. Aber Gott hat es leichter gemacht, als es sich Menschen ausgedacht haben könnten. Er wartet nur auf das dankbare Ent-gegennehmen des Geschenks der Erlösung. Und dann ist es bereits gut.

Es ist eine biblische und historische Tatsache, dass es das Volk Israel war, das Gott ausgewählt hat unter den Völkern, Sein Volk zu sein. Mit der Auswahl wurde es auch zum stellvertretenden Opfervolk für alle Völker.

Das Aufopfern eines Einzelnen für eine Gemeinschaft, das ist leicht einzusehen, kann für die Gemeinschaft das Überleben bedeuten. ***52** Dass sich dieses Umstandes viele Gesellschaften bewusst waren, erkennt man auch an den zahlreichen Sagen und Legenden, wo sich ein einzelner für alle opfert. Man denke dabei an die St. Georgsgeschichte, die mit Sicherheit einen realen historischen Bezug hat. ***53** Nun scheint es sogar in dieser Legendenbildung ein Leichtes gewesen, diese Opfervorstellung auf den Gott, den man besänftigen zu müssen dachte, zu übertragen. Man opfert Gott, so dass Gott die Gemeinschaft segnen kann. Manche Götzen - so offenkundig die Vorstellung mancher Gemeinschaften - verlangten nach Menschenopfern. Wie bei den Azteken, den Maya und den Kanaanitern und vielen anderen Volksgemeinschaften. Mit Israel kommt etwas Neues. Zwar opfern auch die Israeliten ihrem Gott und es lässt sich darüber streiten, ob der Gott Israels auf die schwerfällige Befindlichkeit Seines Volks Rücksicht nahm, indem Er ihm eine ähnliche Verfahrensweise wie sie bei den Nachbarvölkern in Gebrauch war, zugestand. ***54** Jedoch unter ausdrücklichem Verbot von Menschenopfern.

Auch Jesus erkennt an, dass ein Menschenfreund wohl auch sein Leben für die Gemeinschaft opfert (Joh 15,13). Doch das gänzlich Neue ist, dass sich nun Gott umgekehrt für die Gemeinschaft der Menschen opfert. Und zwar nicht nur für eine Familie, Sippe oder Nation, sondern für jeden Menschen. Das ist einmalig und übersteigt das meist primitive Opferverständnis der Menschen. So versteht z.B. der Islam, dass sich ein einzelner unter Erwerb von Verdienst, der ihm maximal das Paradies einbringt, opfern kann. Das geschieht am sichersten im Dschihad. Die Tat des Menschen nimmt also Einfluss auf Gott, der dann einen irgendwie begrenzten Dienst erweist und Lohn zuweist.

Beim Kreuzestod Christi ist es anders. Da opfert sich Gott, weil alles, was ein Mensch tun kann, niemals ausreicht, um eine Sünde rückgängig zu machen. Da man aber immer Gott gegenüber sündigt, kann auch nur Er das entsprechende Opfer erbringen. Gott hat gewissermaßen die Wahl. Entweder die Gemeinschaft mit den Menschen kommt nie zustande, weil Gott heilig ist und die Menschen dem nie aus eigenem Vermögen genügen können. Sie sind nicht gottes-kompatibel. Oder Gott selber stellt die Gemeinschaft her. Dazu muss Er das einzig richtige tun, was dazu geeignet ist. Er muss den Gleichstand, den Heiligungs- und Rechtfertigungsgleichstand herstellen. Nur als Gott sündlos und heilig handeln, um das für den Menschen zu erreichen, genügt nicht, es verändert am Status der Unzureichlichkeit nichts. Er muss also sündlos erlösungshandelnder Mensch werden, um so zu vermitteln. Er vermittelt göttliches Wesen von oben nach unten, zum Menschen hin. Und Er vermittelt das den Menschen geforderte Heiligsein von unten nach oben, durch das vollkommen heilige Leben als Sohn. Er beseitigt so das Trennende zwischen Mensch und Gott, indem Er selber Mensch wird.

Aber nicht nur an der Gottes-Menschensohn-Frage scheiden sich die Geister. Ebenso ist es mit der Israelfrage. Der eine Geist ist von Christus, der andere ist der Geist des Anti-Christ. Die Verherrlichung Gottes und der Schöpfung soll nämlich gegen alle Hindernisse und gegen alle Eventualitäten des Bösen und Widerständlichen ohne die geringsten Vorbehalte zur Prachtentfaltung kommen. Es ist daher höchst bedeutsam, in 1 Thes 2,15-16 zu verweilen und zu bedenken, was die Kirchenchristenheit dazu brachte, zum Feind Israels zu werden und was es dafür an Gerichtskosten zu zahlen hatte (und noch haben wird). Die Folgen der Unfreundlichkeiten gegenüber den Juden waren von welthistorischem und menschheitsgeschichtlich katastrophalem Ausmaß. Was hat sich auf der Grundlage dieser Judenverweigerung und dieser Judenmissliebe aus der sogenannten christlichen Kirche entwickelt?

Es ist schockierend und beschämend. Es hat sich das Anti-Christentum daraus entwickelt, denn wer die Kinder Israels anrührt, hat den Augapfel Gottes angetastet. Wer das getan hat, was die Kirchenchristen getan haben, geht ins Gericht. Und eine Gerichtsfolge, die beinahe immer einhergeht mit der Züchtigungsmaßnahme, ist der Verlust der klaren Denkfähigkeit. Wer Gott zu einem Irrenden macht, wird selbst zum Irrenden. Wer sich von Gott abwendet, wird zu einem Verirrten. Das Anti-Christentum im Kirchenchristentum muss identifiziert werden, um daraus die nützlichen und notwendigen Lehren zu ziehen.

JCJCJCJCJCJCJCJCJCJCJC

3. Kapitel
Christentum-Kirchenchristentum
1 Thes 3, 1-8.10.13

Wie man aus den Texten und Überlieferungen der Antike weiß, hat sich die Erwartung der Christen, dass Jesus bald zurückkommen würde, um das Reich Gottes auf Erden beginnen zu lassen, ab dem ersten Jahrhundert allmählich gewandelt. Man könnte auch sagen verflüchtet. Das ging so weit, dass es spätestens im vierten Jahrhundert entweder vergeistigt worden ist, oder die Variante bevorzugt wurde, daran zu glauben, dass die Kirche das Reich Gottes sei. Parallel zu diesem Wandel vollzog sich ein geistesgeschichtlicher Umbau des Phänomens „Christentums", der den meisten Historikern und Theologen verborgen geblieben ist. Aus den Nachfolgern von Jesus und Paulus und der übrigen Apostel wurde eine Organisation, die man vereinfachend „Kirchenchristentum" nennen kann. Die realhistorische Fortsetzung dessen, was das Christentum der Anfänge ausgemacht hatte, wurde zu dem, was dann die Historiker und Kirchengeschichtler als einziger Untersuchungsgegenstand vorliegen haben: die christliche Kirchen, oder, genauer gesagt, die christlichen Kirchen, denn es gab ja viele, die sich in Lehre und Überlieferung ähnelten, aber nicht eins waren. Und dass sie nicht eins wurden, lag jedenfalls schon hinreichend an den Protagonisten, den Bischöfen, Theologen, weltlichen Machthabern etc.

Es ist keineswegs so, dass sich aus dem, was die Menschen, die im ersten Jahrhundert unter den Sammelbegriff „Christen" fielen, verkörperten, alles das und nichts weiteres, gleichsam einer erblichen Weitergabe entsprechend, an die „Christenheit", die danach eine historisch nachprüfbare Relevanz entwickelte, weiterreichte. Es gab, aus biblischer Sicht, immer etwas, was sehr wohl unter das „Weitere" fallen könnte, was nicht in den Kirchen und damit auch nicht in der Geschichtsschreibung abgebildet worden oder darin eingeflossen sein muss und sich damit auch nicht der „wissenschaftlichen" Erforschbarkeit erschließbar gemacht hat. Dass das so ist, ergibt sich bereits aus 1 Kor 2,11: *„Denn wer von den Menschen weiß, was im Menschen ist, als nur der Geist des Menschen, der in ihm ist? So hat auch niemand erkannt, was in Gott ist, als nur der Geist Gottes."* Das ist ein philosophischer Satz, der nicht einmal der theologischen Logik folgen muss. Er hat eine innere Logik. Wenn der Geist weht, wo er will (Joh 3,8), dann kann er auch zweierlei. Erstens besagt er, dass der Geist dafür sorgen kann, dass sein Wirken von den Unbegeisteten nicht bemerkt wird.

Das muss unweigerlich dazu führen, dass es eine Geschichtsschreibung gibt, von Kirchenhistorikern oder nicht, die gänzlich an den Realitäten des Geisteigen vorbeiführt, weil es diese gar nicht wahrnehmen kann. Und zweitens besagt er, dass diejenigen, die forschen, um mehr Licht in den Abglanz der Vergangenheit zu bringen, ebenso vom Wehen des Geistes abhängen, wenn sie alles bedacht haben wollen und in Ermangelung diesen Geistes zwangsläufig nur einen Teil der Wirklichkeit abbilden können. Vielleicht sogar gestattet es ihnen der Geist gar nicht, die wesentlichen und verborgenen Dinge aufzuspüren. Wer den Geist Gottes hat, weiß, dass er ihn hat. Wer den Geist Gottes nicht hat, kann sich in dem Irrtum befinden, dass er ihn habe. Und deshalb bleibt es dabei, dass nur die, die ihn haben, auch die Dinge auf ihren Realitätswert besser beurteilen können, ohne zu wissen, wie weit ihnen der Geist diese Dinge wirklich offenbart hat.

Da Gott nicht gerne Perlen vor Säue wirft, was nur eine Aussage ist über die Reife des Wissensempfängers und seine Geeignetheit, die Informationen zu würdigen, wirft er auch bei der Aufklärung geschichtlicher Abläufe und Ursachen nicht sinnlos mit Erkenntnissen um sich, die eine unreife Welt in Chaos und Überhitzung der schwach entwickelten Gemüter stürzen würde.

Aber dann muss doch irgendwann gesagt werden, was gesagt werden muss. Über den Zeitpunkt bestimmt auch wieder der Geist. Welcher Geist? Der Vater hat Seinem Sohn alles überlassen. Es ist der Geist Christi, der weht und wirkt und inspiriert und Erkenntniskanäle öffnet und schließt.

Wenn man 1 Thes 3 unter dem Titel Christentum-Kirchenchristentum bespricht, soll auf den Gegensatz, nicht auf die genealogische Verwandtschaftsbeziehung abgehoben werden. Es gibt eine Gemeinde Jesu, die nur Gott genauestens kennt. Sie gehört Jesus, Mann für Mann, Frau für Frau (Genderismus gibt es in der Bibel nicht. Genderismus ist eine Folge von Röm 1,21ff). Die Kirchen sind hingegen menschliche Gebilde, aus denen sich das Antichristliche Wesen entwickelt hat und in der Endzeit zur Ausreife gelangt. Das Kirchenchristentum hat immer, wie es das babylonische Konzept erfordert, mit dem Weltlichen gebuhlt und hat sich nie davon frei machen können, weil es das auch nie gewollt hat. Es ist ein Teil der Nationen, deren Zeit vor der Rückkehr ausläuft. Damit wird dann das Ende der Kirchengeschichte erreicht sein, jedoch nicht das Ende der Nationen, deren Entwicklung auch noch im messianischen Reich weiterlaufen wird. Was eine Nation wirklich sein muss, hat noch keine Nation gelernt. Dazu gibt es dann im Millennium Gelegenheit. Jede Nation und jedes Individuum ist noch weit davon entfernt, eine Freude oder ein Ruhmeskranz bis zur Rückkunft des Herrn zu sein. Am nahesten kommen diesem Ziel die Getreuen Jesu. Und das ist genau der Grund ihrer Zuversicht und freudigen Erwartung, weshalb sie es kaum erwarten können, diesen Zustand zu erreichen. Sie erwarten sehnlich die Zusammenkunft mit Christus, weil sie wissen, dass sie dann eine Freude und Herrlichkeit für Gott und sich selber sind. Sie freuen sich, weil sie wissen, dass sie dann noch mehr Freude haben werden. Der Christ, sofern er wirklich gläubig ist, lebt in einer ständigen Vorfreude.

Aus **1 Thes 2,19** scheint sich zu ergeben, dass Paulus noch eine Naherwartung hat, wenngleich das nicht zwingend dem Text zu entnehmen ist: *„Denn wer ist unsere Hoffnung oder Freude oder Ruhmeskranz - nicht auch ihr? - vor unserem Herrn Jesus bei seiner Ankunft?"* Denn Paulus geht sicher davon aus, dass die Thessalonicher auch dann noch Freude und Ruhmeskranz sein können, wenn Jesus nicht gleich Morgen, sondern in ein paar Jahren zurückkommt.

Paulus bezeichnet die Thessalonicher als *„unsere Herrlichkeit und Freude"*. Noch stimmt alles zwischen den Thessalonichern und Paulus, noch hat kein Wölkchen den Himmel getrübt. Jemand als seine *„Herrlichkeit und Freude"* zu bezeichnen ist nicht nur gewagt, sondern das höchste Lob, das man überhaupt jemand geben kann. Biblisch gesehen hat sich Paulus da auch des höchsten Lobes bedient, das Gott verwendet, wenn Er den End- und Zielzustand der Schöpfung und insbesondere der Menschen bezeichnet. Gott hat die Menschen und die ganze Schöpfung zu Seiner immerwährenden Freude und Verherrlichung geschaffen. Das wusste Paulus sehr wohl. Das zeigt den Respekt und die Zuneigung, die Paulus vor der Gemeinde in Thessalonich hatte.

Paulus stattet den Thessalonichern Bericht ab über seine Reisepläne. Daraus erhellt sich, dass er in Thessalonich „bedrängt" worden war (**1 Thes 3,1-4**). Er hatte Anlass, da er nicht selber kommen konnte, Timotheus zu schicken, *„um euren Glauben zu erfahren, ob nicht etwa der Versucher euch versucht habe und unsere Arbeit vergeblich gewesen sei."*

Zu was hätte der „Versucher" die Thessalonicher verführen können? Sie waren ja zu Christen geworden, sie, die vorher Juden und Heiden gewesen waren. Dachte Paulus, dass sie nun so schnell wieder sich „entchristlichen" würden? Wohl kaum.

Es ist naheliegend auch hier wieder an messianische Juden zu denken, oder zumindest an Juden, die versuchten verlorenen Boden wieder gut zu machen, bei
ihren ehemaligen Synagogenbesuchern.

Timotheus hatte – vorerst – noch Entwarnung gegeben. Paulus spricht sogar davon, dass er sich von ihrem Glauben trösten lassen konnte (**1 Thes 3,7-8**). Er kon-
statiert, die Thessalonicher stehen fest im Herrn. Er weiß aber auch, dass der Glauben der Thessalonicher noch nicht vollkommen ist und noch der Vollendung be-
dürftig ist (**1 Thes 3,10**). Er bittet daher Gott *„eure Herzen zu stärken, untadelig in
Heiligkeit zu sein vor unserem Gott und Vater bei der Ankunft unseres Herrn Jesus
mit allen seinen Heiligen.“* (**1 Thes 3,13**). Auch hieraus lässt sich die Naherwartung,
die Paulus hatte und mit ihm sicherlich auch die Thessalonicher, hören.

Man fragt sich in 1 Thes 3, 1-5 warum Paulus nicht selber nach Thessalonich
gereist ist, um das dort angefangene Werk weiter zu führen. Es ist zu vermuten,
dass seine eilige Abreise von dort etwas damit zu tun hat. Paulus war wohl dort zur
persona non grata geworden. Er durfte sich dort vorerst nicht blicken lassen. Er war
ein Unruheherd und geistiger Brandstifter, zumindest in den Augen der Juden-
schaft. Die Diasporajuden hatten es nicht immer leicht in einer Umgebung, die
ihnen nicht immer freundlich gesinnt war. Die Diasporagemeinden waren ein fragi-
les Gebilde, das jederzeit in Gefahr lief, in einen Konflikt mit ihren nichtjüdischen
„Gastgebern“ zu geraten. Da durfte von innerhalb des Judentums kein Aggressi-
onspotential geduldet werden. Sie hatten sich häuslich eingerichtet und Paulus gefährdete mit seinen störenden Agitationen den Hausfrieden.

Paulus hat aber seinen früheren Reisegefährten Timotheus nach Thessalonich be-
ordert. Und Paulus gibt dazu folgenden Grund an: *„…um euren Glauben zu erfahren, ob nicht etwa der Versucher euch versucht habe und unsere Arbeit vergeblich
gewesen sei.“* (**1 Thes 3,5**)

Paulus hatte also dahingehend Überlegungen, dass die Thessalonicher gefährdet sein könnten, dass der „Versucher“, also Satan die kleine Herde nach Abreise
des Hirten angefallen haben könnte. Wie kommt er darauf? Ganz einfach, weil es

bisher immer so war, dass die Gemeinden, in denen er evangelisiert hatte oder für die er Grundsteine des Glaubens an Jesus Christus gelegt hatte, nach seiner Abreise von Abgesandten Satans aufgesucht worden waren. Das waren für Paulus alle, die seine Botschaft, sein Evangelium in Frage stellten oder anzweifelten oder Korrekturen anbringen wollten. Ganz gewiss sind Paulus keine nichtjüdischen Christen nachgereist, denn eine nichtjüdische Kirche gab es damals noch gar nicht. Paulus hat anscheinend immer unverblümt alle Abweichler von seinem Evangelium, die die Verbreitung seiner Lehre in seinem Zuständigkeitsbereich behinderten oder gefährdeten verteufelt. Auch hier gegenüber den Thessalonichern redet er frei heraus und klärt sie auf, wenn ihr so sehr abweicht, dass ich zu dem Schluss kommen muss, dass ich vergeblich gearbeitet habe, dann habt ihr euch von Satan dazu verführen lassen, von dem gerade Weg abzuweichen. Diplomatisches, freundliches Reden geht anders!

Um es klar zu sagen, die Bibel sagt, wenn jemand Gemeinden, die nach dem Evangelium von Paulus gehen sollen, davon abbringt, der ist ein Handlanger Satans. Geistliche Brandstiftung hat immer Satan als Initiator. Was Paulus damals nicht wissen konnte, ist, dass seine Arbeit von welthistorischer Bedeutung sein würde. Aber nicht auf die Art und Weise, die er sich gewünscht, oder die er noch am ehesten erwartet hätte. Paulus hätte vermutlich gesagt: *„Ich hatte schon gehofft, dass eine Bewegung entsteht, die bis zur baldigen Ankunft unseres Herrn noch weiter gewachsen wäre."* Doch dann hätte er, vom Jahre 2019, besser vom Jahre 2032, zurückblickend, sicherlich gesagt oder sagen können: Mit was ich aber nicht gerechnet habe, ist dies:

1.

Gott sammelt Seine Gemeinde, die anfänglich durch mein Wirken begonnen hat, über einen Zeitraum von 2000 Jahren und

2.

Gott lässt es zu, dass die Gegnerschaft, die der Satan aufbauen darf, immer mächtiger wird, und eine andere Gemeinde maßgeblich leitet, die in Konkurrenz steht mit Gottes Gemeinde.

Paulus hätte sich sehr gewundert, wenn er gewusst hätte, wie viele sich auf ihn berufen würden, die im Grunde in der Nachfolge jener stehen, die seine Arbeit und sein Wirken angegriffen haben.

Liegt also eine Strategiewechsel Satans vor? Wollte er am Anfang die Gemeinde Christi verfolgen und vernichten, so hat er mit zunehmender Wartezeit auf die Rückkehr des Messias viel schlauer eine Fälschung aufgebaut, denn da die Gemeinde Christi nicht zu vernichten war, musste man sie auf eine andere Art und Weise unsichtbar und wirkungslos machen. Die Schwierigkeit für Goldschürfer oder Edelsteinsucher besteht darin, dass die in der Masse unscheinbaren Kostbarkeiten in den sie umgebenden Gesteinsschichten oder im Flusssand schlicht untergehen. Wenn es Satan gelingen würde, eine Alternativkirche aufzubauen, die den ganzen Raum füllen würde, dann könnte sie die Sichtbarkeit oder Wahrnehmbarkeit der Gemeinde Jesu stark reduzieren.

Und genau das ist geschehen. Das reifende Korn ist in einem Feld voller Unkraut nicht auszumachen. Der Schnitter lässt beides wachsen, denn er kennt die Unterscheidungsmerkmale und wird zu gegebener Zeit das Korn vom Unkraut trennen. Unterdessen wächst und wächst das Unkraut und fühlt sich als Chef auf der Wiese, der auf die Kornpflänzchen milde herablächeln könnte, wenn sie nicht allzu sehr stören würden. Und das haben sie ihm Verlauf der Kirchengeschichte. Tatsächlich haben sie nicht gestört, sondern sie wurden als störend empfunden. Wie es Schiller ausgedrückt hat: *„Es kann der Frömmste nicht in Frieden leben, wenn es dem bösen Nachbar nicht gefällt."* Die Kirchen waren immer der böse Nachbar der Gemeinde Jesu Christi. Kirche und Gemeinde Christi sind und waren nie deckungsgleich. Gemeinde Christi war immer nichts anderes als die Schar der Auserwählten Gottes, ganz gleich, ob die Angehörigen in einem abgelegenen Alpendorf lebten, oder in Sichtweite eines Bischofssitzes der katholischen Kirche und ganz gleich, als was man sie überhaupt identifizierte oder ob man überhaupt von ihnen Notiz nahm. Weltgeschichte haben sie keine gemacht. Ganz anders die Kirchen, die allezeit durchseucht waren von Machtpolitikern, oft ruchlosen Ehrgeizlingen und ruhmsüchtigen Opportunisten. In den Kirchen fand sich allezeit viel Gutes und Menschlichkeit, weil sich dort auch lange Zeit der Großteil der Bevölkerung Europens einfand und schließlich auch, weil die Gemeinde Jesu inmitten dieses Christentums wirkte. Aber es gab eben auch dieses zum Himmel schreiende Unrechtsystem der Kirchen, das so viele Menschen seelisch vergewaltigt und physisch vernichtet hat.

Es heißt, wo viel Licht ist, ist auch viel Schatten. Der Spruch findet sich nicht in der Bibel, denn bei Gott ist viel Licht und kein Schatten. Aber man kann eine Abwandlung des Spruches gelten lassen: Wo viel Schatten ist, kann wenig Licht sein. Es ist eben wie auf dem Unkrautfeld. Da verirrt sich durch einen Windstoß auch die Samen einer Nutzpflanze dort hinein. So manche werden erstickt, aber einzelne gehen doch auf, um dann entweder auch erstickt zu werden, oder, wenn sie auf günstige Überlebensbedingungen treffen, doch zur Reife heranzuwachsen. Das wird die Ausnahme sein. Und das wäre auch der Grund, warum es nur wenige Angehörige der Gemeinde Jesu überhaupt geben könnte, wenn das nicht Gott das erste und letzte Wort dazu sprechen würde. Es ist ein lebensstiftendes und bewahrendes Wort, gesprochen wie ein Befehlswort, das keinen Widerspruch zulässt, ein Schöpfungswort, ein Wort des Ratschlusses. Es lautet: „Es werde Licht!" Und so wird es Licht, ganz gleich wie finster die Finsternis vorher auch war!
Und so sah es Paulus auch, sonst hätte er nicht evangelisiert. Licht ist möglich! Licht ist sogar da möglich, wo viel Schatten ist!

Die neuzeitlichen, postmodernen Kirchenautoren, die man in diesem Zusammenhang auch als posttraumatisch bezeichnen könnte, wollen zeigen, dass das Christentum viel Positives bewirkt hat und dass es für viele Gräuel entweder nicht direkt verantwortlich ist oder dass es sich um Übertreibungen handelt. Und dass jeden-falls die katholische Kirche bei weitem nicht so schlimm ist, wie sie oft dargestellt wurde.

Das gelingt ihnen vielleicht auch zum Teil gegenüber populistischen Versuchen, die Christenheit als Wurzel aller Übel hinzustellen. Aber es würde jedenfalls noch besser gelingen, wenn sie nicht immer das „Christentum" mit den großen Kirchen oder, was die Zeit vor der Reformation anbelangt, der katholischer Kirche gleich setzen müssten, denn dann wäre ihnen vielleicht aufgegangen, dass die Fehlent-wicklungen weniger christliche, sondern eher kirchliche Angelegenheiten waren. Sie verstärken daher im Ergebnis leider noch den Eindruck eines heuchlerischen Kirchenchristentums, das sich immerfort aus seiner Verantwortung stehlen will, um weiter den Anschein der Erhabenheit zu behalten. Und natürlich muss man sich vor der Frage fürchten, ob denn das Kirchenchristentum überhaupt eine Autorisierung durch Gott erhalten hat. Nachdem nun im 21. Jahrhundert klar geworden ist, dass von den sogenannten „Geistlichen" der Kirche Roms seit Jahrhunderten Miss-brauch an Schutzbefohlenen, Jugendlichen und Kindern betrieben worden ist und diese Gräueltaten unter den katholischen Teppich gekehrt worden sind, mit der Folge, dass diese Art von katholischem „Opferwesen" noch weiter betrieben wer-den konnte – „Barmherzigkeit" also nicht gegenüber den Opfern, sondern gegen-über den katholischen Mittätern, ist es angebracht, noch einmal das Anti-Christliche der Kirche aufzuzeigen. Ein Soldat der Wehrmacht, der die Erschießungen von Zi-vilbevölkerung und von Juden in Russland mitbekommen hat, konnte vielleicht nicht anders als weiter mitzugehen, weil er sonst sein eigenes Leben in Gefahr gebracht hätte. Das ist weder edel, noch mutig, noch anständig. Aber was kann ein Angehö-riger der Kirche Roms vorbringen, um sein weiteres Mitgehen zu rechtfertigen?

Man bemerkt in neueren kirchengeschichtlichen Veröffentlichungen oft das Be-mühen der Autoren, die katholische Kirchengeschichte schön zu schreiben und die katholische Kirche von Sünden frei zu sprechen oder zumindest soweit zu relativieren, dass man denken muss, es war ja doch nicht so schlimm, alles nur menschlich. Ja, es war alles nur menschlich, aber es war auch alles noch viel schlimmer. Und dass man das nicht zur Kenntnis genommen hat, liegt zum Teil eben auch an den Schönschreibern und Rechtfertigungskünstlern, die jede faule Sache mit einem angenehmen Duft versehen. Nicht dass Fehler und Sünden nicht angesprochen werden, aber immer wieder schickt sich der kirchennahe Autor an, sie zu verharmlosen. *55 Es ist klar, die Reformation war sehr unglücklich für Deutschland, weil ja nur so der verheerende 30jährige Krieg geschehen konnte. Luther hatte Recht, die Missstände anzuprangern, aber er hatte natürlich nicht Recht, die Kirche und das Volk zu spalten, so lautet meist die Argumentation. Dass die Absonderlichkeiten der katholischen Kirche wie z.B. der Ablasshandel, eine der Wurzeln des Übels, des Zustandekommens der Reformation, gewesen sein könnte, klingt dann allenfalls am Rande mit. Der Grundtenor lautet, mag die katholische Kirche auch schlecht sein, ohne sie wäre alles nur noch viel schlimmer. So hat auch das Papsttum seine freundliche Haltung zu Hitler und seinen gottlosen Helfershelfern gerechtfertigt.

Die Autoren fragen sich auch meist brav, wie es sein kann, dass das Christentum als Religion der Liebe, die den Menschen zum Abbild Gottes erklärte, derartiges wie die Inquisition zulassen, ja sogar veranlassen konnte. *56 Aber schon die Frage ist falsch gestellt. Denn nicht das Christentum hat das zugelassen und veranlasst, sondern das Anti-Christentum.

Ist es berechtigt, vom Anti-Christentum zu reden? Ganz gewiss, denn jedermann weiß, dass Jesus gewaltlos war und niemals gutgeheißen hätte, dass man einen Menschen quält, um ihn zu einem Bekenntnis zu zwingen, ganz gleich, ob es sich bei der erzwungenen Aussage um eine wertvolle Wahrheit handelt oder nicht. Auch hier lässt sich historisch das Anti-Christentum als Kirchenchristentum, und das Kirchenchristentum wieder hauptsächlich als katholische Kirche erkennen. „Anti-" heißt zwar auch anstatt, aber eben auch dagegen, das Gegenteil von dem, was sonst ist. Die Kirche Roms hat vieles getan, was das Gegenteil von dem ist, was die Bibel sagt und was Jesus sagte. Wenn eine Kirche die Verfolgung Andersgläubiger gutgeheißen und initiiert hat, dann war sie jedenfalls nicht vom Geist Christi und nicht vom heiligen Geist beseelt und beherrscht, sondern von einem anderen Geist. Daran gibt es nichts zu beschönigen. Wenn im Machtbereich der Kirche Roms von Angehörigen der Kirche Kindesmissbrauch geschieht, dann spricht das ebenfalls eine klare Sprache: Hier herrscht der Anti-Geist!

Typisch ist auch: Die katholische Kirche hat ihren Irrtum und ihre moralische Verfehlung nicht durch das Studium der Bibel erkannt, sondern unter dem Einfluss des Zwangs des Faktischen. Nichtchristliche und christliche Politiker und Potentaten, Menschen, die nicht zum Machtapparat der Kirche dazugehörten, haben die Kirche immer wieder vor von der Kirche vollendete Tatsachen gestellt und schon die Philosophen der Aufklärung und gesellschaftliche Aktivisten haben den Verlautbarungen der Kirche das aufklärerische Kontra gegeben. So hat sich die Kirche dem Zeitgeist und den neuen Machtverhältnissen nur dann gefügt, wenn es nicht mehr anders ging. So hat sie es schon immer getan. Sie handelt nach den Spielregeln eines „global players", weil sie die globalisierte Institutionalisierung einer überirdischen Weltmacht ist, die sich nur von ihren Auswirkungen her offenbart, ihre Hände maskiert, selber aber unsichtbar ist.

Heinrich Heine hat es schön zum Ausdruck gebracht, wie hinter dem Firnis der Christlichkeit sehr schnell das brutal Kämpferische durchbrechen kann. Er nannte den Firnis „zähmender Talisman", wohl im Bewusstsein, dass auch der Talisman dazu missbraucht wurde, die ungezähmte Rohheit der Germanen zu rechtfertigen: *„… und wenn einst der zähmende Talisman, das Kreuz, zerbricht, dann rasselt wieder empor die Wildheit der alten Kämpfer."* **57** Vorher geht sie aber noch über Kinderleichen. Satan hat viele Optionen, wie er seine Machtwirkungen an den Mann bringt.

Der englische Kulturphilosoph Arnold Toynbee geht davon aus, dass ein Mensch einer der Hochreligionen über eine geistige Kraft verfüge, seiner Gesellschaft als unabhängige sittliche Macht gegenüber zu treten. *58 Den Islam oder die Kirche Roms kann er damit nicht gemeint haben, da bei beiden ja Widerspruch gegen den harten Kern der religiösen Ordnung nicht geduldet werden kann. Und das, so nehmen andere an, stellten auch die christlichen Märtyrer unter Beweis, die sich autonom gegenüber der Gesellschaft und der staatlichen Macht erwiesen haben, weil sie sich ihr nicht beugten und dafür sogar in den Tod gingen. *59 Das war und ist bei den christlichen Opfern unter der islamischen Herrschaft nicht anders als bei den Opfern der Kirche Roms. Die einen hat man geköpft, die anderen lebendig verbrannt. Der Islam hat sich gegenüber der katholischen Kirche als gnädiger erwiesen.

Bei alledem sollte man nicht übersehen, dass man auch für einen Irrtum als Fanatiker in den Tod gehen kann. Und selbst den christlichen Märtyrern könnte unterstellt werden, dass sie den sicheren Weg in den Himmel wählten, ohne sich für die Verbesserung der Verhältnisse auf Erden weiter einzusetzen. Doch viele hatten gar nicht die Wahl. Man hat immer dann nicht die Wahl, wenn man sich in der wahrhaften Nachfolge Jesu befindet und sich damit bedingungslos unter das Gebot der Wahrheit stellt.

Die Opfer des Holocaust sind deshalb zum Opfer geworden, weil sie Juden waren. Auch sie hatten keine Wahl. Und nur, weil Gott die Juden ausgewählt hat, hat Satan diesen Hass auf dieses Volk der Nachkommenslinie Eva-Abraham-Jakob-David-Jesus gehabt und ihn in die Völker eingeimpft. Eine raffinierte Form des Hasses besteht darin, den Juden zu unterstellen, dass sie den muslimischen Glauben der Eva-Abraham-Jakob-David-Jesus-Linie missachteten. Das ist eine andere Variante des antichristlichen und antiisraelischen „wir sind das wahre Israel!" wie es ja auch die Kirche Roms lehrt.

Es musste in Jerusalem geschehen, dass der Messias von Seinem Volk umgebracht worden ist. Wer von diesem Volk zum Zeitpunkt der Verurteilung von Jesus

„Kreuzigt ihn!" gerufen hat, ist gleichgültig. Jeder andere hätte es auch getan. Und die, die es getan haben, haben es stellvertretend nicht nur für die Juden, sondern für alle Menschen getan. Diese Wahrheit ist schlicht und offenbarend. Sie ist klug und tiefgegründet. Aber sie wird immer wieder missachtet. Auch von vielen Theologen, die es gut meinen mit Israel und übersehen wie leicht es ist, auch in der Frage der Schuld Israels bei der ganzen, ungefärbten Wahrheit zu bleiben.

Wenn Paulus den Römern verdeutlicht, dass Israel verstockt ist, dann meint er das ganze Volk, mit Ausnahme der Wenigen, die zum Glauben gekommen waren, dem gläubigen „Überrest". Es fällt auf, dass die Verstockung Israels nicht mit dem Tod von Paulus aufgehört hat, sondern viele Generationen geblieben ist, bis zum heutigen Tag. Denn Gott handelt sowohl an Einzelnen als auch an Nationen. Jeder Einzelne gehört einer Nation an und vertritt sie und jede Nation wirkt sich auf den Einzelnen aus und macht ihn mitverantwortlich. Und jeder einzelne Jude, der nicht zum Glauben an den Messias kommt, wird wieder schuldig, weil er nicht umkehrt und Christus anbetet. Als Stephanus, selber Jude, seine offene Rede gegen die Juden führt, klagt er sie an: *„Welchen Propheten haben eure Väter nicht verfolgt?"* (Ap 7,52) Will er damit sagen, dass jeder einzelne in der Menge, Vorfahren hatte, die alle Propheten verfolgten? Nein, sondern dass der Geist, der die Vorväter die Propheten verfolgen machte, bei allen Vorfahren herrschte, bis auf jene, die zum gläubigen Überrest gehörte. Wenn es davon Ausnahmen gab, dann war es hier nicht das Thema, darauf einzugehen, denn Stephanus hätte richtigerweise sagen können: „unsere Väter". Aber er hat „eure Väter" gesagt, weil das provokanter war. Natürlich hatten auch Stephanus, Petrus, Jakobus und sogar Jesus Vorfahren, die ungläubig waren.

Wenn es in Mt 27,25 heißt: *„Und das ganze Volk erwiderte: Sein Blut komme über uns und über unsere Kinder!"* dann steht nicht umsonst *„das ganze Volk"*. Judenfreundliche Ausleger weisen darauf hin, dass doch an der Lokalität nur höchstens ein paar hundert Leute versammelt gewesen sein konnten. Und das wären nur die gewesen, die eingeweiht waren, dass man den verhassten Jesus endlich gefunden habe und nun aburteilen könnte, also die bösen Juden, die Jesus beseitigen wollten. Die guten Juden waren zuhause geblieben. Und tatsächlich mag das genauso historisch der Fall gewesen sein. Aber der Theologe muss hier viel weiter blicken. Jesus ist ja auch nicht nur für die gestorben, die auf Golgatha mit dabei waren, sondern. *„Wie es nun durch eine Übertretung für alle Menschen zur Verdammnis kam, so auch durch eine Gerechtigkeit für alle Menschen zur Rechtfertigung des Lebens."* (Röm 5,18) Die kleine Sünde in meinem kleinen Zuständigkeitsbereich trennt mich ebenso vollständig von Gott wie die große Sünde, die auf Golgatha geschah als ich mit eigenen Händen den Gottessohn zu Tode brachte! Aber das versteht nur der Bekehrte, der sich auch schon wieder als gerechtfertigt sieht! Gerechtfertigt durch Jesus am Kreuz!

Aus der Sicht des alten Adamsmenschen muss der Gang Jesu zum Richtpfahl auf Golgatha unverstanden bleiben. Für manchen war der Kreuzestod Jesu ein Ärgernis, mit dem er sich zeitlebens beschäftigt hat. So der Philosoph Friedrich Nietzsche, der sich klug ärgerte und dennoch zum Narren wurde. Und ihm tun es viele nach, sie bieten ihr ganzes Raffinesse des Esprits auf, um die Klugheit ihres Ärgers zu demonstrieren. Von ihrem Ärger erlösen sie sich dennoch nicht.

Eine unvoreingenommene Analyse der damaligen Ereignisse könnte zu folgendem Schluss kommen: Das alte Adamsvolk hat noch jeden Superstar, so lange man ihm auch zugejubelt haben mag, doch gerne wieder fallen gelassen. Das ist die menschliche Natur. Man gönnt dem Helden den Aufstieg, solange man sich mit seiner Sache identifizieren kann, doch wenn er oder man selbst die Seite wechselt, bekämpft man ihn mit dem gleichen Nachdruck wie man ihn zuvor hochgelobt hat. Solange Jesus Wunder tat und die Kranken heilte, war Er beim Volk der messianische Hoffnungsträger. Als aber klar wurde, dass Er nicht gekommen war, das Joch der römischen Herrschaft abzuschütteln, wandte man sich von Ihm ab. Man sah Ihn gerne stürzen. *60 Nicht alle Juden waren bei der Verurteilung und Hinrichtung Jesu dabei. Es geschah weitgehend heimlich. Aber es war das jüdische

Volk, das versagte, seinen Herrn und Gott zu erkennen. Und jedes andere Volk hätte ebenso gehandelt. Dass das Problem Israels ein Problem des Volks war, ist ja am Ablauf der weiteren Ereignisse in den kommenden Jahren zu sehen. Israel hatte noch 40 Jahre Zeit, sich zu besinnen. Es verpasste die Chance. Im Vergleich zur Kirche Roms, die Jahrhunderte Zeit hatte, sich zu bekehren, ist das eine kurze Zeit.

Die Aufseher in den Konzentrationslagern der Nazis hätte man millionenfach austauschen können, denn es gab millionenfach Heil- Hitler- Rufer. Und es hätte auch in Israel und in jedem anderen Land millionenfach „Kreuziget Ihn Rufe!" gegeben.

Apropos Schande und Schuld! Es ist schon behauptet worden, der Übergang von Schande auf Schuld markiere den Übergang von der Furcht vor dem Urteil anderer zur Furcht vor der Selbstverurteilung. *61 Das ist fein beobachtet, denn was für die Sippen des Altertums eine Schande war, die vom Handeln eines einzelnen ausgelöst wurde, kann in der Beurteilung eines unabhängigen Individuums eine Tat der Befreiung und des Rechts sein. So wird eine Muslima, die sich zum Christsein bekehrt, weniger wegen der Schande, die sie ihrer Familie bringt, in Gewissensnot kommen, als wenn sie ihren Glauben an Christus verleugnen würde. Allerdings ist heutzutage das mangelnde Christusbewusstsein gar nicht mehr im Problembewusstsein der Gläubigen. Und wenn es das wäre, würde es den Gläubigen dämmern, dass die in Kirchen organisierte Gemeinschaften der Gläubigen eine Schande sind, in dem was sie tun und denken und glauben und zulassen. Was in den Kirchen hierzu seit jeher geübte Praxis ist, ist keine Zierde für die Menschheit. Weltweit wurden durch sogenannte Geistliche Millionen Kinder und Jugendliche sexuell missbraucht. Ob es das erst seit Beginn des Industriezeitalters so massenhaft gibt, ist fraglich.

Aber die Zahl der Missbrauchsfälle hat vermutlich dramatisch zugenommen, seitdem auch die Bevölkerung in den Industriestaaten und parallel dazu in den ehemaligen Kolonialstaaten zugenommen hat. Das wird erst in den letzten Jahren so verstörend deutlich. Wir leben in einer Zeit leben, wo sich die Opfer getrauen dürfen, ihren Missbrauch anzuzeigen, was zu früheren Zeiten gar nicht möglich war. Der sexuelle Missbrauch in der katholischen Kirche ist einerseits systembedingt. Wo der heilige Geist nicht wirkt, bricht früher oder später ein anderer Geist durch. Das ist normal. Auch in der anderen großen Domäne des Widergeistes gibt es einen ähnlichen Missbrauch junger Schutzbefohlenen, denn auch im Islam ist dieses Phänomen weit verbreitet, zumal schon der Religionsgründer dafür die Grundlagen gelegt hat. *62

Der weitergehende Skandal, auch aus rein weltlicher Sicht, ist, dass es Jahrzehnte lang in dieser Kirche vertuscht worden ist. Um die heuchlerische, scheinheilige Larve unbeschädigt zu halten, muss ein lügnerisches System zu solchen Mitteln greifen. Kirchen, die sich im Rahmen der Ökumene mit der Kirche Roms gleichschalten wollen, sollten sich noch einmal hinterfragen. Was werden sie tun, damit deutlich wird: wir nehmen Abstand von diesem Joch oder wir wollen dazu gehören?
Ab 1933 wurde es vielen Christen auch sehr klar, was das für Kirchen sind, die den Obergefreiten aus Austria zu ihrem Heiland-Beauftragten machten, aber der Mehrheit eben nicht, weil die Mehrheit den heiligen Geist, der Wahrheit offenbart und Lügen aufdeckt, auch nur dem Namen nach, nur aus der kirchlichen Trinitätslehre kennt. Man wird abermals alle diese Dinge unter den Teppich der antichristlichen Gesinnung kehren und nichts dazulernen. *63
　　Hätte man gesehen, wie armselig Jesus sich vor dem Gericht, vor Pilatus, vor dem Sanhedrin gab, hätte sich bei den meisten die frühere Bewunderung in Enttäuschung und dann gleich in Empörung gewandelt. Empörung darüber, dass man seine Hoffnungen in den Falschen gesetzt hatte. Da reagiert die menschliche Natur empfindlich. Das Ego ist verletzt und verzeiht nicht. Hätte man mit angesehen, wie unwürdig man mit Jesus verfuhr, als man Ihn halb zu Tode geißelte, als man

Ihn beschimpfte und bespuckte, dann hätten viele dennoch nur gedacht, es geschehe Ihm nur Recht. *„Warum muss er sich als Gottes Sohn und Messias aufspielen, wenn er doch nur einer wie uns ist und unter den Schlägen zusammenbricht?"* Ein Volksgenosse brachte es am Hinrichtungsort auf den Punkt: *„Wenn du Gott bist, warum steigst du nicht herunter?",* oder: *„Er hat anderen geholfen, aber er kann sich nicht einmal selber helfen."* (Mt 27,42) Und der Gang nach Golgatha war ein Spießrutenlauf durch die Gasse der Spötter, denn der, der gesagt hatte, er sei der Weg und die Wahrheit, konnte in Wahrheit nicht einmal mehr seinen eigenen geraden Weg gehen. Er stolperte in Sein eigenes Blut, Ihm musste aufgeholfen werden. Und der, der gesagt hatte, er würde sein Joch tragen, es wäre eine leichte Last, vermochte nicht einmal seinen Kreuzesbalken selber zum Richtplatz schleppen. Ein anderer musste es tun. Und dann das schändliche Annageln! Da hing Er, geschunden, nackt, nach Atem ringend, stöhnend! Ein Anblick ohne Würde, beschämend, abstoßend. Wie peinlich! Das soll der Messias sein, der da zwischen Verbrechern hängt? Und vielleicht hörten einige noch das *„Mein Gott, warum hast du mich verlassen!"*? Die vermeintliche Bankrotterklärung - jetzt endlich sieht er seine Hybris ein! Das ist das endgültige Eingeständnis der Schwäche und des Scheiterns! „Brecht ihm die Beine und verscharrt ihn!" So geht der unbekehrte Mensch mit Gott immer um. Nicht anders!

Soweit die Sicht des gemeinen Volkes. Um es klarzustellen, es ist die Sicht jedes Volkes dieser Erde, nicht nur der Juden. Es ist zudem die Sicht von dir und mir, wenn wir nicht zu den wenigen Ausnahmen gehört hätten, die noch nie zu den „allen" und dem „ganzes Volk" (Mt 27,25) gehört hätten, aus dem einzigen Grund, weil Gott uns davor bewahrt hätte, diese Denkart und diese Empfindungsarmut haben zu müssen, wie es ganz ohne Zweifel unserem adamitischen Erbe entspricht.

Aber nicht allein das empfinden wir als Ärgernis, sondern dass da jemand, der gar nicht aussieht, wie wir uns Gott vorstellen wollen, durch seine absolute Erniedrigung uns erhöht haben sollte. ***64**

Dass da ein unscheinbarer Gott uns aufstrebende Menschen überbietet in der Ohnmächtigkeit und behauptet, uns gerade dadurch mit sich, dem Allerhöchsten Gott, Beherrscher der Himmel und der Erde, zu versöhnen. Der Großmächtige hat sich schwach gemacht, um auszureichen als Retter der ganzen Menschheit? Das ist zu viel der Beschämung! Wir dulden eine solche Umwertung unserer Werte nicht! Der am Kreuz gehangene klagt nämlich jeden, der hinaufschaut an! Und deshalb geht man schnell weiter und sieht sich das Ganze nur von ferne an, um sich dann schnell abzuwenden. Diese klägliche Gestalt ist eine einzige Anklage gegen mich, der ich nur entgehen kann, wenn ich mich eins mache mit dem, der am Kreuz hängt. Ja, das brauche ich, das Einssein. Dazu muss ich aber auch zur Schande werden, zum Gespött, zum Ärgernis. Ich muss mir zuerst selber das Ärgernis, das ich darstelle, vergeben.

JCJCJCJCJCJCJCJCJCJC

4. Kapitel
Evangelium und Anti-Evangelium
1 Thes 2,14-16, 2 Thes 2,2-3

Paulus erwähnt gegenüber den Thessalonichern seine Opponenten, die er als die Feinde der Thessalonicher sieht. Die Thessalonicher müssen das aber auch erkennen! Das sind die Juden (1 Thes 2,14-16) und das sind diejenigen messianischen Juden, die nicht die Lehren von Paulus vertreten (2 Thes 2,2-3). Diese Feinde vertreten ein Anstatt-Evangelium. Es ist jedenfalls von anderem Inhalt als das, was Paulus verkündet.

Die Kirchen betonen immer wieder, dass es nur ein Evangelium gibt. Sie berufen sich dabei auf die Bibel. Paulus hatte den Galatern geschrieben, dass sie sich nicht von denen, die gegen das Evangelium von Paulus anpredigten, beirren lassen sollten, *„wo es doch kein anderes gibt"* (Gal 1,7). Bevor man sich auf etwas bezieht, sollte man verstehen, was das ist, auf was man sich bezieht. Wenn man vor Gericht Anspruch auf ein Erbe anmelden will, reicht es ja auch nicht zu sagen, dass man Erbe ist, nur um dann das Erbe des Nachbarn zu bekommen. Man kann nur für das Erbe sein, wofür man eingesetzt worden ist. Paulus hat sich gewundert *„dass ihr euch so schnell von dem, der euch durch die Gnade Christi berufen hat, abwendet zu einem anderen Evangelium"* (Gal 1,6). Hier steht im Griechischen „heteron" („heteron euangelion"). Das kann mit „anders" übersetzt werden, steht aber auch für „verschieden", „weiteres" „zum Zweiten". In Gal 1,7 steht jedoch nicht heteron, sondern „allo" von „allos" für „anders". Verschiedene Ausleger haben darauf verwiesen, dass man doch zwischen dem Andersartigen und dem Weiteren unterscheiden müsse. In dem einen Fall könnte demnach Paulus das andere Evangelium gemeint haben, das auch noch im Umlauf ist, ohne damit sagen zu wollen, dass es deshalb ein falsches Evangelium wäre. Er habe damit nur sagen wollen, dass es für die Galater kein anderes zuständig wäre, wie das, was er selber ihnen gepredigt hatte. Diese Sichtweise würde jedenfalls gut zu der bekannten Tatsache passen, dass Paulus sehr empfindlich war gegenüber jedem, der nach ihm kam, um ihn zu korrigieren. Er hatte ja seinen Auftrag direkt von Jesus Christus bekommen. Andere, die ihn kritisierten, standen in einer Tradition oder waren im Auftrag von Menschen unterwegs. Und dann sprach er ja selber auch von zwei Evangelien. Aber dies nun genauer zu erörtern, ist eben aus gerade dem Grund nicht notwendig, weil Paulus auf jeden Fall damit sagen wollte, dass die Galater bei dem bleiben sollten, was er ihnen beigebracht hatte, selbst wenn ein Petrus oder Jakobus herkommen würde.

Was war denn dieses andere oder weitere oder andersartige Evangelium, vor dem Paulus die Galater warnte? Wie aus anderen Briefen, so auch bei den Thessalonicherbriefen zu entnehmen ist, hatte er es immer wieder mit Judenchristen zu tun, die seine Lehren angriffen. Vor allem ging es ihnen immer um die Torah und die Beschneidung, die Paulus den Nichtjuden nicht abverlangte. Ob sich also dieses „andere" Evangelium konkret auf eine Verzerrung seiner eigenen Evangeliumslehren bezog, oder um ein Evangelium, das nicht in seinem Aufgabenbereich zu predigen war, weil er der Apostel für das Evangelium der Unbeschnittenheit war, ändert zwar an dieser Ausdrucksweise in Gal 1 nichts, gesichert ist dennoch, dass die Bibel selber von zwei autorisierten Evangelien spricht (Gal 2,7).

Paulus warnt auch in den anderen Gemeinden, bei dem Evangelium zu bleiben, das er verkündete (2 Kor 11,4). Den Korinthern sagt er sogar voraus, dass die Verkündigung eines anderen Evangeliums, auf die Einmischung eines anderen Geistes zurückzuführen ist und, typisch für die schonungslose Offenheit von Paulus, dem würden sie dann gerne glauben. Und so ist es auch gekommen. Kaum war Paulus weg, war die Verführungsmacht dieses Fremdgeistes entfesselt. Entstanden ist daraus die Kirche Roms mit ihrem römischen Evangelium.

Das wiederum hat viele Menschen inspiriert, die die Kirche verließen, um gegen die Kirche zu polemisieren. Angetrieben waren viele aber vom gleichen anti-christlichen Geist, der immer alles, was ureigene Botschaft Gottes ist, negieren muss oder eine Alternativsicht feil bieten will. Er will das ganze Spektrum der Verirrungen und Verwirrungen abdecken. Das ist seine Aufgabe. Er hat etwas für die einfach Gestrickten zu bieten, aber auch für die Hochgeistigen und ist auf allen Stufen dazwischen präsent. Das Gemeindezeitalter ist auch das Zeitalter, indem der Fürst der Welt herrscht, denn gebunden wird er erst zu Christi Wiederkehr. Die unterschiedlichen Lager bekämpfen sich zwar gegenseitig, aber so entsteht zumindest eine gegenseitige Rückversicherung, dass man vermeintlich gegen das Richtige vorkämpft. Doch wenn zwei sich streiten, freut sich ein Dritter. Und der ist in dem Fall derjenige, der beide aufeinander angesetzt hat. Der Geist des Widerspruchs.

Nietzsches Philosophie geht auf ihn zurück und ist diesem Ideenkreis des Widerwirkers zuzurechnen. Nietzsche vertrat eine Art Philosophie des Rechts des Stärkeren. Das war sein Evangelium. Und alle großen Kirchen haben dieses Evangelium in ihr Sammelsurium von Dogmen und Lehren indirekt übernommen. Denn Nietzsches Lehre ist die Umsetzung des Darwinismus, den die Kirchen übernommen haben. So gefiel es den Kirchen auch folgerichtig, die Umsetzung der Lehre Nietzsches durch die Nazis zu unterstützen. Das haben nicht sie bewusst gemacht, sondern der geistige Urvater dieser Lehre, die Gott nicht mehr als Schöpfer der Himmel und der Erde glauben machen will. Und gleich mit dabei, bei der Entsorgung des Schöpfungsberichts auf den Müllhaufen der Mythen, ist die Geschichte mit dem Sündenfall, wo doch Satan seine Fragen stellt. Sollte Gott gesagt haben? Nein, hat Er nicht! Und das Wissen was Gut oder Böse ist, soll der Mensch doch selber für sich entdecken. Genau das ist die Lehre Nietzsches, die die Nazis mit dem Segen der Kirche umgesetzt hat. Und da wo der Segen noch nicht gleich da war, kam er verspätet. Die großen Weltkirchen bekennen sich zum Darwinismus, einer eindeutig anti-christlichen Lehre.

Nietzsche stellte das auch als Gegensatz zum Christentum dar, wonach die Nächstenliebe sich ja gerade den Schwachen und Kranken zuwendet. Das muss den Kirchen, die Hitler unterstützten, ganz entgangen sein. Und sie haben es immer noch nicht begriffen. Hitler und seine Schergen sind längst zu Staub zerfallen, aber die Kirchen sind noch auf ihren Linien, was die Hauptaussagen der Nazis betrifft.

Ob Nietzsche die christliche Botschaft verstanden hat, ist zwar fraglich, *65 aber es könnte sein, dass er sie besser verstanden hat, als so mancher Pfarrer. Der zentrale Gedanke der christlichen Botschaft ist nämlich in einer bestimmten Hinsicht die schärfste Herausforderung für den Glauben, dass das Heil des Menschen in der Stärke zu suchen ist. Und nicht nur das. Dieser Gedanke, und das könnte Nietzsche erfasst oder zumindest erahnt haben, ist nämlich, genauer besehen, mehr als nur eine Herausforderung. Er steht souverän über der Anbetung aller menschenmöglichen Stärke und lässt sie als ein Lichtstrahl deren schattenhaftes Wesen erkennen. Es ist der Gedanke, dass der angenagelte Gott in der völligen Machtlosigkeit, was die Verhältnisse dieser Welt anbelangt, das größte Werk vollbracht hat, durch Sein Leiden, Sein Sterben und Sein Opfern, um die Sünden aller Menschen zu sühnen. Auch ein Gottloser oder jemand, der ein Anti-Christ ist, kann das erahnen, insbesondere natürlich dann, wenn ihm das gegeben worden ist. Die Kirchen haben die tieferen Beweggründe Nietzsches nicht gesehen (von Einzelnen abgesehen). Und deshalb rannten sie auch in die Falle des „Overkill" ihrer Stellung zu Gott und Seinem Sohn. Indem sie die Vorstellung, die Nietzsche über Gott aus den Kirchen übernommen hat, weiter verfolgten, bemerkten sie gar nicht, wie das mit dem atheistischen Nationalsozialismus auf einer Linie zusammenlief.

Der Gott der Kirchen ist bei ihnen so, wie ihn Nietzsche dargestellt hat: vergrämt, rachsüchtig, missgünstig und vor allem unbarmherzig, auch wenn die Kirchen unentwegt etwas anderes behaupten, ihre Lehren widerlegen die Mär, dass ihr Gott barmherzig sei. Für so einen Gott, der Menschen endlos quält für ihre Alleingelassenheit von wirklicher Hilfe, die tatsächlich retten kann, hat Nietzsche nur Verachtung übrig. Er kennt den biblischen Gott nicht. Und so erklärt sich der Widerspruch, warum er, der den Gott der Kirchen ablehnte, doch denen, die diesen Kirchengott für sich beanspruchen, Gedanken gibt, die sie anderweitig nutzen können. Z.B. wenn es um die Vernichtung der angeblich minderwertigen Rasse der Juden oder um die Opposition gegen den Staat Israel geht. Der Gott, der ewig quält, ist nämlich identisch mit dem Gott, der Gottes Volk vernichten will.

Gott hat die Welt nicht durch eine Machtdemonstration Seiner universalen Stärke, die alles umfasst, was stark und kräftig genannt werden kann, Personen, Elemente, Naturkräfte, Naturgesetze, entwickelt oder voran gebracht oder verherrlicht. Er hält sein Engelheer zurück, das in jeder Fingerkrümmung mehr Energie verwalten kann, als im ganzen Universum vorhanden ist. Er hört sich alle wüsten Herausforderungen und Beschimpfungen ungerührt an und lässt die Philosophen schwatzen. Er antwortet nur durch Seinen Sohn, der in äußerlicher Schwachheit einen ruhmlosen Zerbruchsweg bis zum Tod am Kreuz geht und mit dem Vergießen Seines Blutes auf die verschmutzte Erde die Grundlage legt für eine neue Erde und für ein neues Weltall und für eine neue Menschheit.

Das hat Nietzsche insgeheim vielleicht bewundert und offenbar gestört. Sei eigenes „Evangelium" ist auch ein Gegenentwurf, ein Anti-Evangelium zu diesem souveränen Handeln Gottes. Er setzt den souveränen Machtmenschen dagegen. Gottes Handeln ist erhaben, also proklamiert Nietzsche die Erhabenheit seines Anti-Christen. Doch bei Gott kommt die Erhabenheit aus einer Vernunft, die höher ist als jede menschliche Vernunft. Gott lässt sich nicht spotten, sagt Paulus (Gal 6,7). Der Spott fällt immer auf den Menschen zurück. Die göttliche Vernunft verfügte, dass die absolut unterste Schwäche Gottes unbesiegbar wurde und ihr oberster Vertreter, Gott selbst, in Seinem Sohn, Seinen unaufhaltsamen Gang durch die Menschheitsgeschichte geht und die Heilsgeschichte des Universums mit dem Ausgang besiegelt, den Jesus selber so voraussagte: *„Ich werde alle zu mir ziehen!"* (Joh 12,32) Ob es jemand zu erfassen mag und wann – auch das verfügt Gott.

Das darf für den Mensch, der sich selbst bestimmen will, nicht sein, dass er sich zum Heil hinziehen lässt. Erst recht nicht, wenn man sich dabei ans Kreuz, diesem demütigendsten aller Orte der Welt, ziehen lassen muss. Da regt sich der Widerstand des Geschöpfes, für den das Kreuz noch ein Symbol der Niederlage und nicht des allumfassenden Triumphes über Tod, Teufel und Hölle ist. ***66** Dem Jesus, der am Kreuz hing, spottete man: *„Hilf dir selbst!"* Weil der autonome Mensch sich immer selber helfen will. Das ist in seiner sündigen Natur so abgespeichert. Man will sich nicht Gott zuwenden, man will es selber tun. Alle Religionen berücksichtigen diesen Wunsch der Selbstverwirklichung, den das Kreuz mit angenagelt hat. Daher verlangen sie die Werke und die Gottesdienste, die in Wahrheit nur Menschendienste sind.

Das Evangelium mit der Kreuzesbotschaft ist anders. Der Instinkt des Menschen sagt, wer sich an dieses Kreuz ziehen lässt, der hat kapituliert und verliert seine

Machtansprüche in dieser Welt. Und bei Nietzsche hat dieser für ihn beängstigende Gedanke an die Selbstaufgabe, die zur Selbstübergabe kommen wird, dazu geführt, dass er die Kreuzesbotschaft umdrehte, um als ein hoffnungsloses Unterfangen die Felle der autonomen Menschheit zu retten, zumindest im Versuch, den letzten Protest zu formulieren.

Während der Mensch bei dem *„Hilf dir selbst!"* bleiben will, hat aber Jesus bereits für jeden durch Seine selbstlose Tat die allumfassende Hilfe geschaffen. Er ist der Schöpfer, der Heiland und der Vollender. Manche wollen Ihn reduzieren zu einem, der nur noch durch Trost die Seele heilt. Aber sie verkennen, dass es Jesus Christus war, der die Welt erschaffen hat, ***67** der gekommen ist, um sie zu retten und der kommen wird, um sie zu vollenden (1 Kor 15,27-28). Das ist das ganze Evangelium. Manche lehren nur noch über esoterische Seelenklempnerei, für die Jesus gut sein soll. Heutzutage wird zu oft nur noch ein verdunkeltes Evangelium verkündet, bei dem Jesus gar nicht auferstanden ist, sondern noch im finsteren Grab liegt. Was soll daran die gute Nachricht sein? Paulus warnte vor denen, die die Kraft, die in der Wahrheit über den Auferstandenen steckt, nicht wahrhaben wollen (2 Tim 3,5).

Nietzsche, der Prophet des Antichristen, sagte: *„Niemand wusste vor mir den rechten Weg, den Weg aufwärts, erst von mir an gibt es wieder Hoffnung, Aufgabe, vorzuschreibende Wege der Kultur.... ich bin deren froher Botschafter..."* ***68**

Wenn die allgemeine menschliche Vernunft nicht ausreichte, um gegen das Evangelium anzukommen, dann musste man wieder konsequenterweise die Einzelperson als Wahrheits- und Heilsbringer hochstilisieren. Und Nietzsche war ebenso gut wie jeder andere. Er glaubte, dass die Religion ein Mittel der Versklavung sei, weil sie durch ihre Vorschriften den Menschen unfrei mache. Was er nicht wusste, ist, dass die Heilserlangung des Evangeliums nicht durch Unterordnung unter Vorschriften erzielt wird, sondern durch die einzige völlige Freiheit, die ein Mensch überhaupt erzielen kann, nämlich wenn er sich Christus ganz unterordnet und sich von Christi Geist leiten lässt. Eine andere Freiheit gibt es nicht. Es geht also nicht um Gesetze, Gebote oder Philosophien und Religionen, sondern um eine lebendige Beziehung zu Jesus Christus! Das Gesetz bleibt in voller Kraft bestehen, *„um jeden lebenden Menschen zu verfluchen."* ***69** In der Erlösung hingegen herrscht die Gnade auf dem Grundsatz der Gerechtigkeit. ***70**

Nietzsche verstand, die Gesetze und Gebote der Religion verursachen wegen des Unvermögens der Menschen, sie einzuhalten, ein Schuldbewusstsein, von dem anzunehmen war, dass nur eine höher gestellte richterliche Instanz die Menschen davon befreien konnte. Wenn man sich aber jenseits von Gut und Böse stellte und den Richtergott beseitigte und an Seiner Stelle sich selbst setzte, hatte man anstelle eines Gottes den Übermenschen, einen bereinigten griechischen Gottmenschen. Der musste folgerichtig den größten Feind, das Christentum, kleinreden. Er nannte es das *„hybride Verfalls-Gebilde aus Null, Begriff und Widerspruch, in dem alle decadence-Instinkte, alle Feigheiten und Müdigkeiten der Seele ihre Sanktionen haben."* ***71**

Diese Beschreibung mag auf so manche kirchenchristliche Bereiche zutreffen, aber biblisch ergibt sich eine Berechtigung für ein solches Christentum nicht. Statt der höchsten menschlichen Erkenntnis, wie sie sich aus dem Wort Gottes ergibt, predigte der Gründer des Herrenmenschentums auch wieder nur eine andere Moral: *„Der Mensch muss besser und böser werden... das Böse ist des Menschen beste Kraft."* ***72**

Das hätte man auch auf die Tore der Konzentrationslager der Nazis schreiben können. Nietzsche und den von Nietzsche inspirierten Nazis schwebte das Bild eines höheren Menschen vor, der macht, was er will und es mit Macht tut und der sich selbst Gesetz ist. Die Nazis, das waren die Herrenmenschen, die real existierenden. Was Nietzsche nicht wissen wollte: der Mensch kann weder immer tun, was er will, noch kann er immer alles mit Macht tun. Die Nazis sind kläglich gescheitert. Bei ihnen klaffte der Anspruch zwischen Wunsch und Wirklichkeit größer als bei allen anderen, die bisher versucht hatten, Gott zu widerstreben. Ihnen fehlte wie ihrem geistigen Urvater beides, Kompetenz des Wollens und Kompetenz der Machtausübung. Das gilt sowohl qualitativ als auch quantitativ.

Die Beschränktheit der Qualität des Wollens erkennt man daran, dass der Mensch häufig seinen Willen und seine Wünsche ändert. Die Änderungen werden oft durch Kleinigkeiten hervorgerufen. Die Quantität des Wollens wird bereits durch das eingeschränkte Wissen limitiert. Wer nichts weiß, kann auch nichts wollen. Alexander Supertramp verhungerte jämmerlich, weil er nicht wusste, dass nur wenige Kilometer flussabwärts eine Brücke war, die ihn an das andere Ufer und in die Rettung gebracht hätte. Eine Gebietskarte hätte ihm bereits das notwendige Wissen zum Überleben verschafft.

Während das Wollen sich wenigstens noch dem Zugriff von außen verschließt, kann die Macht durch alles behindert werden. Am Ende rinnt sie jedem Mächtigen aus den Fingern, bis zur Ohnmacht. Das Sinnbild der Macht ist der Staub zu unseren Füßen, zu dem wir werden. Für Nietzsches Konzept bleibt am Ende nur der Spott, mit dem er angefangen hat, andere zu belegen, um sein Übermenschentum dagegen zu stellen.

Bei Christus ist es genau umgekehrt, es fängt in Demut und bespottet an, hat aber von Anfang an den Adel der göttlichen Gesinnung, und überwindet das Böse durch das Göttliche, das zwar jenseits des menschlich Guten und Bösen ist, aber nur, weil es nirgendwo anders zu finden ist als im Geiste Christi. Nicht das Böse oder das Gute ist des Menschen beste Kraft, denn wer sollte das auch festlegen können, sondern der Geist Christi, der im Menschen sein will, ist des Menschen beste Kraft. Bei Paulus heißt das: *„Ist jemand in Christus, so ist er eine neue Kreatur."* (2 Kor 5,17). Erst durch Christus kann ein Mensch überhaupt etwas anderes werden als eine sündige, erlösungsbedürftige Kreatur. Erst durch Christus erfahren wir eine nicht „Umwertung", sondern Zurechtwertung unserer Werte, mit der Neuausrichtung unserer Lebensziele auf das eine Ziel, das dem Menschen bestimmt ist: sich dem, der ihn geschaffen hat und der ihn zum Ziel bringen will, unterzuordnen.

Der autonome Mensch richtet sogar sein Menschsein zugrunde. Das konnte man bei den Nachäffern von Nietzsche, den Nazis, sehen. Für die heutige Gesellschaft scheint sich aber Nietzsche dennoch als Prophet erwiesen zu haben, wie sonst könnte man sich erklären, dass vieles, was gestern noch recht war, heute unrecht ist und umgekehrt? Die Begriffe, die Nietzsche auf das Christentum bezogen hat: Verfall, Dekadenz, Feigheiten und Müdigkeiten... - gilt das nicht eher für eine Gesellschaft, die ihre Kinder schon im Mutterleib töten lässt und das als selbstverständliches Naturrecht betrachtet? Die sich sowieso mehr um den eigenen Bauch kümmert, als um moralischen Anstand oder Zivilcourage? Hauptsache die Kasse stimmt und man hat ein gutes Gefühl dabei. Bedürfnisbefriedigung ist wichtiger als idealistische Integrität. Und politische Korrektheit, die Notreligion der Akademiker, ist dringlicher als Wahrheit. Eine pragmatische Situationsethik berechtigter als christliche Nächstenliebe. Und über allem schwebt der Zeitgeist und passt auf, dass niemand aus der Reihe ausschert. *73

Es ist jedoch so, dass die Stimme des Zeitgeistes so laut schreit, dass man die Stimme Jesu gar nicht hört. Es sei denn, man empfängt sie auf einer anderen, nicht weltlichen, sondern überweltlichen Wellenlänge. Sie hat eine andere Tonart und verträgt sich nicht mit dem Krächzen unserer Zeit. *74 Der zeitgeistige Realist ist naiv, denn er glaubt an das Jetzige und verpasst das Ewige. Er glaubt an die Macht der Materie und der Maschinen, aber nicht an die Macht Gottes. So wird das Leben immer enger, weil man es nicht auf die Ewigkeit ausrichtet. Aus der Enge folgt die Platzangst und aus der Angst die Panik. Zwar heißt es bald schon, rette sich wer kann. Aber niemand kann, nur Christus.

Also doch jenseits von Gut und Böse? Ja, aber statt Herrenmensch ein Sperrenmensch. Ein Mensch der Schande und der Unwürdigkeit, der sich wiederum Gott gegenüber verschlossen macht. Das ist der neue, alte Adamsmensch, der auch die christliche Kultur immer mehr verdrängt, denn er ist ein Feind des Christusmenschen. Der Zeitpunkt des Beginns dieser Feindschaft kann genau angegeben werden und hat das Zeichen des Kreuzes. Es ist das Zeichen des Sieges.

Nietzsche war möglicherweise nahe dabei, das zu verstehen. Er lässt Zarathustra sagen, dass das Begräbnis Gottes die einzige Möglichkeit sei, dass der Mensch auferstehen könne zu seiner eigentlichen Größe. Das war als Ironie zur Auferstehung Jesu gedacht. Aber vollendete Ironie wird es erst dadurch, dass es tatsächlich so ist. Dem Spott liegt eine ernste Wahrheit zugrunde. Es stimmt, die eigentliche Größe kann der Mensch nur erreichen, weil Christus für ihn gestorben ist, damit er zu einem Menschen ganz nach Gottes Herzen werden kann.

Es ist überaus bedauerlich, dass Paulus zu seinen Feinden nicht die gleiche Personengruppe zu zählen hatte wie Jesus oder Stephanus. Deren Feinde waren die „orthodoxen" Juden, die sich selbst als fromme oder rechtgläubige Juden bezeichnet hätten. Paulus hatte Gegner, die im Grunde noch schwerer überhaupt als Gegner ausgemacht werden konnten. Jesus stand der mächtigen, leicht zu identifizierenden Streitmacht der Schriftgelehrten und Pharisäer gegenüber. Auch Sadduzäer waren unter ihnen. Bei Paulus waren die Hauptgegner zwar auch Juden, aber einige unter ihnen hatten die Besonderheit, messianische, also an den Messias Jesus glaubende Juden zu sein. Man kann sich fragen, kann man denn nicht wenigstens da, wo Paulus sich kritisch gegenüber den Juden äußert, die übrigen Juden, die nicht messianisch waren, aussparen? Das geht deshalb nicht, weil der Grund, weshalb Paulus die messianischen Juden kritisierte, eine Geisteshaltung war, die ebenso bei den nicht messianischen Juden vorlag. Aber wichtig ist, zu verstehen, dass es Paulus nicht darum ging, Juden anzugreifen, weil sie Juden waren, sondern weil sie ihrem Gott gegenüber treulos waren. Das was sie taten oder nicht taten, was sie begriffen oder nicht begriffen, glauben oder nicht glaubten, stand zur Diskussion, nicht ihre Abstammung, ihre Hautfarbe oder die Form ihrer Nase.

Selbst da, wo Juden von anderen Juden hart angegangen wurden, erkennt man bei näherem Hinsehen, dass es nicht um den Volksstamm ging. Der Jude Johannes zitiert den im Himmel thronenden Christus in Of 2,9, als dieser einer Gemeinde der Sendbriefe sagt, dass es Juden gibt, die sich als solche bezeichnen, es aber nicht sind, sondern eine Synagoge Satans. Warum ist einer, der sich als Jude bezeichnet, in Wirklichkeit keiner? Offenbar, weil er nicht so Jude ist, wie Gott die Juden haben will, denn Nichtjuden bezeichnen sich nicht als Juden. Zwar sagt die Kirche Roms sie sei das neue Israel, aber niemals würden sie sich als jüdisch bezeichnen. Gott will, dass die Juden am Herzen beschnitten sind. Ihre Beschneidung an einem anderen Körperteil, der Nachweis ihres physischen Judentums, nützt rein gar nichts, wenn nicht auch eine Beschneidung des Herzens zum geistlichen Judentum stattfindet. Das hat Gott bereits im Alten Testament auf verschiedene Art und Weise ausgedrückt. ***75** Paulus hat diese Sichtweise bestätigt: *„Der ist ein Jude, der es innerlich ist, und Beschneidung ist die des Herzens, im Geist, nicht im Buchstaben."* (Röm 2,29) Schon zu Jeremias Zeiten galt *„das ganze Haus Israel hat ein unbeschnittenes Herz."* (Jer 9,25) Gott hat nichts gegen Juden, es sei denn, sie haben ein unbeschnittenes Herz. Aber, können sich andere Nationen rühmen? Sind sie besser gestellt? Nein, denn *„alle Nationen sind unbeschnitten"* besagt die gleiche Schriftstelle. Kirchenleute stehen hingegen unter dem Verdacht, weder auf die eine, noch auf die andere Art beschnitten zu sein. Das dürfte bei denen der Fall sein, die israelfeindlich eingestellt sind.

Wie standen die sogenannten Kirchenväter zur Judenfrage? Sie waren antisemitisch. Schon deshalb ist es ausgeschlossen, dass sie verlässliche Theologen waren. Justin lebte im zweiten Jahrhundert. Interessant bei seinen Kommentaren über Juden ist nur, dass er bezeugt, die Juden hätten *„damals auserlesene Männer von Jerusalem ausgesucht und in alle Herren Länder geschickt…"* mit der *„Botschaft: Die Sekte der Christen sei ganz offensichtlich gottlos."* Wenn Justin mit „damals" die Zeit von Paulus meint, dann stimmt diese Meldung nicht überraschend, sondern erwartungsgemäß nur ungenau mit dem, was von Paulus berichtet wird, überein.

Dass diese Juden, die gegen die Botschaft von Paulus vorgingen, messianische Juden waren, hat Justin schon nicht mehr gewusst, oder er hat es aus guten Gründen verschweigen wollen. Denn erstens missachtete und bekämpfte das heidenchristliche Christentum das messianische Judentum, zum anderen war man so antisemitisch, dass man dachte, kein Jude sei ein guter Jude. Von da ist es nicht weit zum Programm: nur ein toter Jude ist ein guter Jude. Dies scheint übertrieben formuliert zu sein. Aber die Kirchengeschichte und die Judengeschichte in den christlichen Ländern bestätigt leider die Richtigkeit dieser Formulierung. Die „Heiden-Christen" taten ihrem Namen nicht auf der einen Seite, wo sie „Christen" waren, Ehre, sondern auf der anderen: einmal Heide – immer Heide, es sei denn man wird von Gott seines Heidentums beschnitten! Im 21. Jahrhundert ist die Heuchelei, mit der man einerseits bekennt, gegen jede Form des Antisemitismus zu sein, andererseits bei Kirchentagen messianischen Juden die Teilnahme verbietet, dafür Muslime – vermutlich als natürliche Verbündete – einlädt, vergleichbar mit der Sprachregelung der Kirchenväter, es ginge nur darum, ob ein Mensch, gleich welcher Herkunft und Rasse, sich zu Jesus bekennen würde. Der Antisemitismus, der eigentlich ein Anti-Israelismus ist, ist deshalb so tief im Volk verwurzelt, weil die starke Kraft Satans dahintersteckt. *76 Seit 1948, der Gründung des Staates Israel verbirgt sich der Antisemitische Geist hinter einer angeblich berechtigten Kritik am Staat Israel oder am Zionismus. Und gerade unter Christen ist das stark verbreitet.

Das Wort Kritik leitet sich vom griechischen Wort „krínein" ab. Dieses bedeutet (unter-) scheiden, beurteilen. Im Antisemitismus soll jedoch nichts unterschieden oder beurteilt werden, weil man bereits vorverurteilt hat. Der Jude ist immer schuld und Israel steht für alle Juden. Jetzt hat man ja sogar einen Staat, den man angehen kann, um dabei seinen Antisemitismus zu tarnen. Nun sind es eben nicht mehr „die Juden", denen es in Wirklichkeit gelungen ist die nichtjüdische Welt in zwei Weltkriegen gegeneinander aufzuhetzen. Jetzt ist es der Staat Israel, der als eine „Gefahr für den Weltfrieden" zu gelten hat. *77 Das ist die Ritualmordlegende aus dem Mittelalter im Gewand der Neuzeit. Damals verbreiteten die Kirchenchristen die Legende von den Kinder schlachtenden Juden, die das vergossene Blut in ihren Passah-Mazzen verwendeten. Heute hat man diese Legende modern abgewandelt. Nun sind es nicht mehr Christenkinder, sondern Palästinenserkinder, die angeblich getötet werden, um ihrer Organe habhaft zu werden. *78 Und auch in Deutschland hört man Parolen wie „Kindermörder Israel" auf Demonstrationen. Dass in anderen Weltgegenden durch die islamischen Gegner Israels weit mehr Kinder zu Schaden kommen, wie z.B. in Syrien durch den IS, oder in Afrika durch den „Boko Haram" ist dagegen nicht von Bedeutung.

Auch die Judenhasser der Neuzeit haben ihre Gründe für ihre Abneigung. Sie projizieren ihren Antisemitismus einmal auf den jüdischen Staat. Satan weiß, dass der messianische Staat ein Staat Israels sein wird, daher geht er nicht nur gegen die Juden als Heils- und Verheißungsträger vor und versucht, die Juden zu vernichten, sondern auch gegen den Staat, denn solange die Juden keinen Staat haben, wird auch das Kommen des messianischen Gottesreiches hinausgezögert. Zu Beginn wird der Satan in Ketten gelegt (Of 20,2). Wenn also Christen sich auf die Seite der Israelgegner schlagen, machen sie gemeinsame Sache mit denen, die von Satan gesteuert sind. Israel ist aber auch für die rückständigen Muslime der Nachbarstaaten Israels wie ein Symbol der Dominanz der Moderne mit ihrer Rechtsstaatlichkeit, Demokratie und Pluralismus, die den Muslimen durch ihre Religion verboten ist. Israel ist ja der einzige funktionierende demokratische Rechtsstaat im Nahen Osten.

Wo sich Muslime der Errungenschaften des Westens bedienen und dennoch Muslim bleiben wollen, begeben sie sich in einen psychopathischen Zwiespalt, der an ihrem Unterbewusstsein nagt. Die Sehnsucht so vieler Menschen in Freiheit und Wohlstand leben zu können, scheint im Islam nicht möglich zu sein, und anstatt sich für das Modell Israel zu entscheiden, wird man eifersüchtig und neidisch und führt heuchlerisch alles gegen das ins Feld, was man eigentlich selber haben möchte. Die islamischen Tugendwächter bauen Israel als Feindbild auf, obwohl sie mit ihren Wünschen sehr nahe bei denen sind, die das haben, was sie selber nicht haben.

Menschen haben das ja oft, dass sie das hassen, was sie eigentlich lieben und nur deshalb hassen, weil sie es nicht haben. Ob der ganze Islam unter diesem Gesichtspunkt beurteilt werden muss, steht hier nicht zur Debatte. Fakt ist, dass Mohammed von den Juden und Christen als Prophet Gottes akzeptiert werden wollte und um ihre Gunst buhlte. Als er nur auf Ablehnung stieß, baute er ein Gegen-Imperium mit einer Gegen-Religion auf. Von dieser pathologischen Kränkung scheinen auch diejenigen Muslime betroffen zu sein, die notorische Israelhasser sind. Die Kränkung und der Hass lassen sich dann ableiten auf einen politischen Wunsch, nämlich dass der Staat Israel von der Landkarte verschwinden soll. *79

Für Europäer und Christen scheint der Antisemitismus, der sich als Israelkritik tarnt, zum Teil eine Verdrängung von Schuld und Verdrängung der Anerkennung der Schuld durch das Fortführen der Ursachen der Schuld in der Form der Israelkritik zu sein. Das ist natürlich ein Selbstbetrug. Die bloße Existenz des Staates Israel erinnert an das, was christliche Nationen und Kirchen über Jahrhunderte den Juden angetan haben. Das kann man den Juden nicht vergeben, dass sie es zuließen, immer wieder von den Christen verfolgt zu werden. Wären die Juden nicht, gäbe es auch für die Kirche nicht das Schandmal der Judenverfolgung, der ruchlosen Gewalttaten, der endlosen, immer wiederkehrenden Versündigung durch Lügen, Enteignungen, Entwürdigungen und Verfolgungen aller Art. Es gibt keine Schandtat, die man nicht an den Juden ausübte. Solange es Juden gibt, wird man daran erinnert, dass man als Mensch versagt hat und dass man Angehöriger eines Volkes, eines Landes, einer Kultur und einer Kirche ist, die zu solchen Gräueln fähig war. Moderner Antisemitismus ist wie die Flucht nach vorne eines Wahnsinnigen, der eine unbändige Lust auf Selbstzerstörung hat.

Es gab schon schwer Depressive, die sich nicht nur dafür entschieden haben, der Unerträglichkeit des Lebens ein Ende zu setzen. Sie wollten dabei auch noch

sicher gehen, dass nichts an diesem Leben zum Leben übrig bleiben konnte. Antisemitismus ist deshalb mit diesem Endstadium der Krankheit der Seele zu vergleichen, weil auch er sicher in die Selbstzerstörung führt, da man sich gegen Gott
stellt. Das ist ebenso schizophren wie die Idee, dass man das Judentum zerstören
müsse, dann aber aus Schuldgefühlen heraus, nicht dass der Holocaust misslun-
gen ist, sondern dass er beinahe gelungen ist, den Überlebenden das Land Israel
überlässt, um es dann wenig später, sobald es den Juden wieder besser geht,
ihnen wieder streitig zu machen. Als müsse man sich persönlich bedroht fühlen.
Und es stimmt, die Juden sind ein ständiger Hinweis für die Existenz des Gottes
Israel, die man verdrängen muss.

Auch in den Kirchen wird diese Wahrheit gerne verdrängt, denn die Kirchen,
sofern sie die Ersatztheologie vertreten, wonach die Kirche Israel ersetzt habe,
müssen ein immer schlechter werdendes Gewissen haben, je länger der Staat Israel sich bewährt und floriert. Haben sie etwa Gottes Volk enterbt? Wenn Gott
deshalb die Kirchen strafen wird, sind ja auch wieder die Juden schuld! *80 Also
anstatt Bedrohung des Weltfriedens liegt eigentlich eine Bedrohung des inneren
Ungleichgewichts zwischen Schuldanerkenntnis und Schuldverdrängung vor. Es
ist die Schuld dem Gott Israels nicht die Ehre geben zu wollen. Das versucht der
Verweigerer zu legitimieren und wird auf Israel angesetzt, von dem Geist, der stets
die Schuld verneint.

Dabei schreckt er nicht davor zurück, die Irrationalität und Absurdität seiner Erzählungen auf so einsame Spitzen zu treiben, wo Vernunft keinen Platz mehr hat. *81
Dieser Geist ist auch immer ein Täuscher. Es verdreht die Fakten gerne auch ins
Gegenteil und macht aus Opfern die Täter und aus Tätern die Opfer. Es ist purer
Selbstbetrug, wenn man glaubt gegen den Staat Israel vorgehen zu können und
dabei nicht dazu beizutragen, seine Existenz zu gefährden und dass das frei sein
könne von jeglichem Antisemitismus. *82 Früher war der Jude als solcher die Ziel-
scheibe des Antisemiten. Heute ist es der Zionist und jeder, der behauptet, die Juden hätten kein Recht auf ihren Staat, der sich verteidigt und in Sicherheit entfalten

kann. Das erinnert an die Worte des französischen „Aufklärers" der Französischen Revolution, Stanislas de Clermont-Tonnerre, den auch im 21. Jahrhundert noch aufgeklärte Menschen gelten lassen: *„Den Juden als Nation ist alles zu verweigern, den Juden als Individuum aber ist alles zu gewähren."* ***83**

Justin nennt die Juden die *„Ungerechtigkeit aller anderer Völker".* ***84** Im zweiten Jahrhundert wuchs die Zahl der auf Latein verfassten anti-jüdischen Schriften. Das zeigt, dass die Kirche Roms bereits einen anti-biblischen Kurs lief. Sie beherrschte das Christentum, aber noch nicht das Römische Reich. Sie musste noch quantitativ wachsen, um staatlich sanktionierte Amtskirche werden zu können. ***85** Qualitativ wuchs sie negativ. So ist es auch geblieben. Das charakterisiert alle fehlgeleiteten Kirchengebilde, dass sie stets negativ wachsen und sich immer weiter von der Wahrheit entfernen. Bei der katholischen Kirche kann man das leicht an der Akkumulation von Dogmen erkennen. Zu unbiblischen Dogmen kommen immer noch weitere unbiblische Dogmen dazu. Ein Beispiel für eine solche judenfeindliche Schrift aus dem 2. Jahrhundert findet man bei Melito, Bischof von Sardes in seiner „Oster-Homilie", wo in epischer Breite erzählt wird, dass die Juden die Gottesmörder gewesen wären. Ein Bischof, der die Kernbotschaft des Evangeliums nicht verstanden hat! Und das bereits im 2. Jahrhundert! ***86** Kaiser Konstantin war dann im 4. Jahrhundert bereits umgeben von judenfeindlichen Kirchenleuten, was ihn zu judenfeindlichen Erlassen befruchtete. Er horchte auf seine Zuflüsterer am Hof und brachte sie in eine Position, die es seinen Nachfolgern unvermeidlich erscheinen ließ, das Kirchenchristentum Roms zur Staatsreligion zu machen. Das hatte eine Flut von beschleunigten Bekenntnissen zu dieser Religion zur Folge, weil das Vorteile und Ämter einbrachte.

Im Ergebnis hat man im vierten Jahrhundert bereits ein überwiegend heidnisches Kirchenvolk, das von korrupten, geistlich marodierenden Kirchenführern geleitet wird. In geistlicher Hinsicht begann das „finstere Mittelalter" bereits im zweiten Jahrhundert deutliche Züge anzunehmen. Ein Beispiel für fromme Kirchenführer, über die viel Gutes berichtet wird, die aber durch ihre Judenfeindlichkeit nachweisen, dass sie nicht mit beiden Beinen in der Nachfolge Christi und auf dem Boden der Bibel stehen, ist Ambrosius, Bischof von Mailand, einer der einflussreichsten Kirchenmänner des 4. Jahrhunderts. Der gebürtige Trierer war ein feiner Judenhasser. Was ist dann über seine heute noch als Standardwerke geltenden Hauptwerke „Über den heiligen Geist", „Über die Sakramente" und „Über die Mysterien" zu denken? Wurde da eine Saat für fatale Irrlehren gelegt? Ambrosius, der im Petersdom ein Heiligengrab bekommen hat, drohte Kaiser Theodosius, er wolle ihn von der Teilnahme am Abendmahl ausschließen, wenn dieser seinen Plan, eine von Christen niedergebrannte Synagoge wiederaufbauen zu lassen, umsetzte. In zahlreichen, aber qualitativ ärmlichen Schriften hetzt er gegen Juden, heißt das Niederbrennen ihrer Synagogen ein Gotteswerk. Er belehrt den Kaiser lügnerisch: *„Gott verbietet, für jene zu bitten, die du rächen willst."* (Brief an Kaiser Theodosius).

Auch Johannes Chrysostomus, Bischof von Konstantinopel, dessen griechischer Namen Goldmund bedeutet, war ein Judenhetzer. Angeblich konnte er die Bibel auswendig. Was nutzte es? Er dichtete das Alte Testament um in eine Hasstirade auf die Juden als hätte er eine gut bezahlte Auftragsarbeit abzuliefern. ***87** *„Weil ihr Christus getötet habt... gibt es für euch keine Gelegenheit mehr zur Wiedergutmachung, keine Gnade mehr, keine Rechtfertigung mehr."* Er beklagt *„Es sind nämlich noch Überreste jüdischer Feste vorhanden."* Zum Beispiel feiern die Juden das Laubhüttenfest. Das ist ein biblisches Fest. ***88** Der anti-jüdische Goldmund (gr. Chrysostomus) bezeichnet diese Hütten aber als *„um nichts besser als die Kneipen mit ihren Huren."* Er spricht sich aber selber das Urteil, denn er sagt, dass man die Juden mit Argwohn zu betrachten hat *„Wo sie doch mit Gott streiten und dem Heiligen Geist widerstehen, wie sollte man da nicht zu dem Urteil kommen?"* Das fällt auf ihn selber zurück.

Man kann an vielen solcher Sprüche aus der Anfangszeit der Amtskirche erkennen, dass es eine große geistliche Nähe zum späteren judenfeindlichen Islam gibt. Die Nähe diesbezüglich zum Islam ist größer als zu Christus. Das spottet ohne Zweifel

Gott. Wer seit zweitausend Jahren Gott spottet, wird dafür das Gericht erhalten, während Israel getröstet wird.

Auch Augustinus verfasste ein *„Traktat gegen die Juden"*. Er war von Ambrosius getauft worden. Anscheinend muss man aufpassen, von wem man getauft wird. Er hatte bereits in seinem *„Gottesstaat"* die Ersatztheologie formuliert, wonach in völliger Unkenntnis der biblischen Heilsgeschichte behauptet wird, dass die Vertreibung der Juden ein Beweis für ihre Ablösung als Gottesvolk sei. Er bezeichnet die Juden als *„hochgewühlter Schmutz"* und belegt sie mit anderen schamlosen Wortkombinationen. Interessanterweise warfen die Juden jener Zeit den Christen vor, sie würden sich zwar auf das Alte Testament beziehen, aber den größten Teil der dort vorzufindenden Weisungen ignorieren. Das ist auch heute noch das Problem der Kirchenchristenheit, dass sie von den Geboten Gottes spricht, die Gebote der Torah meint, aber dann die aberwitzige These aufstellt, sie könnte Gebote weglassen oder hinzufügen oder verändern.

Augustinus reagierte auf solche Vorhaltungen wie ein getroffener Hund. Er kläffte garstig zurück. Auch für ihn gilt, er hätte sich fragen müssen, was heute abschlägig beantwortet werden muss: ist seine Theologie, ist seine Lehre über Christus vertrauenswürdig? Man kann sich überhaupt fragen, ob die Gehässigkeiten und Unversöhnlichkeiten, die natürlich von Satan und nicht von Gott stammen, die man bei all diesen Kirchenlehrern aus der Konstituierungsphase der Kirche Roms gegenüber den Juden antrifft, sich auch in einem anderen Bereich in der Theologie, nicht nur in der Ersatztheologie, niedergeschlagen haben. Und tatsächlich wird man fündig, denn zu jener Zeit setzte sich mehr und mehr eine Lehre durch, die von den ersten Kirchenvätern mehrheitlich noch nicht vertreten worden war, die Lehre von der endlosen Verdammnis aller Menschen, die nicht zu ihren irdischen Lebzeiten zum Glauben an Jesus Christus gekommen sind. Sie hat sich, ebenso wie die Ersatzlehre, bis auf den heutigen Tag erhalten.

Auch sie behauptet eine Unversöhnlichkeit, die der ursprünglichen Erlösungsabsicht Gottes zuwiderläuft, sie erfolgreich durchkreuzt und unvollendete Verhältnisse für immer festmacht. Kann es sein, dass es Satan fertig gebracht hat, solche Lehren in die Kirche einzuschleusen, die das Wesen Gottes so darstellen, dass es nicht mehr eindeutig vom Wesen Satans unterschieden werden kann? Das wäre aber der Anfang einer Entwicklung, die dazu führen muss, dass man Gott nicht mehr kennt und gut nicht mehr gut, sondern böse nennt, und das Böse gut nennt. Der Anfang eines Anti-Christentums!

Der Judenhass hat vor dem Protestantismus nicht Halt gemacht! Luther hat nicht nicht erfunden, sondern in der katholischen Kirche vorgefunden. *89 Unbeantwortet bleibt die Frage, ob der Antijudaismus von Luther den Protestantismus so schwer belastete, dass er in die Irre gehen musste. *90 Es soll nicht unerwähnt bleiben, dass sich der Pietismus von diesem Judenhass nicht anstecken ließ und daran festhielt, dass Israel das Volk Gottes ist und nicht von der Kirche abgelöst worden ist. *91 Auch unter den Protestanten gab es viele, die das ähnlich wie die Pietisten sahen *92 Dass der Anti-Judaismus schon in der alten nichtjüdischen Kirche vorlag, ist unbestritten. Aus jener Zeit sind bereits entsprechende Dokumente zu finden. *93

Luthers Verhalten gegenüber den Juden zeigt deutlich, dass er sich an seine eigenen Ideale nicht hielt, denn ganz richtig spricht er eine Wahrheit aus, mit der die Christen in der ganzen Welt zu kämpfen haben: *„Wer wollte ein Christ werden, wenn er sieht, dass Christen mit anderen Menschen so unchristlich umgehen?"* *94 Allerdings gehörte zu den auslösenden Faktoren von Luthers Schmähschriften auch unkluges jüdisches Verhalten, das den Reformator reizte. Die Rabbiner hielten ihn nicht ganz für kompetent. Das beruhte auf Gegenseitigkeit. Auch stellten die Juden eine latente „Gefahr" der Betonung der Gesetzlichkeit dar, wie man auch an den Sabbatariern unter den Christen sehen konnte. Es gab die auffällige Parallele zur katholischen Werkgerechtigkeit. Mit am meisten ärgerte sich Luther anscheinend über die so logische Ablehnung der Dreieinigkeit, die für die Juden eine Vielgötterei war. *95

Die Empfindsamkeit an diesem Punkt haben erstaunlicherweise die meisten Christen ebenfalls aufzuweisen. Wer an der Dreieinigkeit zweifelt, ist nicht rechtgläubig und muss in die Hölle, sagen sie, obwohl die Bibel nicht ausdrücklich eine Dreifaltigkeit Gottes lehrt, sondern über Gott unter verschiedenen Manifestationen spricht, was beileibe nicht das Gleiche ist.

Von diesen beiden Irrlehren, dass die Kirche Israel ersetzt habe und dass alle, die nicht mit der Kirche einig sind, in ein endloses Höllenfeuer müssen, ist in den Annalen der Kirchengeschichtsschreiber nicht viel zu lesen. Es gibt dafür andere Fehlentwicklungen, die von den Historikern aufgegriffen worden sind, weil sie im Tageslicht von statten gingen. ***96**

Als Ekklesia oder Kirche wird im gesamten Neuen Testament immer nur eine Versammlung von Gläubigen genannt. Damit bezieht sich der Begriff aber sowohl auf einzelne jeweilige Versammlungen wie z.B. bei einem Hauskreis, als auch die Gesamtheit aller Gläubigen. Wenn man von einer Einheit dieser Kirche spricht, dann kann im Sinne des Neuen Testaments nicht eine beliebige Summe von Gläubigen gemeint sein, etwa alle Angehörige der katholischen und einiger anderer Kirchen, sondern nur die Gesamtheit dieser durch den heiligen Geist miteinander verbundenen Gläubigen.

Deshalb ist die Ekklesia als Gesamtheit eine unsichtbare Kirche, obwohl man einzelne Zugehörige dieser Ekklesia real erleben kann. Daraus ergibt sich ein kritischer Abstand dieser, vom heiligen Geist getriebenen Gläubigen zu den Amtskirchen, weil es in keiner dieser Gebilde eine reine Lehre gibt. Dass die Kirchen das nicht akzeptieren, liegt daran, dass in ihnen nicht Gottes Geist weht, der das anzeigen würde. In ihnen wird nicht unterschieden zwischen Sichtbarkeit und Unsichtbarkeit, auch wenn man es meint. Es bleibt im Sichtbaren. Wenn einer Kardinal geworden ist, nehmen katholische Gläubige an, dass er dieses Amt von Gott bekommen hat und dass es ein geistliches Amt sei. Es hat den Schein, dass es so sei, aber die unsichtbare Wirklichkeit vermögen sie nicht zu durchschauen. Wegen der Fixierung auf die Ebene des Schauens, die ihnen gegeben ist, können die Kirchen gar keine andere Wirklichkeit annehmen, weil man dazu den Geist Gottes benötigen würde, der hier ein klares Urteil spricht. Die Annahme der Geistlichkeit ist also eine Glaubenssache.

Wer institutionell denkt, bemerkt auch nicht, wie einfach das Konzept Gottes über die Ekklesia im Neuen Testament ist. Während das Haupt der Ekklesia im Neuen Testament Christus ist, sind die Häupter in den anderen Kirchen, Menschen. Zwar ist die neutestamentliche Ekklesia auf der Ebene des Menschlichen nach allen Seiten offen. Aber auch hier gilt, dass nicht die menschlichen Bemühungen über Evangelisierung, Mission und Taufriten mit Beitrittserklärungen und Kirchengeldzahlungen Realitäten des Glaubens schaffen, sondern Gott allein verfügt über den Geist, den Er zuteilt oder auch nicht. Diese Lektion hatte ja schon Petrus lernen müssen, der mit dem Römer Kornelius einen mit Gottes Geist beschenkten Nichtjuden vor sich hatte, der keine der kirchlichen Voraussetzungen erfüllte, in den Kreis der Auserwählten hineinerklärt zu werden.

Das Konzept der katholischen Kirche basiert auf einem Irrtum, denn sie nimmt an, dass Gott ihr alle Möglichkeiten überlassen hätte. Wen sie tauft, der gehöre zur Ekklesia, wem sie das Heil zuspricht, der sei gerettet, wem sie das Heil versagt, der sei verdammt. Ein Gott, der den Menschen überlassen würde, über das Los der Mitmenschen das letzte Wort sprechen zu lassen, wäre höchstwahrscheinlich ein törichter und verantwortungsloser Gott. Daher stellt sich die Frage, welchen Gott die katholische Kirche hat. Sie beantwortet es so, dass es derselbe sei, den der Islam hat. Es ist also nicht der Gott der Bibel, sondern der Allah des Koran. Dieser lässt sich selber als der größte Täuscher bezeichnen, ***97** während der Gott der Bibel doch auf die Wahrheit setzt.

Wenn Theologen sagen, dass die Kirche ihre Vitalität nicht in der Einengung des Adressatenkreises, der formalen Vereinheitlichung und verfestigten Rangordnung, sondern in ihrer Fähigkeit, von Christus her die Einheit in der Vielfalt und die Gemeinschaft in der Verschiedenheit zu gestalten, erweist, ist das ein Missverständnis. Denn die Kirche kann nur dann etwas von Christus her machen, wenn sie Christus von Ihm her machen lässt. Und dann ist sie eben ganz und gar nicht eine Kirche, in der überhaupt Einengung, Formalismus und Verfestigung der Rangordnung überhaupt vorkommen! Der Irrtum besteht also darin, dass man meint, Christus macht die Kirchen und ihre Vielfalt sei das Ergebnis der Vielfalt Gottes. *98 Richtig wird erkannt, dass zwar der metaphysische Hintergrund der Kirche die Wahrheit sein sollte. *99 Die Wahrheit ist aber Christus und wer Christus nicht bei sich hat, bleibt unweigerlich in der Physik der Unwahrheit und betreibt bestenfalls Anthroposophie oder Philosophie.

Schon sehr früh wurden die Christen mit heidnischen Lehren und Ideen konfrontiert, die geeignet waren, den Glauben an die biblische Überlieferung zu stören. Interessanterweise gibt es Parallelen zur Zeit der Moderne, in der die gleichen „Versuche" mit ähnlichen Lehren unternommen wurden. So gilt z.B. für den bereits im dritten Jahrhundert aufkommenden Manichäismus, der im Mittelmeerraum als „Kirche des heiligen Geistes" bekannt geworden ist, dass er anzweifelte, dass Gott die Welt „sehr gut" gemacht hatte. *100 Wegen des vielen Bösen und des vielen Leids musste eine böse Macht dahinter stecken. Der Evolutionismus, der ja tatsächlich in die Kirchen eingedrungen ist, argumentiert ähnlich. Nicht Gott hat die Welt geschaffen. Sie ist auch nicht gut, sondern der Stärkere frisst oder verdrängt die Schwächeren.

In der Gnosis versuchte man das Problem des Bösen und des Leidens anders zu lösen. Die Welt ist zweigeteilt, man müsse das ungute Irdisch-leibliche überwinden und zum guten Geistigen kommen. Dies ist eine spiritistische Ansicht, denn im Spiritismus unterscheidet man beim Geistigen nicht mehr scharf zwischen dem Bösen und Guten. Gut ist was spiritistisch-geistig ist. Der Siegeszug der charismatischen Kirchen macht noch nicht einmal vor der ebenfalls leibfeindlichen katholischen Kirche Halt. Die Inquisition war eine spiritistische Einrichtung der katholischen Kirche. Ihr Gedankengut hatte eine okkulte Quelle und wabert noch immer durch die päpstlichen Abteilungen.

Als drittes ist auch der „Arianismus" in einer besonders verheimlichten Form gegenwärtig, denn auch er hat das Denken der Kirche Roms beeinflusst. Zwar war die Kirche Roms strikt gegen den Arianismus, aber nur, weil er sich selber radikaler formulierte. Er behauptete, Jesus sei nur Mensch gewesen. Damit steigt jedoch die Bereitschaft, in einer „Nachfolge" Jesu etwas nur Menschliches zu sehen, wodurch das Göttliche niemals zu erreichen gewesen wäre. Eine Eingliederung in den Leib Christi, wäre ja dann nichts Himmlisches und Vollkommenes, sondern etwas Irdisches und Unvollkommenes. Das Göttliche würde fehlen.

Also muss man doch die Bergpredigt so verstehen, dass man mit aller Macht versuchen müsse, gute Werke zu vollbringen, um es ins Himmelreich zu schaffen. Genau das gebietet die katholische Kirche, die Christus nicht so viel zugetraut hat, dass er das Erlösungswerk ein für alle Mal vollbracht hat, sonst müsste der Priester nicht immer wieder das Messopfer bringen. Noch dazu müssen Heilige und die Mutter Jesu dazu bemüht werden, Gott gnädig zu stimmen. Jesus schickt man allenfalls den Vorgang cc zur Kenntnis. Er darf wissen, dass man wieder eine Runde pilgert, fastet, kasteit und sich spiritistischen Exerzitien widmet. Gott muss überzeugt werden, dass man die Erlösung verdient hat. Und erst wenn Er überzeugt ist, kann er dem Sünder gnädig sein. Die katholische Kirche sagt zwar, dass Jesus auch Gott ist. Aber sie erweist Ihm nicht die Ehre Gottes. Sie behandelt Ihn wie ein Mensch, dem mit Vorsicht aus dem Weg zu gehen ist. Am besten ist, man hat sich der Himmelskönigin Marie untergehakt.

Der im fünften Jahrhundert aufkommende Pelagianismus wurde ebenfalls von der Kirche Roms abgelehnt, obwohl er Gedanken mit ihr gemein hat. Er lehrte, dass man ohne Sünden leben könnte, weil der Mensch die grundsätzliche Fähigkeit dazu hätte. Die katholische Kirche hat diesen Glauben auf die Spitze getrieben, da ihrer

Meinung nach Maria von Sünden unbefleckt gewesen sei. Wer glaubt, dass er durch eigene Anstrengungen sündlos werden kann, wie es schon so viele Mönche und Nonnen versucht haben, neigt eher dazu, sich einen Teil der Rechtfertigung, dafür erlöst zu werden, selber verschafft. Das ist eine typische katholische Ausrichtung. Der Pelagianismus hat ähnlich wie die katholische Kirche den Sündenfall nicht so ernst genommen, dass sie erkannt hätte, dass der Mensch durch und durch ein gefallener ist und dass es daher auch keine völlige Willensfreiheit geben kann. Auch das Wollen steht unter dem Einfluss der versklavenden Sünde. Ohne Gottes Hilfe vermag der Mensch nichts zu wollen oder zu verstehen, was heilsam für ihn ist.

Schließlich muss als Fünftes der aus dem vorderasiatischen Raum kommende Sakramentalismus als weitere Gefahr für das Kirchenvolk angesehen werden. Dass ihm die Kirche Roms gründlich verfallen ist, bedarf kaum der Erläuterung. Besonders das Sakrament der Eucharistie hat der Kirche Macht über das Volk verliehen. Zum Gebrauch der Sakramente hat man in allen Religionen zu allen Zeiten eine Priesterkaste benötigt, die bestimmte, was das Volk zu tun hatte. Im Falle der katholischen Kirche, glaubt sie, verfügt sie über das Heil, das sie zuteilt oder verwehrt. Als ob Gott den irrenden Menschen eine so wichtige Entscheidung überlassen würde! *101

Interessant ist, wie die katholische Kirche die Wirkungsweise der Sakramente verteidigt. Die Frage lautete, wie es sein könne, dass ein unwürdiger Priester eine würdige Handlung vornehmen und ein Sakrament wirksam verabreichen könne: weil Gottes Heilswillen nicht durch die Unwürdigkeit des Menschen verdorben werden kann. Demzufolge dürfte die Unwürdigkeit des Menschen aber grundsätzlich nichts an der Heilswirkung des göttlichen Handelns ändern können! Es kommt also nur darauf an, dass der Wille des Menschen dazu gebracht wird, so zu wollen wie Gott will. Gott will, dass alle Menschen gerettet werden!

Dass die Kirche Roms so schnell ins Antichristliche abfiel, ist historisch gut belegbar und nachzuvollziehen. Zu viele waren der Strömungen aus dem Heidentum. Nur der heilige Geist hätte die Infiltration verhindern können. Aber, wo der Geist nicht weht, kann er auch nichts bewirken. Ein Christentum ohne den heiligen Geist kann nur ein Anti-Christentum werden, statt einer Gemeinde des Leibes Jesu eine weltliche Machtkirche. *102 Es gibt auch den Dualismus der Schöpfung in Bezug auf die Kirche, denn es gibt zwei davon, die unsichtbare Gemeinde Christi, und die sichtbare Machtkirche des Menschenhohns. Überall wo Satan in die Herrschaft Gottes eingreift, verleiht er seinen Helfershelfern Macht und tarnt sie meist mit hehren Motiven. So lässt er einen Islam sich mit Gewalt ausbreiten, um dann eine „gerechte" Scharia einzuführen. Die katholische Kirche schwört auf den Katechismus und die Kirchengesetzgebung und war ebenfalls nicht von Gewaltlosigkeit gekennzeichnet. Sowohl beim Kalif als auch beim Papst, den Obersten aller rechtmäßig Gläubigen, wie sie deklariert werden, soll das weltliche und geistliche Amt des Vertreters Gottes auf Erden gegeben werden. Beide herrschen über das neue Volk Gottes, beide müssen das biblische Volk Gottes, Israel bekämpfen. „Wir sind das neue Israel" heißt es im katholischen Katechismus Nr. 877 „Wir sind das beste Volk" im Koran, Sure 3/110. Und beide verdammen Nichtangehörige in die ewige Hölle und haben ihnen gegenüber eine unversöhnliche Einstellung, das ist typisch für Satan, während für Gott die Versöhnung mit allen typisch für Sein Wesen ist.

Deutlich für den Machtanspruch der Kirche Roms ist der Versuch, auch die weltliche Macht zu bekommen, die der Kaiser innehatte. Die Reformation verärgerte die Kirche Roms auch deshalb, weil nun endlich klar wurde, dass der Papst nicht mehr auch noch die weltliche Herrschaft erringen können würde. Das „Unam Sanctam" stammte aus dem Mittelalter und blieb meist ein Wunsch nach der Gesamtmacht und nennt sich, die Beanspruchung des Papstes beider Schwerter, des religiösen wie des weltlichen, inne zu haben und somit über die ganze Welt zu herrschen. Das war allerdings in der Bibel der Versuch Satans, als er Christus die weltliche Macht anbot und Er es ablehnte. Darin liegt möglicherweise eine Ironie. Das

Papsttum meinte, die geistliche Macht zu sein und die weltliche erringen oder zumindest kontrollieren zu müssen. Tatsächlich ist nach Auffassung der Reformatoren das Papsttum eine weltliche Macht, die zugleich eine anti-geistliche Macht ist und ihre Geistlichkeit nur vorgibt. Luther sah nicht nur in der Kirche Roms den Antichristen, sondern auch in den Türken, weil sie Muslime waren, die das christliche Abendland bedrohten. *103 Er und wohl die meisten Reformatoren würde sich im Grab umdrehen, wenn er sähe, wie sich heute die evangelische Kirche und die Kirche Roms sowieso mit dem Islam anfreunden. Er konnte ja zu seiner Zeit noch nicht wissen, dass auch die evangelische Kirche sich nicht ganz von dem Erbe der Kirche Roms gelöst haben würde und sich daher auch wieder der Mutterkirche annähern würde.

Die Kirche Roms uns der Islam sind sich auch dahingehend einig, dass der aufgeklärte, demokratische Rechtsstaat nicht in ihrem Sinne sein kann. Denn dort gilt ja ein anderes Recht als das Kirchenrecht oder die Scharia. Das ist der Grund, warum beide eine Parallelgesellschaft pflegen. Innerhalb der Kirche wurden viele Geistliche des sexuellen Missbrauchs überführt, eine Auslieferung an die staatliche Gewalt zur Strafverfolgung gab es jedoch nicht. Ebenso geschieht es im muslimischen Umfeld, wo es innerhalb der Umma, des Glaubensvolkes oder der Sippe, eine eigene Gerichtsbarkeit gibt, aber keine Auslieferung an die Polizei, was einem Verrat gleich kommen würde.

Das Problem eines freiheitlich säkularen Staates ist, dass er zwar den Pluralismus und sämtliche Freiheits- und Menschenrechte gewährt, weil er sonst gar nicht als solcher Staat funktionieren kann, wo die Kräfte zum Nutzen der Gesellschaft sich entfalten können, jedoch kann er diese Freiheitsrechte nur begrenzt schützen. *104 Da er sich weltanschaulich neutral verhält, muss er einem Wandel, der seine freiheitlich-demokratische Grundordnung angreift, tatenlos zusehen. Angenommen, man lässt immer mehr Muslime in ein nichtmuslimisches Land, dann werden sie, sobald sie die Mehrheit haben, im Parlament und auf legalem Weg die Macht ergreifen und aus dem freiheitlich-säkularen Staat einen Islamstaat bilden, indem es nach der Scharia einen Apartheid-Staat geben wird, wo es vorbei ist mit den Menschenrechten der Aufklärer.

Einheitsstaaten versuchen die Erziehung zum gesellschaftlichen Konsens in die eigene Hand zu nehmen. Gehirnwäsche von oben. In freiheitlichen Staaten, wo die Individualität der Individuen nicht angetastet wird, muss es aber den elterlichen Erziehern, der kulturellen Tradition und den religiösen Institutionen überlassen werden, ob die Generationen dem Staat mit seiner Staatsidee die Treue halten. Wenn es schon hier zu einer Staatsverdrossenheit kommt, ist das Gesamtgebilde gefährdet und kann leichter umgestoßen werden. Inzwischen hat man erkannt, dass es auch in einem Staat nicht ohne Erziehung zu Moral geht. *105 Nur, wer soll sie leisten, wenn das Staatsvolk mehrheitlich keine christliche Grundlage mehr dafür hat, wenn die Werte bereits, auch von Staats wegen, abgebaut worden sind und durch andere ersetzt worden sind. Globalismus, Liberalismus, Libertinismus, Genderismus, Sexismus, Multikultismus können keine Grundlage sein, sondern stehen zum Teil jeder Rückkehr zu christlichen Werten im Wege. Da die Kirchen sich diesen zeitgeistigen Zerfallserscheinungen angeglichen haben, ist von ihr auch keine verbindliche moralische Grundlage, auf der man bauen könnte, zu erwarten. Wie gerade die Kirchengeschichte zeigt, ist die Kirche eben auch nicht die *„eschatologisch siegreiche Präsenz der Wahrheit, der Liebe und des Lebens Gottes in der Geschichte."* *106

Solche und gleichlautende Verlautbarungen sind schlicht eine Verhöhnung der Opfer der Kirche. Es waren stets Opfer der Wahrheit, der Liebe und des Lebens Gottes, die auf den Altären der Kirche erbracht worden sind, indem man die biblischen Werte und Maßgaben missachtet und ins Gegenteil gekehrt hat. Beispiele dafür gibt es Myriaden. Johannes Hus wollte die Gläubigen zur Wahrheit der Bibel zurückführen. Die katholische Kirche, die das Dogma hält, dass nur ein katholischer Geistlicher die Wahrheit zuteilen könnte und nicht die Bibel, ließ Hus als Ketzer verbrennen. So und hunderttausendfach ähnlich sah die Präsenz der Wahrheit und der Liebe der katholischen Kirche aus.

Wo war die Präsenz der Wahrheit, als hunderttausend katholische Priester und Bischöfe zwölf Jahre lang den Mund über den Nazi-Terror gehalten haben? Wo war die Präsenz der Wahrheit, als der Papst kein Wort gegen die ihm bekannte Judenverfolgung in die Weite der Welt hinausposaunte? Wo war die Präsenz der Wahrheit, als man Jahr um Jahr die sexuelle Verdorbenheit katholischer Geistlicher vertuschte? Die Wahrheit ist nach biblischer Definition Jesus Christus und das Wort Gottes, die untrennbar miteinander verbunden sind. Wenn man zwischen zwei Aussagen die wahrhaftere wählen sollte, dann würde man „In der Kirche ist keine Wahrheit!" vorzuziehen haben gegenüber der Aussage „In der Kirche ist Wahrheit!" (Vgl. Lk 11,44). Manche bezeichnen sogar die Kritik der Kirche an der Hitlerbewegung, die es natürlich vereinzelt und zart, neben der kolossalen Schweigsamkeit oder offenen Unterstützung auch gab, als Ruhmesblatt. *107 Das allerdings sehr schnell verwelkte! Was soll daran rühmlich sein, wenn man etwas, was offenbar anti-christlich ist, auch als anti-christlich bezeichnet?

In Wirklichkeit war es mit der Kritik und Beurteilung eher so: die Kirche erkannte, dass hier eine Macht erstand, die in Konkurrenz zur Kirche trat. Der Nationalsozialismus ist ja eine ganzheitliche Theorie. Der Führer ist Gott, die Partei ist das Heiligtum, die Mitglieder sind die Heiligen, das Heil liegt in der Zugehörigkeit zur Gemeinschaft und ihrem Ausbreitungsprozess. Die katholische Kirche ist ganz ähnlich organisiert mit dem Papst an der Spitze, der priesterlichen Geistlichkeit und dem Glaubensvolk. Da die nationalsozialistische Bewegung stark war, verbündete man sich mit ihr, im Vertrauen daran, dass die Kirche auch die Nazis überlebte. Und so geschah es ja auch. Hitler musste gehen, die Päpste blieben.

Immerhin: *„Denn hätten die Kirchen und katholischerseits gerade auch das Papsttum früher und entschiedener für Menschenrechte, Demokratie und Gleichberechtigung gekämpft, dann wären Menschenwürde und Freiheit, wenn auch möglicherweise nur im Protest, stärker als Panier gegen die Barbarei hochgehalten worden."* *108 Das sagen heutige Päpste auch so, man passt sich an, wenn die Beweise erdrückend sind.

5. Kapitel
Heiligung in der Ordnung
1 Thes 4,1-12

Das vierte Kapitel im ersten Brief an die Thessalonicher könnte man mit „Mahnung und Tröstung der Gemeinde" übertiteln. Paulus ermahnt zu einem Leben in der Heiligung (**1 Thes 4,1-12**). Gott sagt ja schon Israel, dass es ein heiliges Volk sein soll, schon aus dem besten Grund: weil Er heilig ist. Ohne dies ist kein Einssein, das Fernziel möglich. Dahin zu kommen, verlangt die Einhaltung der göttlichen Ordnung, die niemals nachhaltig gestört werden kann. Das höchste Schöpfungsziel ist Verherrlichung Gottes und die erzielt Gott mit der Vereinigung einer geläuterten, vervollkommneten Schöpfung. Gott bezeichnet sich daher als Bräutigam und Israel als die Braut. Wenn die beiden sich vereinigen sollen, dann muss es in Heiligkeit geschehen. Heiligkeit ist die Wesensart Gottes, die sich hauptsächlich dabei von der des Menschen unterscheidet, dass in Gott kein Böses und keine Abweichung von dem Ideal aller guten oder erstrebenswerten, eben göttlichen Eigenschaften vorhanden sind. Heiligsein in der höchsten und abschließenden Form heißt, wie Gott perfekt zu sein. Bevor der Mensch seinen Idealzustand erreicht hat er eine niedere Form der Heiligkeit, zuerst muss er nämlich von Gott geschaffen, dann berufen sein. Und dann geht der Heiligungsprozess weiter, der einher geht mit der Zuwendung des Geistes Gottes, denn Heiligkeit ist ein geistliches Phänomen. Mit irdischen Methoden kann man Heiligkeit nicht messen. Die Mutmaßungen der Kirchen, wer denn heilig sei, haben nur für die Kirchenordnung Relevanz.

Für Gott sind sie bedeutungslos. Man kann ebenso gut sagen, wer nach Meinung der Menschen heilig ist, spielt für Gott keine Rolle.

Das ist ebenso mit den Ämtern. Die Ämter, die Gott vergibt, finden in einer Parallelwelt statt. Die Ämter der Kirchen sind für das Aufrechterhalten der Kirchenordnung notwendig. Damit ist keine Heiligkeit verbunden. Wer das nicht gewusst hat, wird im Zeitalter der Aufdeckung des Missbrauchs von katholischen Schutzbefohlenen durch Priester, Mönche, Bischöfe und Kardinäle (die Aufzählung erhebt keinen Anspruch auf Vollständigkeit!), in früheren Zeiten gab es anscheinend auch Päpste, die ruchlos genug waren, ihr Kirchenamt mit Unehre zu besudeln. In früheren Zeiten gab es all die Verbrechen, derer sich die ungeistlichen Kirchenmachtinhaber schuldig machten auch, nur war niemand in der Lage sie aufzudecken, weil die Macht der Kirche so groß war, dass jeder Versuch dazu sogleich im Keim erstickt worden ist oder wäre. Die katholische Kirche ist eine Macht und ein Geldkartell, das zur Unterdrückung von Menschen bestens geeignet war. Die Krise der Kirche ist genau genommen eigentlich nur die Krise, dass sie diese Macht wie einst nicht mehr hat.

Die göttliche Heiligkeitsordnung ist eine ganz andere als die der sichtbaren Kirchen. Sie ist echt und authentisch. Und sie ist auch eine Heilsordnung, während das von den organisierten Kirchen nicht gesagt werden kann. Gott bedient sich nicht bei einem antichristlichen System, das Ihn und Seinen Sohn verleugnet und ständig beleidigt, um Seine Heils- und Heiligungsziele zu erreichen. Heiligung führt bei Gott zum Einssein. Das Antichristentum hat seine eigenen „ein Volk - ein Reich - ein Führer" – Ansprüche und Ziele. Sie sind dem entgegen gesetzt, was Gott beabsichtigt. Die Kirchen wollen eine Einheit im Geist des Antichristlichen. Allerdings sind ihre Führer Getriebene und Missbrauchte, Opfer und Missetäter. Die Kirche Roms will alle unter ihr Dach bringen und meint darunter sei das Heil. Und wer die Kirche so nicht ehren will, wird verdammt. Ihr Gott ist ein dualer, der mehr als die Hälfte der Schöpfung dahin gibt. Von Einssein und Heiligung keine Spur, so wie bei Satan, der ewige Verneiner und Widerwirker. Wem wirkt er wider? Gott!

Was wirkt er wider? Des möglichen Einswerdens. Wessen bedient er sich? Des Anti-Christentums!

Die Gemeinde Jesu und Israel werden von Gott von diesem Anti-Christentum bewahrt. Man beachte! Der Anti-Semitismus ist im Anti-Christentum stark vertreten, weil dem das gleiche Geistesschaffen zugrunde liegt. Und gerade, weil die Christen, die ja eigentlich Antichristen waren, die Juden so sehr verfolgt haben, wurden die Juden keine Christen, in schöner, keuscher Konsequenz. Aber was für Christen wären sie geworden? Antichristen! Um hier nicht den Warnern vor den großen Vereinfachungen zu viel Gewicht einzuräumen, sei es nochmals gesagt. Das Anti-Christentum ist eng mit dem Christentum verbunden. Es ist beinahe wie bei siamesischen Zwillingen, die nur leiblich miteinander verbunden sind, aber nicht geistig. In diesem Verbund will der eine Zwilling, man nenne ihn Christ etwas Gutes tun und der andere Zwilling, man nenne ihn Anti-Christ will es nicht, muss es aber zulassen. Und leider ist es umgekehrt ebenso. Gerade deshalb sollen Christen, sobald sie merken, dass ihre Verbundenheit zu groß ist und immer mehr zu einer Gebundenheit wird, sich von dieser ägyptischen Gebundenheit befreien.

Keine Frage, das Christentum, das im Kirchenchristentum drin steckt, hat viel Gutes bewirkt. Und für manchen war das attraktiv genug, um sich dieser Bewegung anzuschließen. Und viele Juden wurden Christen. In jeder Kirche gibt es Juden. Aber das Raffinierte an der Wirkweise des Fürsten dieser Welt ist, dass er das Böse und zum Bösen Verführerische eben gerade da platzieren möchte, wo es am wenigsten zu vermuten ist. Und welcher Mensch ist diesen Verführungskünsten noch nicht befallen worden? Die Antwort ist biblisch: Niemand außer Jesus!

Wenn aber schon Braut und Bräutigam einig sein müssen, um eins zu werden, dann gilt das erst recht für Haupt und Glieder Christi. Gott will also die Heiligung der Gemeinde. Paulus stellt insbesondere die Enthaltsamkeit von „leidenschaftlicher Begierde" heraus und den fairen, gerechten, liebevollen Umgang miteinander. Wer die Notwendigkeit dieser Heiligung verkennt oder sogar verwirft, *„der* *verwirft also nicht Menschen, sondern Gott, der euch seinen Heiligen Geist schenkt."* (**1 Thes 4,8**) Wenn Paulus gerade die beiden Bereiche anspricht, die menschlichen Bedürfnisse und der menschliche Umgang miteinander, dann offenbar, weil es dafür einen Bedarf gab. Daran hat sich bis heute nichts geändert. Diese beiden Bereiche beschäftigen die Gemeinden am meisten. Hier ist Geschwisterliebe erfordert, weil man es nicht mit Menschen seiner Wahl, sondern mitunter der Qual zu tun hat. Gott hat sie zusammengeführt, nicht die eigene Lust. Und nach außen setzt man dann die rechten Signale und gibt ein Beispiel, das oft mehr überzeugt, als eine gelungene Rede. Daher mahnt Paulus, *„vor denen, die nicht zu euch gehören, ein rechtschaffenes Leben (zu) führen"* (**1 Thes 4,12**). Die Heiligung eines Christen bewirkt somit auch, dass sie nach Außen keinen Anstoß erregen, sondern im Gegenteil ein Beispiel musterhaften Benehmens abgeben.

Zur Heiligung gehört bei Paulus auch ein rechter Umgang mit der Sexualität. Das ist nicht verwunderlich, da Sexualität eine Lebenswirklichkeit im Leben eines jeden Menschen ist, die ihn praktisch durch das ganze Leben hindurch begleitet. Der rechte Umgang mit der Sexualität ist gerade für Christen von großer Wichtigkeit, da es sich dabei um eine Gabe Gottes handelt, die mehr missbraucht wird, als vieles andere, was der Mensch von Gott für das Leben bekommen hat. Das hängt damit zusammen, dass Sexualität zu einem Bereich zwischenmenschlicher Beziehung gehört, der ein Abbild einer himmlischen Angelegenheit ist. Der Widerwirker Gottes kann an den himmlischen Wirklichkeiten nichts ändern. Aber seine Macht ist auf Erden. Er hat größtes Interesse daran, den Blick er Menschen nicht nur vom Himmel abzuwenden, sondern auch jegliche Verbundenheit vergessen zu machen. Also müssen die himmlischen Dinge pervertiert werden. Der Satan mag nicht, vereinfacht ausgedrückt, wenn Menschen sich lieben und miteinander eins werden, geschweige denn, das auch noch als Abbild vollkommener Verhältnisse im Himmel zu verstehen, die auch noch für Menschen erreichbar sein sollten.

Offenbar hat Paulus es für nötig befunden, den Thessalonichern hierzu etwas zu sagen. *„Denn dies ist Gottes Willen: eure Heiligkeit, dass ihr euch der Hurerei enthaltet, dass ein jeder von euch sein eigenes Gefäß in Heiligkeit und Ehrbarkeit zu besitzen wissen, nicht in Leidenschaft der Lust, wie auch die Nationen, die Gott nicht kennen."* (**1 Thes 4,3-5**)

Hurerei war im alten Griechenland weit verbreitet. Viele Frauen boten in gewissen Häusern und auf der Straße ihre Dienste an. Und natürlich waren auch viele Christen betroffen. Sie hatten sich bekehrt und wurden jetzt erst damit konfrontiert, dass sie ihre Praktiken auch hinsichtlich der Sexualität ändern mussten. Für Christen war später nicht ohne weiteres nachzuvollziehen, dass dies ein großes Thema damals war, weil sie in einer doch von der christlichen Kultur geprägten Gesellschaft aufgewachsen waren, die Sexualität nicht als Thema der Öffentlichkeit, sondern als Privatsache innerhalb der Familie behandelt hat.

Allerdings sieht man heute im 21. Jahrhundert deutliche Rückschritte zu einer verkommenen oder zumindest freizügigen Sexualmoral hin. Auch Homosexualität war damals in Griechenland weniger geächtet, als im christlichen Abendland bis in die neunziger Jahre des 20. Jahrhunderts (also immerhin beinahe 2000 Jahre lang). Was es aber damals nicht gab, ist der ständige Wechsel unverheirateter Sexualpartner, wie es heute Gang und Gäbe ist. Das muss man wissen, sonst kann man die Ausführungen von Paulus zum Thema Ehe und Sexualität nicht richtig einordnen. Reinheit in der Sexualität ist deshalb so wichtig, weil die von Gott vorgesehene Sexualität zwischen dem Mann und seiner Frau der intimste Akt der Vereinigung ist, der gerade auch im geistigen und seelischen Bereich angestrebt oder erwünscht wird. Und zwar noch vor der leiblichen Vereinigung. Das bedeutet, dass der Sexualakt im Grunde mit der körperlichen Vereinigung das herstellen soll, was bereits geistig und seelisch zusammengehörig ist. Das ist der gewichtige Grund, warum die körperliche Intimität auch erst nach der seelischen und geistigen Ergänzung stattfinden soll. Es ist eines der größten Dramen in der Kirchenchristenheit, dass das nicht verstanden worden ist. Bei der Sexualität geht es nicht nur um die Fortpflanzung, ja, aber es geht auch nicht nur um die Fortpflanzung und die Bedürfnisbefriedigung. Es geht um Zusammenhalt und Einswerden auf der seelischen und geistigen Ebene.

Wenn Paulus sagt, dass für ihn die vorbildliche Ehe ein Bild des Verhältnisses ist, das Christus mit der Gemeinde hat, die Ihn, das Haupt, ergänzt durch die Leibesglieder (Eph 5,32), ist auch gemeint, dass sie eines Geistes sind. Und Gott soll man nicht nur mit dem ganzen Denksinn lieben, sondern auch mit ganzer Seele. Bevor man das nicht hat, wird man auch die neue Leiblichkeit im Leib Christi, vereint mit Ihm, nicht bekommen. Im intimsten Moment, den zwei Menschen miteinander haben, kann also nur dann ein Einssein entstehen, wenn in den anderen Bereichen ein Einswerden stattgefunden hat und am ständigen Werden ist. Und aus dem Grund kann es auch nicht richtig sein, nur aus Gründen der „Leidenschaft der Lust", wie es in der Hurerei geschieht, es zu dieser leiblichen Intimität kommen zu lassen.

Paulus wollte damit nicht gesagt haben, dass die *„Leidenschaft der Lust"* im ehelichen Umgang nicht gottgegeben wäre. Das haben viele Kirchenleute so missverstanden und damit viel unnötige Verklemmung verursacht und unnatürlichen Verzicht als Gott wohlgefällige Übung dargestellt. Paulus wollte damit gesagt haben, dass das alles in der rechten Ordnung geschehen muss. Und in der Welt kennt man diese Ordnung nicht, denn in der Welt hat man auch nicht Christus, dem sich alle eingliedern lassen, als Vorbild.

Doch was meinte er mit, *„dass ein jeder von euch sein eigenes Gefäß in Heiligkeit und Ehrbarkeit zu besitzen wisse"*? (**1 Thes 4,4**) Paulus redete hier nicht in erster Linie zu den Frauen, sondern über Frauen. Allerdings können sie das an Männer gerichtete Wort auch analog anwenden. Das *„Gefäß"* (gr. Skeuos) bezeichnet hier die Frau. Paulus benutzt dieses Wort in seinen Briefen, um damit einen von Gott angerührten Menschen zu bezeichnen, weil der von Gott als dem Meistertöpfer zu einem Gefäß der Ehre (Röm 9,21) und der Barmherzigkeit (Röm

9,23) und zur Erleuchtung zwecks Erkenntnis der Herrlichkeit Gottes (2 Kor 4,6-7) geformt und zum ehrenvollen Gebrauch gereinigt werden soll (2 Tim 2,21).

Wie soll nun ein Mann seine Frau in Heiligkeit und Ehrbarkeit besitzen? Das fängt lange schon vor der intimen Vereinigung an. Bezeichnenderweise hat Gott die Frauen so geschaffen, dass sie von ihrer Natur aus erst zur intimen Vereinigung bereit sind, wenn ihre seelischen Bedürfnisse gestillt sind. Das wird aber dann der Fall sein, wenn sie sich geehrt, respektiert und verstanden fühlt. Das ist die eigentliche Pflicht des Mannes, seine Frau stets respektvoll, sie ehrend und um Verständnis bemüht, zu behandeln. Wenn Männer von ihren Frauen, wenn diese seelisch oder körperlich nicht bereit sind, die Bereitschaft zur leiblichen Vereinigung verlangen, womöglich noch unter Verweis auf eine „eheliche Pflicht", ist das kein ehrbares Verhalten der Frau gegenüber. Wer seine Bedürfnisse über die der Frau nach Ruhe, Geborgenheit und Unberührtsein stellt, erfährt dadurch auch keine Heiligung.

Leider gibt es immer noch viele Männer, die zwar in einem Land leben, wo die Menschenwürde mit an erster Stelle steht bei der Frage, wie man miteinander umgehen soll, aber den eigenen Frauen gegenüber verhalten sie sich würdelos und nötigen sie zu würdelosem Verhalten. Dass dies in der Welt so ist, ist schon schlimm. Dass es das auch unter Christen gibt, ist erst recht beschämend. Man kümmert sich in den aufgeklärten, humanen Gesellschaften um Minderheiten, Flüchtlinge und um all das, was vor Augen ist und die Mitmenschlichkeit herauszufordern scheint. Nach außen bemüht man sich um „echte" Betroffenheit, mitteilsame Besorgnis und demonstrative Anteilnahme. Doch im Nahbereich zwischen Mann und Frau ist man blind für das Ehrwürdige und Liebenswürdige. Da es sich aber zwischen dem Christusmenschen und Christus auch um einen Nahbereich handelt, zu dem laut Paulus das Mann-Frau-Verhältnis in einer gewollten Analogie steht, ist für alle Männer, die ihre Frau nicht ehrbar und nicht liebenswürdig behandeln, zu befürchten, dass auch ihr Verhältnis zu Christus gestört ist oder wird. Und Christus wird vielleicht gerade da genauer hinschauen und mehr Verantwortung verlangen, wo Mann und Frau gläubig sind und damit das Wichtigste in der Beziehung zueinander, das Verbundensein in Christus auf der geistlichen Ebene, gegeben ist, oder zumindest sein sollte. Der Gedanke, den man immer wieder zu hören bekommt, dass man gerade wegen der sexuellen Bedürfnisse heirate, darf nicht der Hauptgrund sein, auch wenn das dem Ratschlag eines kirchlichen Seelsorgers in Anlehnung an 1 Kor 7,9 entsprechen sollte, weil es sich nur um eine gewünschte Begleiterscheinung der Ehe ist. Paulus spricht in seinem Brief an die Korinther den Fall an, wo man aus religiösen Gründen oder sonstigen rationalen Gründen im Begriff ist, ein nur an den Herrn gebundenes Leben zu führen. Das verbietet sich, so Paulus, wenn zwei, die sich zueinander zugehörig fühlen, sich nur schwer widerstehen können. Das darf man nämlich durchaus als Zeichen verstehen, dass Gott diese Verbindung will.

Im Vergleich der Kulturen und Religionen geht das Christentum einen einmaligen Weg in Bezug auf die Ehe. Sie ist partnerzentriert, d.h. primär beruht die Ehe auf Konsens und dient eben nicht der Sippe oder den Ahnen. Das ergibt sich aus dem, dass die zwei „ein Fleisch" werden, also eine völlig neue Zweier-Gemeinschaft bilden. Sie werden nicht „eine Sippe" oder „eine Nation" bzw. denen zugehörig, sondern sie sind einander zugehörig, vorausgesetzt Gott hat die beiden verbunden. Ob das der Fall ist, ist nicht schon deshalb selbstverständlich, weil zwei vor einem wie auch immer aufgebauten Traualtar stehen. Zu früheren Zeiten sind auch in christlichen Kreisen manche Mädchen zwangsverheiratet worden. Das Mädchen wollte den nicht heiraten, den die Eltern für sie vorgesehen haben. Darauf liegt an sich noch kein Segen. Ob Gott eine solche Ehe segnet, die nicht mit Seinem Einverständnis geschlossen worden ist, hängt dann davon ab, ob sich auf der seelischen Ebene ein Wandel vollzieht.

Paulus vergleicht zwar die Ehe mit der Beziehung zwischen Christus und seiner Gemeinde, aber er hat dabei bestimmt nicht an Ehehöllen gedacht. Die Ehe als Bündnis, das man vor Gott und mit Gott eingehen kann, wird andererseits durch den westlichen Libertinismus der Neuzeit gefährdet. Die Besonderheit der Ehe setzte sich in der Familie fort, denn vor dem Christentum waren in manchen Kulturen, so auch bei den Griechen und Römern, Kinder Freiwild. Sie durften getötet oder ausgesetzt oder verkauft werden. Sie gehörten dem Familienvorstand. **109** Lobend muss erwähnt werden, dass die Kirche von Anfang an Abtreibung als Mord betrachtete. Im 21. Jahrhundert angekommen, stellen sich politische Parteien bereits die Frage, ob nicht Abtreibung bis zur Geburt legalisiert werden sollten, oder bei behinderten Kindern, auch noch eine Tötung nach der Geburt möglich sein sollte, wenn die Familie voraussichtlich in ihrer Lebensweise zu sehr beeinträchtigt wird und sich nicht frei entfalten kann in ihrem Streben nach Glückseligkeit, die sie sowieso nie erreichen. Wenn es legal wäre, geistig Minderbemittelte zu töten, dann müssten die Schlachtungsbeauftragten aber streng genommen bei denen anfangen, die ernsthaft solche Praktiken befürworten.

Da die Ehe so wichtig ist für Gott und die Menschen, ist es wichtig sich über das, was die Ehe ausmachen soll, klar zu werden. Eine Ehe kann sehr wertvoll und für den Reifeprozess eines Menschen überaus wichtig sein. Und das Besondere ist, dass das auch für Eheleute gilt, die von Christus nichts wissen. Wenn die Ehe für Gott etwas Heiliges ist, d.h. herausgehoben aus den sonst möglichen menschlichen Beziehungen, um dabei für ein höheres Ziel zu leben, dann muss gerade Christen gesagt werden, was dabei von großer Wichtigkeit ist. Die Ehe ist gesellschaftsbildend. Ein Volk mit einer ausgeprägten Ehekultur wird gesegnet und reifen und in geistlicher Hinsicht Fortschritte erzielen. Ehe und moralische Wertigkeit hängen eng miteinander zusammen. Anständigkeit ist eigentlich im engeren Sinne „Gottergebenheit", denn das was Gottes Wesen ist, ist auch das, woran der Mensch genesen kann. Die Ausrichtung auf Gott wird immer eine Ausrichtung auf Seine Normen und Seine Merkmale sein. Viele wissen viel über Gott, ohne es zu wissen. Wer als Atheist eine Blume für ihre Schönheit bewundert, bewundert etwas Göttliches. Ähnlich gilt für den Anstand, dass jeder Mensch genügend von Gott vorgegeben bekommt, um darin einen Anker für das Gottgemäße zu finden.

Nur wer „anständig" ist, ist in der Lage, eine gute Ehe zu führen. Und nur gute Ehen führen zu einer gesunden, erfolgreichen Gesellschaft. Doch es gibt noch diese geistliche Ebene, die zwar auch die Verhältnisse in einer Gesellschaft beeinflussen, so wie sie ja auch die familiäre Situation und die zwischenmenschlichen Beziehungen beeinflusst. Aber die Ebene zwischen Mensch und Gott ist noch einmal etwas ganz anderes. Dabei geht es auch um das überweltliche Anderssein.

Der Mensch versteht nicht, bei dem, was er als Natur erfährt, zu unterscheiden zwischen Gut und Böse. Wenn ein Löwe eine Gazelle reißt, sagt der eine, das sei grausam und bedauert, warum der Löwe kein Grasfresser wie die Gazelle ist. Der andere nennt es gut und natürlich ausgewogen, weil ja schließlich auch die Löwenartigen überleben müssen. Im Sozialdarwinismus verselbständigt sich diese Sichtweise dann vollends zur Bosheit. Der Mensch braucht also Information von oben, um klar unterscheiden zu können. Seine Maßstäbe von Gut und Böse sind immer relativ. Es ist notwendig, dass man für den Bereich der Ehe eine klare Orientierung hat.

Der Apostel Paulus sieht in Christus das Haupt eines Leibes, zu dem Seine Nachfolger die Glieder sind. *„Denn der Mann ist das Haupt der Frau, wie auch der Christus das Haupt der Gemeinde... Denn wir sind Glieder seines Leibes." (Eph 5,23.30)*

Auf diese enge Beziehung hat schon Jesus hingewiesen, als Er Seinen Vater im Himmel bat, dass alle Seine Jünger *„eins seien, wie du, Vater, in mir und ich in dir, dass auch sie in uns eins seien... ich in ihnen und du in mir -, dass sie in eins vollendet seien, damit die Welt erkenne, dass du mich gesandt und sie geliebt hast, wie du mich geliebt hast."* (Joh 17,21-23). Eine größere Nähe und Verbundenheit kann man mit niemand haben, als wenn man „in" ihm ist. Im Falle des Menschen „in" Gott bedeutet es sein „vollendet sein"! Mehr geht nicht! Das ist das höchste, was ein Mensch erreichen kann!

Es geht also, um das Einssein zur Vollendung, um das Erkennen der Welt über Jesus und damit auch das Erkennen über die Seinen und um die göttliche Liebe. Das stellt Jesus in Seinem Gebet in einen Sinnzusammenhang, den gerade Paulus in seinen Briefen weiter aufgeschlüsselt hat.

In diesem Zusammenhang weist Jesus noch auf ein weiteres Merkmal Seiner Jünger und von Ihm selbst, auf eine bedeutungsvolle Identitätsfeststellung hin: *„Sie sind nicht von der Welt, wie ich nicht von der Welt bin."* (Joh 17,16) Christusjünger sind anders. Sie sind auch deshalb anders, weil sie für einen besonderen Dienst auserwählt und „gesandt" sind. Sie sind nicht auserwählt, um gerettet zu werden, wie es die Kirchen glauben, sondern, um andere zur Erlösung zu bringen. Dazu bekommen sie das entsprechende „Sendungsbewusstsein". Doch das können Sie nur, wenn Sie so werden wie Christus, der Erlöser, ist. Dazu müssen sie anders sein als die, die „von der Welt" sind. Dazu müssen sie „eins sein" mit Christus. Dazu müssen sie Ihn „erkannt" haben. Dazu müssen sie die „Liebe" haben, die Christus hat. Und ja, sie haben auch ihren speziellen Christusweg, der ebenso beschwerlich sein kann wie der von Jesus.

Nach biblischem Verständnis wird ein Mann von seiner Frau und umgekehrt „erkannt" im Einssein. Auch Gott schenkt Erkennen in dem Prozess des Näherkommens. Die geschlechtliche Vereinigung von Mann und Frau wird biblisch wiederholt auch als „Erkennen" bezeichnet. Je näher man sich kommt, desto mehr lernt man den anderen auch kennen. Doch ist es leicht einzusehen, dass ein wirkliches Einssein im Idealfall zwischen Mann und Frau dann gegeben ist, wenn man in allen Bereichen, die der Mensch erfährt, „eins" geworden ist. Im Geistlichen, Seelischen und nicht nur Leiblichen. Eigentlich ist das Leibliche das, was dem anderen untergeordnet ist. Deshalb soll es zwischen Mann und Frau auch zuletzt ins Blickfeld kommen.

Paulus lehrte, dass das höchste Ziel des Menschen in der Eingliederung in den Christusleib besteht und auch Jesus gab das „Einssein" als Ziel an. Und auch hier ist einzusehen, dass dieses Einssein in jeder möglichen und von Gott gegebenen

Beziehung gilt. Daraus ist aber unbedingt zu folgern, dass die Ehe zwischen Mann und Frau als irdisches Bild eine auch in Beziehung auf Gott hin, herausragende, geheiligte Stellung hat. Das ist von großer Bedeutung. Wer das nicht verstanden hat, versteht nicht, wie seine Beziehung zu Gott werden soll und kann auch in der Beziehung zu seinem ehelichen Gegenüber nicht die Fülle des Einsseins erleben.

Die besondere Stellung des Menschen zu Gott und dem ehelichen Gegenüber hebt auch Paulus hervor, wenn er sagt: *„Deswegen wird ein Mensch Vater und Mutter verlassen und seiner Frau anhängen, und die zwei werden ein Fleisch sein. Dieses Geheimnis ist groß, ich aber deute es auf Christus und die Gemeinde."* (Eph 5,31-32) Paulus geniert sich also nicht, die leibliche Vereinigung von Mann und Frau mit dem höchsten Ziel der Menschwerdung, mit Christus eins zu werden, in eine Analogie zu bringen. Und noch etwas Wichtiges sagt er, was in einem engen Zusammenhang dazu steht: *„Ihr Männer, liebt eure Frauen!, wie auch der Christus die Gemeinde geliebt und sich selbst für sie hingegeben hat, um sie zu heiligen, sie reinigend durch das Wasserbad im Wort, damit er die Gemeinde sich selbst verherrlicht darstellte, die nicht Flecken oder Runzel oder etwas dergleichen habe, sondern dass sie heilig und tadellos sei. So sind auch die Männer schuldig, ihre Frauen zu lieben."* (Eph 5,25-28)

Also lautet das Programm der Männer so:
1.
Männer sollen ihre Frauen lieben, so wie Christus die Gemeinde geliebt hat, nämlich
2.
in der selbstaufopfernden Hingabe,
3.
zum Zwecke der Heiligung, deren Jesus nicht mangelte, nach der sich aber die Männer ausstrecken sollen,
4.

dabei reinigend in Gottes Wort,

5.

mit dem Ergebnis der Verherrlichung und

6.

fleckenlos, geheiligt und tadellos zu sein.

Auch hier wieder geht es um ihre Vollendung oder Verherrlichung. Das ist das ganze Programm für Männer in Bezug auf ihre Frauen, aber auch umgekehrt für Frauen und analog für die noch Unverheirateten, denn das gilt für alle Christusjünger: christliche Liebe entwickeln - im opferbereiten Dienst für Christus – sich heiligen – durch das Vertrautwerden mit Gottes Wort sich befreien von Unreinheiten – und dadurch teilhaben an der Verherrlichung, die Gott mit Seiner Schöpfung beabsichtigt und bei Christus und denen, die Christus angehören, anfangen lässt – was einen tadellosen Charakter ergibt. Nur wer wie Christus ist, ist tadellos. Und nur wer in Christus ist, wird vollkommen gemacht.

Nicht in Christus zu sein, bedeutet, daneben zu sein.

Diesen Prozess, der einer Christuswerdung entspricht, ist nichts anderes als die Heiligung zu Christus hin. Der christliche Wachstums- und Reifeprozess ist ein Heiligungsprozess.

Die besondere Bedeutung des Ziels des Einsseins mit Gott und der Beziehung zwischen Mann und Frau treten schon in den Zehn Geboten in Erscheinung. Nach dem ersten Gebot soll man keine anderen Götter als JHWH haben, was in der Denkart des Neuen Testaments außerdem auch bedeutet, dass man keine anderen Christusse haben soll. Christus und JHWH sind ja eins. Und daher fragt sich: Welchem Haupt folgt man? Wer ist der geistliche Führer? Es gibt ja viele Anti-Christusse. Und zu welchem Leib gehört man? Einer menschlichen oder anti-christlichen Kirche, gar einer Ökumene christusverleugnender Kräfte oder der unsichtbaren Gemeinde des Leibes Jesu Christi? Wenn man hierin fehlgeht, nennt das die Bibel Götzendienst und versteht darunter geistliche „Hurerei". **110**

Nach dem sechsten Gebot soll man die Ehe nicht brechen. Der erste Teil der zehn Gebote gilt dem Verhältnis zu Gott, der zweite Teil gilt dem Verhältnis zu den Mitmenschen. Und Jesus fasst dieses Gebot so zusammen, dass man Gott mit ganzem Herzen, ganzer Seele und ganzem Verstand, also auf allen Ebenen des Vermögens, und auch den Menschen lieben soll (Mt 22,37). Die Liebe ist also das Band, die Substanz und der Kern des Vereinigungsstrebens. Wer Gott nicht liebt, kann nicht mit Ihm eins sein. Wer seine Frau nicht liebt, kann nicht mit ihr eins sein.

Aus dem bisher Gesagten wird klar, dass ein vollkommenes und zu erstrebendes Einswerden durch eine Liebe, die mit ganzem Herzen, ganzer Seele und ganzem Verstand geliebt wird, also auch eine geistliche und seelische Dimension hat. Die Männer sollten sich deshalb fragen, ob ein Versagen in diesen Bereichen nicht ebenso schwerwiegende und unbedingt zu vermeidende Folgen haben kann wie auf der Ebene des Leiblichen. Wer beispielsweise für seine Frau und seine Kinder nicht mehr sorgt, wer eheliche Gewalt ausübt, wer die Familie terrorisiert und misshandelt, hat der die bei der Eheschließung zugesagte Treue nicht verraten und die Ehe gebrochen? Verdient er ein besseres Urteil als wenn er sich mit einer anderen Frau eins gemacht hat? Gerade christliche Männer befinden sich in einem schwerwiegenden Irrtum, wenn sie glauben, ihre eheliche Treue auf leibliche Handlungen beschränkt lassen zu dürfen.

Paulus versteht das, was im Alten Testament meist mit „Hurerei" oder „Götzendienst" wiedergegeben wird, als Unzucht im weitesten Sinn. Das Thema ist ihm so wichtig, dass er immer wieder davor warnt und kompromisslos die Zucht des Christusgläubigen einfordert.

Mit Zucht ist weit mehr gemeint, als nur sexuelle Keuschheit, aber eben auch der Bereich des Sexuellen. Die meisten Bibelausleger machen den Fehler, dass sie sich dabei auf die Aussage konzentrieren, dass jeder Sex außerhalb der ehelichen

Gemeinschaft gegen Gottes Willen verstößt. Der eheliche Bereich gehört nämlich auch zu dem Gebiet, wo Zucht und Keuschheit geübt werden müssen.

Ein Mann soll seine Frau lieben. Für Paulus war ebenso wie für Jesus „lieben" weitaus umfassender als der übliche Gebrauch des Wortes im 21. Jahrhundert vermuten lässt. Der Mann soll die Frau aber auch ehren und in Bezug auf sich selbst bedenken, dass sein Leib in erster Linie ein Gefäß des heiligen Geistes ist, so wie auch der Leib seiner Frau, wenn sie gläubig ist, ein Gefäß des heiligen Geistes ist.

Wenn sie ungläubig ist, wird sie dennoch mitgeheiligt und wird in der Vereinigung mit dem Leibe des Mannes eins. Und weil das so ist, wird ein Mann nur dann Gott wohlgefällig mit seiner Frau umgehen, wenn er sie zu nichts zwingt, und keine Forderungen stellt, denn wenn etwas nicht aus Liebe getan wird, sondern gefordert werden muss, ist das Einssein nicht mehr möglich. Was man dann tut, ist eher schädlich für das gemeinsame Erleben und wirkt sich negativ auf die Ehe aus.

Viele Männer befinden sich im Irrtum, wenn sie annehmen, sobald sie einmal verheiratet sind, könnten sie tun, was sie wollten und müssten keine Rücksicht mehr üben. Keuschheit ist in der Ehe genauso gefordert wie außerhalb oder vor oder nach der Ehe. Keuschheit bedeutet, alles in einer Gott wohlgefälligen Weise geschehen zu lassen, indem man Rücksicht gerade da übt, wo der andere überfordert oder auch zu Unrecht gefordert sein könnte. Keuschheit betrifft also alle Lebensbereiche, ganz besonders aber den Bereich der Sexualität. Wenn ein Mann nicht schon vor der Ehe Selbstbeherrschung, liebevolle Zurückhaltung und Enthaltsamkeit gelernt hat, wie soll er es „erst Recht" in der Ehe beherzigen können? Wenn es vorher Sünden und Versäumnisse gab, die nur ihn angingen, so gehen sie ab sofort auch die Ehefrau an. Probleme, die man vorher hatte, werden nicht plötzlich verschwinden, nur weil man geheiratet hat, sie werden eher akuter und belasten auch den anderen.

Umso wichtiger ist, die selbstlose Liebe walten zu lassen. Wenn das darauf hinausläuft, Verzicht und Rücksichtnahme zu üben, ist es genau das, was Jesus auch

lebenslang praktiziert hat. Christusnachfolge bedeutet in allem, was einem aufgetragen wird, anstelle von Christus, stellvertretend für Christus, in der Gesinnung
von Christus zu handeln und der Gesinnung des Christus immer weiter nachsin-
nen. Das stellt sicher, dass man Seinen Geist nicht dämpft! Jedenfalls hat der heilige Geist Paulus inspiriert, den Männern zu sagen, dass sie ihre Frauen lieben
sollen.

Jeder christliche Mann wird zwar sagen: das ist selbstverständlich! In Wahrheit
trifft es eher zu, dass er selbstverständlich vergisst, was er unter „lieben" verstehen
sollte. Da kann ihm helfen, dass er seine Frau fragt, was sie unter „lieben" versteht!
Da man große Gefühle nicht verordnen kann, hat Paulus genau das Verhalten und
die Einstellung angesprochen, die gegenüber den Frauen zu einem rücksichtsvol-
len, ihr Wohl in den Vordergrund stellenden Umgang führt und Christus im Mittelpunkt allen Durchdenkens und Bedenkens lässt.

An dieser Stelle sei vermerkt, dass manche Verheiratete auf Alleinstehende her-
abschauen und ihnen durch ihr unkeusches Verhalten zusätzliche Beschwerden
machen. Es ist taktlos und kann die Grenzen des Anstands übersteigen, wenn in
der Gemeinde Zärtlichkeiten ausgetauscht werden, oder Intimitäten – auch von
der Kanzel herab – preisgegeben werden, auch wenn sie gut gemeint sind oder
wenn dabei ein Loblied auf die Ehefrau angestimmt wird. Keuschheit ist mehr als
nur die Körperlichkeit betreffend. Sie fängt in der Gesinnung Christi an und bleibt
aber nicht ein verborgener Schatz, der sich gelegentlich zeigt, sondern der ein
durchgängiges Verhaltensprinzip ist und daher alle Lebensbereiche erfasst und
nie eine Auszeit nimmt.

Ein Christ sollte immer auf seine Außenwirkung achten. Wenn er nichts davon
weiß, dass er provozierend wirkt - vielleicht weil er gerade nicht alle Christussinne
beisammen hat - dann muss ihm das gesagt werden. Es geht nicht ums Rechtha-
ben und auch nicht um die Anpassung an die Gewohnheiten, Erwartungen und
Wünsche anderer, sondern um den Wandel in Christus. Und Paulus lehrt, dass
man einen fragwürdigen Wandel demjenigen, der Anstoß erregt, schonend und

mit Liebe zur Selbstüberprüfung vorlegen soll. Dazu fehlt vielen der Mut. Mutlosigkeit ist ebenso wie Angst ein schlechter Ratgeber. Dafür bringt man leicht den Mut auf, mit demjenigen, dessen Verhalten einem ein Dorn im Auge ist, ungnädig umzugehen und ihn links liegen zu lassen. Ein ehrlicher, vertrauensvoller Umgang miteinander ist also unverzichtbar, sonst wird nichts besser.

Paulus war selber nicht verheiratet, aber der Geist, der ihn leitete, wusste sehr wohl um die „Zucht"-Probleme. Die gleichen Probleme, die es damals gab, gibt es auch heute noch in den Gemeinden. Und hauptsächlich betrifft es Männer. Paulus kommt auch immer wieder auf das Thema zurück. *111 Es ist auch heilsgeschichtlich relevant, denn Sexsünden gehören zu den häufigsten Sünden überhaupt und verhindern den Heiligungsprozess, ohne den man nicht zum Christusglied ausgebildet werden kann. Daher warnt Paulus mehrfach davor, hier nachlässig zu sein. Diese Heiligungsverhinderungsfalle der Unzucht, zu der alle Sünden im Zusammenhang mit der Sexualität gehören, ist weit verbreitet und es ist leicht, in sie hinein zu fallen und daraus auch noch eine Gewohnheit zu machen, die man für „normal" und „natürlich" hält. Und leider stimmt dieses Urteil auch noch. Für die Gesellschaft der letzten Tage, die untergehen wird, ist es „normal". Und die gefallene Natur des Menschen hat den Zusammenhalt der Sexualität mit einem besonderen Treueverhältnis zu nur einem Menschen verloren, nämlich dem, der einem am nahesten steht, zu dem Gott einen geführt und von dem Gott einen nicht geschieden hat.

Der Grund dafür, dass Sexsünden so häufig sind, ist leicht auszumachen. Bei der Sexualität eines Menschen handelt es sich um ein Grundbedürfnis des Menschen. Jedes andere Grundbedürfnis kann ohne zu sündigen gestillt werden. Wenn man Hunger hat, darf man essen. Wenn man Durst hat, darf man trinken. Wenn man schlafen will, legt man sich hin und schläft, vielleicht nicht immer gleich, aber bald. Bei Sex ist es anders. Um dieses naturgegebene Bedürfnis nach Gottes Schöpfungsordnung stillen zu dürfen, müssen bestimmte Voraussetzungen erfüllt sein. Ohne Ehe geht es - innerhalb dieser Schöpfungsordnung - gar nicht. Und in der Ehe auch nicht immer, wenn man das Bedürfnis hat. Daher ist es kein Wunder, dass es kaum Menschen gibt, die völlig sündlos durchs Leben gegangen sind.

Männer haben es besonders schwer. Wenn man Jesus sagen hört, dass schon ein unkeuscher Blick einem Ehebruch gleich kommt, gewinnt man den Eindruck, dass die Situation für Männer geradezu aussichtslos ist. Die Sexualität des Mannes wird bereits durch optische Reize leicht geweckt. Ein Mann folgt einem nicht unnatürlichen Trieb und wird von Gott aufgefordert, diesen von Gott erschaffenen Trieb zu unterdrücken und – sehr weit gehend - aufzugeben. Das ist die für so viele nur schwer erträgliche Aufgabe, in einem fortgesetzten Widerspruch zur Natur, wenn man sie erlebt, zu leben. Es gehört nicht zu den Grundbedürfnissen des Menschen, zu lügen. Er ist nicht mit dem natürlichen Trieb oder dem natürlichen Bedürfnis erschaffen worden, lügen zu müssen. Daher ist die Forderung, es bleiben zu lassen auch nicht gegen die Natur eines Menschen und es ist – mit einiger Anstrengung, möglich, sich vom Lügen zu enthalten. Es gibt keine Hormone für den Drang zu lügen. Des Menschen Biologie ist nicht darauf aus, sich durch Lügen fortzupflanzen.

Zu den genannten Schwierigkeiten kommt noch eine weitere Besonderheit, die Sexualität zu einem Lebensbereich des Menschen macht, bei dem er eine widernatürliche Einstellung gewinnen muss, um das Gebot der Keuschheit in einem umfassenden, bis an die Grenze des verstehbaren Sinnes beachten zu können. Gerade hier zeigt sich, dass jemand, der Gott gehorsam sein will, nicht von dieser Welt ist. Das Bedürfnis nach Sexualität wird nämlich auch zwischen zwei sich Liebenden geweckt. Und Liebe entsteht erstaunlicherweise nicht erst in der Ehe. Erstaunlich deshalb: Alle Liebe kommt von Gott. Es gibt keinen Ort im Universum, an dem Liebe an Gott vorbei gewonnen werden kann. Menschen können keine Liebe erfinden, sondern immer nur von der Quelle aller Liebe empfangen. Wie sie dann damit umgehen, steht in ihrer Verantwortung. Das bedeutet, dass es Liebe gibt, die nicht gegeben ist, um für die Ehe bestimmt zu sein. Und da wird es schwierig für Menschen.

Wenn ein Mann und eine Frau sich lieben, besteht der natürliche Wunsch, zusammen zu sein. Die größte gemeinsame Nähe, die es gibt, ist die geschlechtliche Vereinigung. Das gehört alles zur Schöpfungsordnung. Aber diese Ordnung fließt ein in eine umfassendere Ordnung. Dazu gehören weitere einsmachende Lebensäußerungen wie zum Beispiel die Treue und das Vertrauen. Und deshalb wird, wenn der Mensch ein verantwortungsvolles Ebenbild Gottes werden will, Sexualität nur im Rahmen einer von Gott gestifteten Verbindung zu einem auch in geistlicher Hinsicht fruchtbaren Einssein beitragen können. Jede andere Platzierung von Sexualität würde dem zuwiderlaufen. Nicht von ungefähr wird eine Missachtung dieses Prinzips als Untreue oder Treulosigkeit wahrgenommen gegenüber demjenigen, dem man zur Treue verpflichtet ist. Und das ist jedenfalls immer Gott. Und vielleicht auch ein anderer Mensch, wenn man es Gott so fügen lässt.

Um ein Beispiel eines klaren Falls anzusprechen, bei dem deutlich wird, was die Treue hervorragen und das Handeln bestimmen lässt: ein Mann hat eine kranke Frau, die auf ihren Mann angewiesen ist. Würde er sich von ihr lösen und sich mit einer anderen Frau einsmachen, aus welchem Grund auch immer, so wäre das ein Treuebruch. Und Treuebrüche gegenüber Menschen sind immer auch zuerst Treuebrüche gegenüber Gott, denn Gott hat ein Ziel gesetzt, das der Mensch erreichen soll. Es ist seine Verherrlichung im Einswerden mit Gott. Das ist etwas Überirdisches und daher nicht von der Welt, auch wenn es in der Welt und in diesem Leben beginnt.

Jede Zielverfehlung, die in der Verantwortung des Menschen liegt, ist ein Verstoß gegen den Willen Gottes. Die Bibel nennt das Sünde. Das körperliche Einswerden zweier Menschen in Liebe ist ein Gut, das zu allererst irdischer Natur mit irdischer Reichweite ist. Darauf muss verzichtet werden zugunsten des höheren Zieles, ein Mensch der Treue und des Vertrauens zu werden. Das hat himmlische Reichweite. Wenn Gott einen Verzicht auf sogar die Befriedigung natürlicher Bedürfnisse, ja sogar der Vervollständigung dessen, was der Mensch als Liebeswillens wahrnimmt, verlangt, dann nur, weil Er das höhere, nämlich göttliche Ziel mit dem Menschen erreichen will. So ein hochheiliges Ziel kann der Mensch aber nur in Christus erreichen.

Das ist oft so bei Gott, der Mensch muss vieles entbehren und auf vieles verzichten, zum Beispiel darauf, dass ihm Gerechtigkeit widerfährt. Er lebt eine kurze Weile, erlebt Schmerzen, Gewalt und sein Schrei der Klage nach Gerechtigkeit wird durch den Tod abgebrochen. Die Abbrechung bedeutet aber auch: jetzt kommt die Antwort, jetzt kommt die Gerechtigkeit, jetzt kommen Berichtigung und Erlösung, denn Gott bleibt niemand etwas schuldig. Alle Fragen werden beantwortet, alle Tränen gelöscht und alle Wunden geheilt. Und dem Liebespaar, das nicht heiraten durfte, weil es die Umstände nicht zuließen, wird jeder Verzicht so hoch angerechnet, dass die Rechnung für alle Beteiligten stimmt.

Aber dann erst, wenn abgerechnet wird. Und abgerechnet wird eben nicht am Ende des irdischen Lebens, sondern dann erst wird die Rechnung aufgemacht. Sie wird vom Logos Christus, dem Schöpfer am Anfang und dem Vollender am Zielende, dem, der alles klug vorausberechnet (Lk 14,28), stimmig gemacht, mithin von dem, der lauter Güte und Treue ist und weiß wie Er alles zurechtbringt. Gottes Treue betrifft nämlich jeden Menschen, dem er gebietet, abverlangt, vorenthält, entzieht. Es ist Gott eine Freude, die mit Seiner Güte zu überschütten, die Ihm ihr Vertrauen geschenkt haben. Treue zu Gott ist das höhere Gut als das irdische Liebesempfinden. Das irdische Liebesempfinden kann dennoch zum Guten genutzt werden, denn es setzt Energien frei, die nur noch von der göttlichen Vernunft gelenkt werden müssen. Man muss sich also stets Gottes Willen und Seiner Führung überlassen.

Nein, es ist nicht natürlich, den Bedürfnissen der menschlichen Natur zu widerstreben. Aber hier hat der Mensch eine Segensverheißung, wenn er statt auf Natürlichkeit auf Geistlichkeit setzt. Menschen, die Gottes Willen folgen wollen, dürfen niemals ihre Natur, so wie sie sind, noch nicht einmal wie sie empfinden, sein zu wollen, zur Maßgabe ihres Verhaltens machen. Sie müssen sich zur Gewohnheit machen, gegen ihre – sündige – Natur anzugehen.

Es ist klar bei alledem, gerade Männer haben es nicht leicht. Ebenso klar ist, sie (und ihre Frauen) müssen die Herausforderung voll bewusst annehmen und geistlich angehen. Und wenn es für den Christusmensch ein Krieg ist, wo viele Schlachten geschlagen werden müssen, so kann er doch, wenn er beharrlich ist und sich dem Heerführer Christus anvertraut, trotz der möglichen Niederlagen, sicher sein, dass er den Krieg gewinnen wird.

In der Bibel ist die Untreue, die durch die geschlechtliche Untreue zum sichtbaren Ausdruck gelangt und „Hurerei" genannt wird, verständlicherweise ein Bild für die Untreue gegenüber Gott. Gott bezeichnet sich ja als Bräutigam der Braut Israel. Israel hatte im Lauf seiner Geschichte immer wieder andere Liebhaber gewählt, die Götzen der anderen Völker, die bestechlich waren und eher das sündige Niveau des Menschen hatten als der vollkommen sündlose und anspruchsvolle JHWH, mit dem man überhaupt nicht verhandeln konnte, denn der verlangte immer von den Menschen so heilig zu sein wie Er selber war. Das nervte den Normalbürger. Das empfand er als unpraktisch. Ein Gott musste kompatibel mit den eigenen Wünschen sein. Die Götzen Kanaans waren so, weil sie Nichtse waren.

Die Geschichte der Braut Israel ist die Geschichte einer endlosen Untreue und Hurerei. Doch das Neue Testament sieht das Verhältnis des Menschen zu Gott nicht anders, wenn der Mensch sich nicht um exakt die Treue bemüht, die Gott hat. Paulus bringt den Korinthern das Beispiel von Israel. Israel zog damals aus Ägypten und in der Wüste hat sie der gleiche Gott versorgt wie Er jetzt die Korinther zur Nachfolge angeheißen hat, *„und haben alle denselben geistlichen Trank getrunken; denn sie tranken von dem geistlichen Felsen, der ihnen folgte; der Fels aber war Christus."* (1 Kor 10,4). Doch das Volk folgte umgekehrt nicht Christus. Und nun warnt Paulus die Korinther, nicht ebenso zu Götzendienern zu werden (1 Kor 10,7) und er bringt das in Zusammenhang mit Hurerei (1 Kor 10,8).

In Israel ging die geistliche Hurerei einher mit der leiblichen Hurerei. Wer Gott nicht treu ist, ist auch gegenüber den Menschen nicht treu. Wer dem Menschen, der ihm der Nächste ist, nicht treu ist, ist auch Gott nicht treu. Man kann nicht partiell treu sein. Deshalb richtet sich jede Sünde zuerst gegen Gott. Wenn es Paulus in 1 Kor 10 im Kontext um die geistliche Hurerei geht, so hat er an anderer Stelle deutlich gemacht, dass die Unzucht im sexuellen Bereich kompromisslos jederzeit zu bekämpfen ist. Und das geht ohne Ausnahme jeden an, denn: *„Wer meint, er stehe, soll zusehen, dass er nicht falle!"* (1 Kor 10,2).

Verachtung gegenüber denen, die mit ihrer Sexualität ein Problem haben, ist daher nicht angebracht. Wenn man dann immer wieder hört, wie gerade Gemeindeleiter und geistliche Lehrer angefochten sind und zu Fall kommen, weiß man, dass gerade sie von den anti-christlichen geistlichen Mächten angegriffen werden. Wer selber auf diesem Gebiet Ruhe hat, soll dafür Gott loben. Die Schlussfolgerung, dass man eben selber alles richtig gemacht habe, ist höchst wahrscheinlich falsch, sonst könnte Paulus nicht sagen, *„Wer meint, er stehe, soll zusehen, dass er nicht falle!"*

Wer ein Problem mit der Sexualität hat, braucht nicht von anderen die verurteilende oder verdammende Selbstgerechtigkeit oder Selbstverherrlichung, sondern die Hinführung auf den, der helfen kann und will, der nicht umsonst Heiland genannt wird. Wer die menschliche Natur, die in jedem von uns steckt, kennt, wird diesen Satz niemals aussprechen: *„Das könnte mir nie passieren!"*

Die Korinther waren vorbelastet und „umlastet". Sie lebten in einer extrem götzendienerischen und äußerst hurerischen Umgebung. Das war nicht spurlos an ihnen vorübergegangen (1 Kor 6,11). Und nun wünschte sich Paulus, dass er nicht spurlos an ihnen vorüberging. Heutzutage werden die jungen Leute in eine Welt hinausgeschickt, die in vielem bereits Verhältnisse wie im alten Korinth als Norm hat. Ihnen muss man mit aller Deutlichkeit den einzig heilsamen Gegenentwurf entbieten.

In 1 Kor 6,12ff geht Paulus auf die Grundbedürfnisse ein. Mit Speisevorschriften hat er es nicht – *„die Speise dem Bauch und der Bauch der Speise".* Ganz anders aber mit der Sexualität. *„Der Leib aber nicht der Hurerei, sondern dem Herrn, und der Herr dem Leibe."* Was heißt das, *„der Herr dem Leibe"*? das heißt, dass man

Christus das Regiment über den Leib überlassen soll. Und der macht keine „Hurenglieder" daraus, wie es Paulus nennt, wenn er sagt, dass wir auch keine daraus machen sollen, denn *„Wer dem Herrn anhängt, der ist ein Geist mit ihm."* (1 Kor 6,17)

Umgekehrt bedeutet das, wer bei sich selber hängen bleibt, ist kein Geist mit dem Herrn. Die Schlussfolgerung ist unausweichlich. Da das Ziel eines Christusmenschen das geistliche Einssein mit Christus, dem Haupt, ist, kann er nicht eins mit Ihm sein, wenn er seinen Leib mit Christus entzweit. Paulus sagt folgerichtig: *„Flieht der Hurerei! Alle Sünden, die der Mensch tut, sind außerhalb seines Leibes; wer aber Hurerei treibt, der sündigt am eigenen Leibe."* (1 Kor 6,18) Man hat davon auszugehen, dass für Paulus der Begriff „Hurerei" weit ging und nicht nur den Besuch einer Hure meinte, denn sonst könnte er nicht sagen: *„Oder wisst ihr nicht, dass euer Leib ein Tempel des heiligen Geistes ist, der in euch ist und den ihr von Gott habt, und dass ihr nicht euch selbst gehört. Denn ihr seid teuer erkauft; darum preist Gott mit eurem Leibe."* (1 Kor 6,19-20) Das schließt jede Verfügung des Leibes aus, die nicht das Innewohnen des Geistes Christi, sondern Seine Vertreibung und Flucht zur Folge hat. Und gerade hier sollte ein Mann bemerken, dass der rücksichtsvolle und liebevolle Umgang mit der eigenen Frau geboten ist, weil man sich sonst auch außerhalb von Christus befindet.

Es ist besser auf die Befriedigung
natürlicher Bedürfnisse zu verzichten
als auf das Innewohnen des Geistes Christi.

Paulus machte keinen Hehl daraus, man wird zu sündigen Neigungen gedrängt (Gal 5,16), aber deshalb sagt er: *„Lebt so, wie es eurem neuen Leben im heiligen Geist entspricht."* Solches Leben ist möglich! Aber nur im Geist Christi, sonst nicht!

Wenn der Leib sogar der Tempel Gottes ist, dann kann man ihn zurecht nur so nutzen, dass er nicht entheiligt wird. Der Tempel in Jerusalem durfte nur unter bestimmten Voraussetzungen der Heiligung überhaupt betreten werden, zum Zwecke einer heiligenden Handlung. Für einen Christusmenschen bedeutet es, dass nicht er Gott seinen Leib zur Verfügung stellt, sondern es ist umgekehrt. Der Leib gehört Gott und Gott gibt uns den Leib zu einem vorübergehenden Gebrauch, der ihn nicht entheiligen und Gott nicht beschämen soll. Er soll vielmehr dazu dienen, dass die menschliche Seele, die an ihn gebunden ist, geheiligt wird. Leib und Seele sind eine Einheit.

Die Aufforderung, der Unzucht zu fliehen, wiederholt sich so oft im Neuen Testament, dass sie schon deshalb sehr ernst genommen werden muss und zu einer ständigen Selbstüberprüfung Anlass gibt. ***112**

Meist wurde von Bibellehrern zu wenig berücksichtigt, dass die Besonderheit des Themas eine besondere Herangehensweise und Berücksichtigung der besonderen Umstände erfordert. Es hilft gewohnheitsmäßigen Sündern oder auch nur teileinsichtigen Zuhörern nicht, wenn ein Seelsorger mit dem Höllenfeuer droht und sich dann noch selber als glücklichen Ehemann darstellt, der selbstverständlich selber ganz dem Herrn angehört und deshalb mit dieser Art Sünde nichts mehr am Hut hat. Es muss anerkannt werden, dass ausgelebte Sexualität bereits in der Schöpfung angelegt und als etwas Gutes geschaffen worden ist und es zur Menschwerdung nach Gottes Wohlgefallen einer rechten Gewichtung der Werte bedarf, um Sexualität überhaupt richtig zu gebrauchen. Nur darauf hinzuweisen, dass Sexualität in die Ehe gehört, ist zu wenig. Das überzeugt nicht. Nicht einen Menschen, der erst am Anfang seines Glaubensweges steht. Wenn man verhindern will, dass er einen steinigen Weg geht und anderen Menschen auch noch Steine in den Weg legt, muss man die besondere Stellung, die ein Mensch am Herzen Gottes hat, herausstellen. Gott will, dass wir mit Ihm durch Jesus Christus eins werden. Das Einssein mit einem anderen Menschen in der Ehe ist ein kleines Abbild eines innigen Vertrauens-, Treue- und Liebesverhältnisses, zu dem der Mensch mit Gott bestimmt ist. Intimitäten außerhalb dieses Beziehungsgefüges sind Götzendienst und Irreführung. ***113**

Zu berücksichtigen ist außerdem, dass in kaum einem anderen Bereich Satan seine Verführungsmacht so erfolgreich einsetzt. Der Mensch ohne Gott ist hier überfordert. Und nur eine enge Lebensgemeinschaft mit Christus bringt alles zurecht. Das ist aber genau die Chance, die man hat und die Unverheiratete erst recht haben: Über diese besondere Herausforderung noch enger an Christus heranzutreten. Christus wartet nur darauf. Und dann kann aus einer großen Not und aus einem großen Ärgernis (und das ist die Sexualität ohne Zweifel für viele gläubige Christen), ein reicher Segen werden, der sich schon jetzt in diesem Leben auswirkt. Dafür lohnt es sich ein Überwinder zu sein. Überwinder sind anders als andere. Aber so war Christus. Er war nicht die Norm. Bei Christus muss und darf man nicht die Norm sein. Bei Christus muss man nicht ein ganz und gar Angepasster der Gesellschaft sein. Bei Christus sein kostet viel. Das darf man nicht leugnen. Aber es bringt einen unfassbar großen Gewinn. Man befindet sich mit Christus jederzeit in der Mitte des Universums, im Zentrum allen Geschehens. Die Sehnsucht sollte sich auf Ihn richten, nicht auf Ersatzbefriedigungen. Und wenn sie das tut, merkt sie, dass sie bereits nahe am Ziel angekommen ist. Das ist das unverstandene Geheimnis für die Welt, der Christus in uns. Aber um Ihn zu erleben, muss man Ihm Raum schaffen im Herzen.

Ein Beispiel für sexuelle Enthaltsamkeit und Keuschheit in der Bibel ist Josef. Er nennt auch den wichtigsten Grund dafür: Er wollte nicht gegen Gott sündigen (1Mos 39,9). Er flieht geradezu vor den gefährlichen Situationen und tut damit genau das, was Paulus den Korinthern (1Kor 6,18) und Timotheus rät (2Tim 2,22). Wenn man eine Situation nicht vermeiden kann, sollte man ihr unverzüglich den Rücken zukehren. Das ist zugleich eine Demonstration der eigenen Position und das Zeugnis für die Treuehaltung Gott gegenüber. Vielleicht ist für viele sogar das der Bereich, wo sie ernst machen können mit der Selbstverleugnung. Wenn es sonst nichts gibt, wo ihnen die Selbstverleugnung und die Nachfolge Jesu schwer gefallen ist, wenn sie sonst auch gewissenhafte und vorbildliche Jünger Jesu waren, dann könnte der Erwerb dieser Josefsmentalität ihr wichtigster Prüf- und Wetzstein werden.

Auf was Josef alles verzichten musste! Von den eigenen Brüdern gehasst und verkauft und dann auch noch unter die Übeltäter gezählt. Vieles im Leben Josefs ähnelt dem Leben Jesu. Aber als ungünstigste Voraussetzung für ein anständiges Leben muss man Josefs Familie betrachten. Der Vater war ein inkonsequenter Schwächling, wenn es um fällige Entscheidungen ging. Er hatte vier Frauen, womit er sich schon die Möglichkeit verbaut hatte, eine einzige Frau richtig kennen zu lernen und eine tiefe Beziehung aufzubauen. In der Familie gab es Ehebruch und Vergewaltigung (1 Mos 34,5. 6-7,25-31). Zucht und Anstand konnte Josef da nicht gelernt haben. Er war anders als die anderen. Und vielleicht hat ihn gerade deshalb sein Vater besonders gern gehabt. Gott will, dass wir anders sind als andere.

Wer in dieser Sache anders als andere ist, den hat Gott gerne. Und es kann sein, dass Er ihm eine bevorzugte Behandlung gibt, die in einer Aufgabe bestehen kann, die Gott nur wenigen gibt. In dieser Sache anders zu sein ist eine großartige Chance und die gemeindlichen Hüter der Moral sollten einmal davon reden und nicht immer nur den moralischen Zeigefinger in die Höhe recken und so tun, als hätten sie selber immer alles im Griff gehabt. Die Bibel sagt mehrmals, dass man sich nicht mit der Welt gleichstellen soll.

Es ist wunderbar, wenn man eine in jeder Beziehung erfüllende Ehe führt. Aber der Tod wird dem ein Ende setzen. Die Beziehung mit Christus ist hingegen dauerhaft und geht über den Tod hinaus und erreicht erst dort eine Hochzeit, die ein unendliches Nachfeiern hat. Im Vergleich zu dem, was man hier versäumt, ist das ein Licht, das alles Schattenhafte vergessen macht. Man wird dort nicht einmal mehr den Höhepunkten in diesem irdischen Leben gedenken, weil sie nicht mehr der Rede und des Gedenkens wert sein werden. Doch hier in diesem Erdenjammertal mit den kurzatmigen Freuden gilt: *„Passt euch nicht diesem Weltlauf an,*

sondern lasst euch in eurem Wesen verwandeln, durch die Erneuerung eures Sin-
nes." (Röm 12,2) Es ist eine Wesensverwandlung notwendig. Diese ist nur möglich, wenn man sein Gesinntsein verändern lässt. Es ist also eine Kopf- und Her-
zenssache, wenn der Geist Christi einziehen kann, um sich auszubreiten und mit
der Erneuerung anzufangen. Er klopft an und wartet darauf, dass man Ihm auftut.

JCJCJCJCJCJCJCJCJCJC

6. Kapitel
Entrückung und Kommen des Herrn
1 Thes 4,13

In **1 Thes 4,13ff** meint Paulus eine Besorgnis der Thessalonicher in Bezug auf ihr
Schicksal zerstreuen zu müssen. Diese Schriftstelle im ersten Brief an die Thes-
salonicher muss zusammen mit dem erneuten Aufgreifen des Themas im zweiten
Brief an die Thessalonicher gesehen und beurteilt werden.

Bei den Thessalonichern war eine Frage in Bezug auf die Entschlafenen in
Christus und sie selbst aufgekommen. Es gab noch die Naherwartung der Rückkehr Jesu, aber viele waren ja gestorben. Was nun, wenn es einem genauso
erging? War denn die Naherwartung unbegründet? Die Apostel und Evangelisten,
im Falle der Thessalonicher war es Paulus, predigten ja seit Jahrzehnten, was die
Engel zu den Jüngern Jesu bei der Himmelfahrt Jesu gesagt hatten: *„Dieser Jesus,*
der von euch weg in den Himmel aufgenommen worden ist, wird so kommen, wie
ihr ihn habt hingehen sehen in den Himmel." (Ap 1,11) Paulus sagt in seiner Ent-
gegnung indirekt, dass es im Grunde gleichgültig ist, ob man ein lebender oder

verstorbener Gläubiger ist, denn wenn Jesus zurückkommen wird, werden beide so gut wie zugleich bei ihrem Herrn sein. Genaugenommen sind die Verstorbenen etwas früher dran. Das sei ihnen gegönnt, denn sie warteten ja in der Regel auch schon länger.

„Denn wenn wir glauben, dass Jesus gestorben und auferstanden ist, wird auch Gott ebenso die Entschlafenen durch Jesus mit ihm bringen. Denn dies sagen wir euch in einem Wort des Herrn, dass wir, die Lebenden, die übrig bleiben bis zur Ankunft des Herrn, den Entschlafenen keineswegs zuvorkommen werden. Denn der Herr selbst wird beim Befehlsruf, bei der Stimme eines Erzengels und bei dem Schall der Posaune Gottes herabkommen vom Himmel, und die Toten in Christus werden zuerst auferstehen; danach werden wir, die Lebenden, die übrig bleiben, zugleich mit ihnen entrückt werden in Wolken dem Herrn entgegen in die Luft; und so werden wir allezeit beim Herrn sein. So ermuntert nun einander mit diesen Worten!" (**1 Thes 4,14-18**)

Keine Frage, diese Botschaft war geeignet, ermunternd und beruhigend zu sein. Wenn Jesus zurückkam, war man jedenfalls bei denen dabei, die Ihn willkommen heißen und künftig direkt in der unmittelbaren Nähe des Beherrschers der Nationen sein durften. Dann waren alle Verfolgung und Mühsal dieses irdischen Lebens ganz plötzlich beendet und man war am Ziel seines irdischen Strebens angelangt. Und die Thessalonicher, durchschnittliche Bürger einer griechischen Provinzhauptstadt, hatten ganz gewiss ihre Mühen, zumal wenn sie Christen waren, zumal wenn sie Christen waren, die vorher Besucher der jüdischen Synagoge gewesen waren.

Paulus greift folgende Punkte heraus:

- Gott wird die [Ent]schlafenen durch Jesus mit Ihm führen (1Thes 4,14 KÜ).
- Die Lebenden werden, wenn der Herr kommt, den Entschlafenen nicht zuvorkommen (1 Thes 4,15).

- Die Toten in Christus werden auferstehen, nachdem Christus vom Himmel herabgekommen ist und zwar zuerst, d.h. noch vor der Entrückung der Lebenden (1 Thes 4,16).
- Zusammen mit den lebenden Gläubigen werden die Auferstandenen dem Herrn entgegen in die Luft entrückt werden (1 Thes 4,17).

Aber schon hier wird man als Bibelleser stutzig, denn Jesu wurde sichtbar in den Himmel enthoben, als er die Erde verließ. Hier bei der Entrückung, kommt es jedoch zu einer Vereinigung in der Luft. D.h. der Herr kehrt ja gar nicht zurück zur Erde!

„ἁρπάζω" – „harpazó" ist mit „entrücken" zutreffend übersetzt. Es bedeutet auch „ergreifen", „wegschnappen", gewaltsam und plötzlich „wegreißen". *114 Die Entrückung der Gemeinde Christi darf man nicht mit dem Kommen Jesu zu Israel verwechseln. Es handelt sich um zwei verschiedene Ereignisse. Es gibt in der Heiligen Schrift eine Reihe von Tatsachen, die darauf verweisen, dass die Entrückung und die Erscheinung zwei zeitlich getrennte Ereignisse sind, die auch nicht die gleichen Personengruppen betreffen. Dennoch gehen viele Ausleger und Theologen davon aus, dass beides das gleiche Ereignis umschreibe. Es sind meist Ausleger, die nach der historisch-kritischen Methode die Verlässlichkeit der Aussagen antiker Texte grundsätzlich anzweifeln. Dadurch versperren sie sich schon von vorneweg den Zugang zur historischen Wirklichkeit. Da sie also sowieso nicht damit rechnen, dass das was der antike Schreiber sich da ausgedacht hat, wahr oder relevant ist, gehen sie von einer reichlichen Unschärfe der aufgebotenen Spekulationen über die Zukunft aus, so dass ein und das gleiche Ereignis natürlich so verschieden beschrieben wird, dass Einzelheiten voneinander abweichen. Dass es solche Bibelausleger gibt, lässt sich nicht verhindern, aber ist für jede Kirche, die sie bezahlt eine Schande. Und auch für die Mitglieder, sofern sie dafür Abgaben oder Steuern gezahlt haben.

Im zweiten Thessalonicherbrief würde sich der Schwerpunkt der Fragestellung verlagern auf ein ganz anderes Thema. War man etwa nicht würdig für Christus und hatte die Entrückung verpasst? War etwa der Tag des Zornes Gottes schon da? Deshalb sehen viele Ausleger dabei thematisch einen engeren Zusammenhang mit 1 Thes 4.

Aus den beiden Thessalonicherbriefen geht jedenfalls hervor, dass die Thessalonicher, wie Paulus selbst, eine Naherwartung Jesu hatten. Und natürlich war es für sie außerdem von größtem Interesse, ob sie dem kommenden Zorn Gottes, falls dieser noch zu ihren Lebzeiten kommen sollte, durch eine Entrückung entgehen könnten. Diese Frage wäre aber obsolet, wenn man davon ausgehen konnte, dass Jesu Rückkehr und Vereinigung der Gläubigen mit Ihm in ferner Zukunft stattfinden würde. Der Zorn Gottes, der in den letzten Tagen der Menschheit losbrechen würde, war ein bekanntes Bild für das Gericht Gottes an den gottlosen Nationen, die Israel bekämpft hatten. Es gab eine lange Tradition im Judentum, nicht nur diesen Zorn zu erwarten, sondern auch für ihn zu beten. Und das immer in der Erwartung, dass man natürlich nicht unter diesem Zornesgericht zu leiden hätte. Man war ja gläubiger Israelit! Doch was nun, wenn man kein beschnittener Jude oder Proselyt war? Paulus wusste Rat: auch ihr, sagte er ihnen, entgeht dem Zorn Gottes!

Bei den Christen stand die Wiederkehr Jesu ähnlich im Mittelpunkt ihrer Erwartung wie bei den Juden das Kommen des Messias. Eine sonderbare Konstellation, denn eigentlich hätte man ja gemeinsame Sache machen können! Aber das war nicht möglich, denn die Christen hatten bereits eine konkrete Vorstellung, wer dieser Messias war und das war der allerletzte Mensch, den die Juden akzeptieren konnten.

Die meisten Juden, die je von Jesus gehört hatten, hatten sehr viel Falsches über Ihn vernommen. Das ist die letzten zweitausend Jahre so geblieben. Auch heute noch wissen die Juden nicht viel Richtiges über Jesus, wie jeder leicht feststellen kann, der sich mit ihnen unterhält. Der Jude von heute ist das Opfer von „fake news". Das ist tragisch. Es gibt eine lange, intensive Tradition der Jesus-fake-news. Und dass es so ist, daran tragen die Kirchenchristen viel Schuld, weil sie sagen, es sei nicht koscher, Juden bekehren zu wollen. Sie haben es sich verboten. Das geht so weit, dass sie messianischen Juden links liegen lassen, weil diese an Christus gläubig gewordenen Juden darin ihre Hauptaufgabe sehen – den Juden das Evangelium über Jesus zu bringen! Darin stimmen sie überein mit dem, was die ersten messianischen Juden getan haben: Jesus, Seine Jünger und selbst Paulus: zuerst das Evangelium den Juden! Die Kirchen halten sich nicht daran. Sie sind ja antijüdisch aufgestellt!

Stattdessen hat das nichtjüdische Antichristentum der Kirchen dafür gesorgt, dass Juden ein anderes Evangelium gebracht wurde. Das Evangelium von Verdammung, Verfluchung, Verfolgung, Mord, Enteignung, Schändung, Entehrung und Vertreibung exklusiv für die Juden. Das war das Christentum, das die Juden zweitausend Jahre lang erlebt haben! Mit allen anderen ist man besser umgegangen als ausgerechnet mit Gottes Volk! Selbst die Mohammedaner, die Erzfeinde des Christentums wurden schon immer besser behandelt als die Juden. Und so erklärt sich, dass die Juden den Namen „Jesus" oder „Christus" mit den abscheulichsten Verbrechen, die die Menschheit begangen hat, konjugieren. Und im Ergebnis erwarten sie einen anderen Messias. Und dann, wenn der Messias kommt, gibt es eine Überraschung! Die Juden erkennen ihn! Die Kirchenchristen und Mohammedaner hingegen nicht! Was ist da schief gelaufen?

Die Juden erkennen ihn – es ist der, den sie durchbohrt haben (Sach 12,10). Hier endet ihre Verstockung und damit das Gericht, das Gott an ihnen vollzogen hat. Übrigens, nicht die Römer haben Ihn in einem theologischen Sinn durchbohrt, obwohl sie es historisch getan haben! Die Juden erkennen Ihn aber nicht als Jesus der Kirchen. Warum nicht? Weil die Kirchen ihnen ein ganz anderes Bild von Jesus gegeben haben!

Aber was ist der Grund dafür, dass die Kirchenchristen Jesus nicht erkennen? Weil sie an den Jesus geglaubt haben, den sie den Juden gezeigt haben! Sie werden aber schnell verstehen, dass nicht ihr Jesus der wahre Jesus ist, sondern jener, der da gekommen ist.

Die Mohammedaner werden, wie sonst auch, lange brauchen, bis sie verstehen.

Was die Thessalonicher damals, wie die Christen heute, auch noch beschäftigte, ist die Frage nach dem Datum des Kommens Christi zu den Seinen. Doch keine biblische Schrift, kein Prophet, kein Apostel hatte dazu etwas Genaues zu sagen. Das gab immer wieder für neue Spekulationen Anlass. ***115** Das Problem aller Spekulanten war, dass die Entrückung als ein Ereignis beschrieben wurde, dem keine erkennbaren Kennzeichen vorausgingen! ***116**

Bei Paulus zeigt die Verwendung der persönlichen Fürwörter „wir", „ihr" und „uns", dass er als Verfasser seiner Briefe und Nachrichten an seine Gemeinden glaubte, die Entrückung würde noch in ihrer Generation stattfinden. ***117** Die Naherwartung ergibt sich aus vielen Belegstellen mit dem Begriff der „Parousia." ***118** Es gibt aber auch noch andere Begriffe für das Kommen des Herrn. ***119** Parousia bedeutet „Kommen", „Anwesenheit", „Ankunft", „Erscheinen", „Besuch". ***120** Nach Jak 5,8 ist dieses Kommen nahe (gr. „engizo" – „nahe sein"). Christus steht „vor der Tür" (Jak 5,9). Insofern ist er nah. Das besagt aber noch lange nicht, wann Er eintritt. Er könnte sich ja umdrehen und wieder weggehen, bevor Er eintritt. Und tatsächlich sieht es ja so aus, wenn man das Neue Testament studiert, dass das Buch der Offenbarung das einzige Schriftstück ist, das neben der Erwartung der baldigen Rückkehr (Of 3,11; 22,7; 22,12) auch Ausblicke auf in weiter Zukunft liegende Äonen auftut, in denen die Heilsgeschichte Gottes weitergeführt wird. ***121** Zwar redet Paulus in 2 Thes 2,1, wo er noch einmal auf diese Thematik eingehen muss, von der Parousia, fügt aber hinzu *„und unserer Vereinigung mit Ihm"*. Das liest sich wie ein einziger Vorgang, das Kommen des einen ist das Hinzukommen des anderen. Wie zwei, die aufeinander zukommen und sich in die Arme fallen. Dieses Ereignis wird aber nicht im Himmel bei Gott, dem Vater, stattfinden, denn nach **1 Thes 4,16** steigt Jesus vom Himmel herab (gr. katabaino). Es wird also irgendwo zwischen Himmel und Erde geschehen, ohne dass das irdisch-geographisch zu verstehen sein muss, denn dann wäre es etwas für die Welt Sichtbares. Damit dieses Herabsteigen aus dem Himmel und nicht ganz herunter auf die Erde Sinn macht, muss es also unabhängig von unserer Raum-Zeit-Dimension angenommen werden können.

Auch die Toten, die auferstehen werden und zum Zeitpunkt der Entrückung schon sind, müssen nicht erst wieder physisch werden, um sich dann doch, wenn sie in den Himmel weiterreisen, noch einmal in Geistwesen zu verwandeln. Sie kommen mit den noch Lebenden ja zusammen, weil sie von Christus mitgeführt werden. Und von den Entrückten heißt es ja auch ausdrücklich, dass sie verwandelt werden. Man befindet sich bereits in einer anderen Daseinsebene, ähnlich wie Jesus nach der Auferstehung, der nicht mehr gebunden war an diese physische Welt.

Auch das Wort „Erscheinung" wird in diesem Kontext der Wandelbarkeit zwischen Physischem und Nichtphysischen verwendet (gr. „epiphaneia"). ***122** Dieses Erscheinen erwarten die Jünger (Tit 2,13). Als Physiker könnte man von einer Beherrschung der Überschreitbarkeit des Quantenuniversums sprechen. Klar, wer dieses Universum erschaffen hat, hat es so geschaffen, dass man unter bestimmten Voraussetzungen hinüber und herüber wechseln kann. Der Omnipräsente schränkt ja nicht Seine All-Anwesenheit ein.

Wenn Jesus sichtbar in den Himmel auffuhr, dann war das nicht naturnotwendig, um in den Himmel zu Seinem Vater zu kommen, sondern es war notwendig, um den physischen Menschen, die er zurückließ und ihm hinterherschauten, eine Botschaft zu verdeutlichen. Es war ein Schauspiel, eine Demonstration. Und deshalb muss Seine Rückkehr auch wieder eine Demonstration von göttlicher Herrschaft und Kraft sein. Unbekehrte Menschen brauchen etwas für ihre Augen.

Bei der Entrückung ist dies nicht notwendig, da die Beteiligten ganz unter sich sind. Es ist eine geschlossene Gesellschaft! Kein Zutritt für andere! Auch nicht optisch, in keiner Weise wahrnehmbar. Ganz anders geschieht natürlich die Rückkehr Jesu zu seinem Volk Israel, denn da erkennen sie den, den sie durchbohrt haben: *„Und sie werden auf mich blicken, den sie durchbohrt haben, und werden über ihn wehklagen, wie man über den einzigen Sohn wehklagt, und werden bitter über ihn weinen, wie man bitter über den Erstgeborenen weint.“* (Sach 12,10).

Im Allgemeinen haben die Ausleger erkannt, dass aus den Texten des Neuen Testaments die Naherwartung beinahe greifbar zum Ausdruck kommt. ***123** Sowohl Luther als auch Calvin lehrten, dass man so leben müsse, als kehre Jesus unmittelbar und bald zurück. Dem hätte Paulus nichts hinzufügen müssen.

Dazu scheint jedoch bisher folgende Überlegung in den Betrachtungen der Bibelforscher noch keine Rolle gespielt zu haben. In allen Jahrhunderten, so sei es vorausgesetzt, wurden Menschen auserwählt, zum Leib Christi dazuzugehören (Eph 1,4). Irgendwann ist der Leib Christi vollständig. Gott wusste ja im ersten Jahrhundert bereits, dass Er auch noch im 21. Jahrhundert Menschen erwecken würde, die Er berufen und auserwählen würde, bzw., wie es richtig heißen muss, die Er vor Grundlegung der Welt bereits auserwählt hat. Zwar hat der Sohn gesagt, dass nur der Vater die Stunde weiß, zu der bestimmte Dinge geschehen. Aber auch nach Jesu Himmelfahrt hatten die Christen eine Naherwartung, als ob sie diese brauchten, um das christliche Leben leben zu können. Aber ist das wirklich so? Reicht es einem gläubigen Christusglied nicht, zu wissen, dass der Tod die Vereinigung mit Christus bringt? Hat nicht der Vatergott schon immer wissen müssen, dass eine Naherwartung der Rückkehr Jesu nicht dem entsprach, was man zu Recht erwarten konnte?

Es scheint geradezu, als sei mit dem Kommen, von dem Jesus sprach, als er Seine jüdischen Jünger unterrichtete, nur das Kommen zu Israel gemeint, während die Entrückung, von der Paulus spricht, nur die Gemeinde anging. Das würde erklären, warum auch Gemeindemitglieder auf das Kommen Christi so sehnsüchtig warteten. Gerade sie mussten sich fragen, wie lange sollten die christusfeindlichen Mächte noch herrschen? Wie lange sollte Israel noch der Sklave der Völker sein und Jerusalem der Spielball der Nationen? Wie lange musste man noch die Verfolgung, den Spott und die Ausgrenzung ertragen? Man darf nicht vergessen, Christen unter Verfolgung haben nur einen priorisierten Wunsch: aus der Verfolgung gerettet zu werden und endlich Ruhe zu bekommen. Das ist heute nicht anders als vor zweitausend Jahren.

Die Naherwartung jener, die auf die sichtbare Rückkehr des Messias zu seinem Volk Israel warteten, war daher ab dem Jahr 70, dem Jahr, als der Tempel zu Jerusalem zerstört wurde, gar nicht mehr relevant, weil eine Rückkehr des Messias zu Israel vor Ablauf von zweitausend Jahren nicht mehr gewollt war. Israel musste für seine Verweigerungshaltung ins Gericht, die Nationen mussten weiter miteinander Krieg führen und das Christentum sollte sich ebenso wie das Antichristentum auf die eine oder andere Art entfalten.

Das nun entstehende nichtjüdische Christentum entwickelte sich zu einem Kirchenchristentum, in dem die Devise galt, dass es das neue Israel sei und dass Israel von Gott verflucht sei. Der Antisemitismus fand dabei fruchtbaren Boden. Das bedeutete aber auch, dass man sich allen biblischen Erkenntnissen mit Bezug auf Israel verschloss. So kam es auch, dass man nicht mehr wusste, dass der Messias zu Seinem Volk, der Braut Israel zurückkehren würde, um das messianische Reich zu beginnen. Da die Kirche beide Ereignisse, Entrückung und Rückkehr Jesu nicht unterschied, und Israel ganz aus dem Blickfeld verlor, blieb die Naherwartung bei der Kirche zunächst noch ein Thema. Im Lauf der Zeit wurde aber die Rückkehr Jesu vergeistigt.

**Die Strafe für die Verfluchung Israels durch die Kirche war,
dass sie Irrtümer auf Irrtümer häufte.**

Gott erweckte unterdessen, unbemerkt von der Welt, diejenigen Menschen, die als Glied am Leibe Christi vorgesehen waren. Die Entrückung wird möglicherweise dann kommen, wenn das letzte Glied dieses Leibes vorbereitet ist. Und aus diesem Grund ist auch das Argument nicht zwingend, dass die Entrückung deshalb nicht bald kommen konnte, weil doch das Evangelium gar nicht über die ganze Welt verkündet war. Dieses Evangelium, das die Jünger Jesu in alle Länder, jedenfalls des Römischen Reiches, der Ökumene, tragen sollten, war das Evangelium der Beschneidung und betraf den Anbruch des messianischen Reiches. Es war ein Auftrag an Israel. Dass dieser Auftrag ab dem Jahr 70 nicht mehr von Israel zu leisten war, ist den Kirchen verborgen geblieben, weil sie frühzeitig damit angefangen hat, sich an Stelle von Israel zu setzen. Die Jünger Jesu, die das Evangelium der Beschneidung gepredigt hatten, traten ab, die meisten durch einen gewaltsamen Tod und nur noch wenige blieben übrig, die ihr Erbe fortsetzten.

Das neue, kirchliche Evangelium, dass dann die entstehende Kirche verbreitet hat, ist nicht identisch mit dem, was Paulus verkündet hat, erst recht nicht mit dem, was die jüdischen Jünger Jesu in den Synagogen in der Diaspora, ihren Anlaufstätten in den Ländern, verkündet haben. Seit 2000 Jahren verbreiten die Kirchen ihr eigenes „Evangelium". Gott hat sie nicht daran gehindert, denn Er kennt die Seinen und Israel hat Er verstockt und kann in dieser Zeit daher sowieso nicht erreicht werden. Das Kirchenvolk ist in dieser Zeit weit hinter dem zurückgeblieben, was es zu einem heiligen Volk Gottes gemacht hätte. Es fehlte allezeit an einer lebendigen Beziehung zu Gott. Nur wenige wurden in den letzten 2000 Jahren von Gott aus diesem kirchlichen Umfeld herausgenommen. Durch die Reformation schuf Gott Bedingungen, die ein Umfeld für eine Erweckung vieler weiterer Glieder des Leibes Jesu seither begünstigte. Die Gegenreformation war die Gegenbewegung des anti-christlichen Widerwirkers. Das Judentum blieb inzwischen verstockt, behielt jedoch seine Identität und hielt an der Tradition fest.

Erst ab dem 19. und erst Recht seit dem zwanzigsten Jahrhundert entstehen wieder in den Ländern, in denen sich das Christentum verbreitet hat, messianisch jüdische Gemeinden. Sie werden dieses Evangelium, das Jakobus oder Petrus gepredigt haben, wieder verkünden. Und dann wird der Messias zu Seinem Volk kommen. Vorher noch wird aber die Gemeinde entrückt, denn wenn der Messias kommt, bringt Er die Auserwählten mit sich.

Was die Erwartung der Rückkehr Jesu anbelangt, hat sich das Christentum in zwei Lager gespalten. Die einen sehen in der Rückkehr Jesu nur noch eine Allegorie des Kommens des Jesus in die Herzen der Menschen oder ähnliche Vergeistigungsanschauungen. Die anderen warten auf die tatsächliche, sichtbare und historische Rückkehr und sehen auch Anzeichen dafür, dass diese Rückkehr unmittelbar bevorsteht. *124 Und diese letzte Gruppe unterteilt sich wiederum in solche, die die Entrückung und das sichtbare Kommen als ein Ereignis betrachten und diejenigen, die darin zwei Ereignisse sehen. Es gibt auch Ausleger, die die Auffassung vertreten, dass die Lehre von der Entrückung so klar im Neuen Testament gelehrt würde, dass es gar kein Grund für eine Debatte gäbe. *125

Wenn man heutzutage Christen fragt, ob sie die Rückkehr Christi erwarten und ob sie sich darauf freuen, wird man wahrscheinlich auf verwirrte Blicke treffen. Die meisten werden gar nicht gewusst haben, dass man solche Fragen stellen kann. Freut sich ein katholischer Geistlicher, der Kinder missbraucht hat, wenn er erfährt, dass morgen Jesus zurückkommt? Ist ein evangelischer Pastor überrascht, dass es diesen Jesus ja doch tatsächlich immer noch gibt? Natürlich wird man zuerst bei entsprechenden Meldungen einer Rückkehr Jesu oder auch einem Entrückungsereignis an „fake news" denken. Die Frage ist, ob man „hofft", dass es „fake news" sind!

Es wird ja nur für die Entrückten eine gute Nachricht sein. Und nur sie werden es wissen, denn sie werden nun bei ihrem Ziel angekommen sein, bei Christus (Joh 14,2-3) und zwar alle Zeit (**1 Thes 4,17**). Da Christus der vollkommene Gott-

Mensch-Gott ist, ist es gleichgültig, wo Er ist, denn nur für Christus gilt der Spruch: wo Er ist, ist vorne und oben. Christus ist vollkommen souverän und unangreifbar. Er ist immer „glücklich". Wer in Ihm ist, ist dabei. Das ist unabhängig von äußeren Umständen in der geschaffenen Welt. Das bedeutet, dass es für die Entrückten gleichgültig ist, wo sie mit Christus sind. Es kann auf der Erde in Jerusalem sein, oder auf einer einsamen Insel im Weltall. Es spielt keine Rolle. Es mag im Himmel sein, in welchem auch immer, es mag in der Hölle, an welchem Gerichtsort auch immer sein. Es ist immer richtig und gut so. Wo Christus ist, ist gut sein. Es ist immer die vollkommene Existenz in Christus, ohne Abstriche! Die Frage, ob man in den Himmel kommt, ist demgegenüber von untergeordneter Bedeutung. Es gibt mehr als nur den Himmel. Christus ist das Optimum, wo man sein kann. Mehr geht nicht! Das mag man dann auch als „Himmel" bezeichnen, für den man ein „Bürgerrecht" hat, welches die Zugehörigkeit zur Schule von Athen, zum römischen Judentum oder zum auserwählten Volk Gottes, Israel, weit übertraf (Phil 3,20). *126

Hier zeigt sich auch, wer vorher schon eine enge Beziehung zu Christus hatte, muss Ihn nicht fürchten, denn man kennt sich ja schon und weiß, warum man sich auf den anderen freuen kann. Wer vorher schon zweifelt und sich sorgt, zeigt damit aufs Deutlichste, dass sein Verhältnis zu Christus noch gar nicht so ist, wie es sein sollte. Wen das Licht noch blendet, der hat sich vorher schon im Schlaf geübt, wo es dunkel sein muss, damit man sich wohl fühlt. Entrückt werden nur diejenigen, die ein lebendiges, inniges Verhältnis zu Christus hatten. Die mit Ihm ihr Leben bestritten haben, die Ihn überall mit dabei hatten, die Ihn immer gefragt haben, wenn sie etwas wissen wollten, die Ihn immer gebeten haben, wenn sie etwas brauchten, die Ihm immer gedankt haben für Seine Verlässlichkeit und Fürsorge, die Ihm immer wieder das Vertrauen geschenkt haben, auch wenn die Umstände unglücklich und belastend waren und die Ihn in anderen Menschen sahen, den man doch ganz anders behandeln muss, als man es zuerst beabsichtigte.

Die Lehre von der Entrückung ist keine Weltflucht, denn Paulus betont ja das irdische Bereitmachen für die Entrückung, die in einem geheiligten Leben mit geistlichen, aber auch irdischen Mitteln besteht. Für manch einen, der nicht in einer engen Treuebeziehung zu Christus steht, gilt sogar die Mahnung von Jakobus, dass das göttliche Gericht droht (Jak 5,9.12). Jakobus vertritt das Evangelium der Beschneidung. Israel wird über die Völker regieren, aber nicht alle werden sich diese Regentschaft unter dem Messias gefallen lassen. Es wird also noch Gericht und Gerichtsbarkeit geben und das trifft auf jeden zu, der noch nicht „im Himmel" ist.

Auch die Glieder am Leibe Christi werden gerichtet, aber ihr individuelles Gericht geschieht vor der Entrückung und ist nicht gleichzusetzen mit dem Gericht, in das die Welt muss. Die Glieder Christi sind nicht zum Zorn Gottes bestimmt (**1 Thes 5,9**). Sie werden dem *„Tag des Herrn"* entrinnen (**1 Thes 5,2**). Damit ist nicht der Sonntag gemeint, den die Kirchen so gerne als „Tag des Herrn bezeichnen", als müssten sie Angst davor haben, dass der „Tag des Herrn" doch den gleichen Tag bezeichnet wie schon erkennbar im Alten Testament. Es ist dies der große Gerichtstag für die Nationen. Und der ist noch einmal zu unterscheiden, von dem Gerichtstag, der für die Individuen ganz individuell abgehalten wird. Bis zur Erscheinung des Herrn (gr. epiphaneias) soll man fleckenlos wandeln (1 Tim 6,14). Da das für jeden und jederzeit gilt, muss sich das jeder sagen lassen, denn für jeden gibt es einen Tag, wo er Jesus, dem Richter und Erlöser gegenüber treten wird.

Es ist folgerichtig von den Kirchen gedacht, wenn sie die These vertreten, dass das Endgericht Gottes, insbesondere jenes Gericht, das an den Gegnern Israels zur Zeit des Kommens Jesu vollstreckt werden wird, nicht stattfindet, und zugleich das Kommen Jesu in Frage stellen. Jedoch sind diese Gedanken nicht biblisch. Da heißt es dann, Jesus wäre schon gekommen, in die Herzen der Menschen, damit sie bessere Menschen werden usw., aber an ein historisches Ereignis sei dabei natürlich nicht zu denken. Wenn Jesus nicht kommt, werden auch Israelgegner nicht bestraft, also auch nicht die christliche Kirche, die mitverantwortlich ist für 1700 Jahre Judenfeindlichkeit und Judenverfolgung. Und deshalb überrascht es auch nicht, wenn behauptet wird, der Tag des Herrn, der im gesamten Alten Testament der Gerichtstag Gottes ist, wie sich aus den Texten, in denen diese Wortverbindung vorkommt, klar ersehen lässt, sei im Neuen Testament der Sonntag, also jener Tag, den die Kirchen als neuen Versammlungstag bestimmt haben, um sich dabei von den Juden abzugrenzen. Dabei wird verharmlost oder verleugnet, dass sich hier ursprünglich die heidnische Verehrung des Sonnengottes versinnbildlichte. Stattdessen begründet man die nun vermögens eigener Herrlichkeit verordnete „Christlichkeit" dieses Versammlungstages damit, dass ja der „Herr" Jesus am Sonntag auferstanden sei. Doch auch dafür lässt sich die Bibel nicht hernehmen.

Die Bibel sagt davon nichts. Und doch kann es sein, dass man in Bibelübersetzungen den Sonntag als Auferstehungstag präsentiert bekommt. Nicht wörtlich als „Sonntag", ***127** den das Judentum und mithin die Autoren des Neuen Testaments ja nie kannten, sondern als *„erster Tag der Woche",* weil ja der Sabbat der siebente Tag war und somit der nachfolgende Tag der erste Tag der Woche sein musste. Tatsächlich enthält das Neue Testament aber nur einmal die Wortkombination „am ersten Tag", in Mk 14,12. Und da steht es nicht im Sinne eines ersten Tages der Woche.

Nun ist es aber so, dass den Bibelübersetzungen Interpretationen zugrunde liegen, die bereits von der kirchlichen Tradition geprägt waren. Wenn Luther „Passah" mit „Ostern" übersetzte, interpretierte er. Er tat das nicht mit böser Absicht, sondern er wollte den Lesern der damaligen Zeit, die zumeist über wenig Bildung verfügten, auf die Sprünge helfen. Abgesehen davon störte ihn mit zunehmender Lebensdauer alles Jüdische. Man könnte spotten und sagen, hätte Luther noch hundert Jahre länger gelebt, hätte er wohl auch die Lehre vertreten, dass Jesus kein Jude war.

Es wird nun aber den Bibelleser überraschen, wenn man ihn mit der Tatsache konfrontiert, dass auch andere Zeitangaben, die in der Bibel über die Ereignisse um die Auferstehung Jesu zu finden sind, interpretierend verändert wurden. Das wurde so stark betrieben, dass der Sinn der ursprünglichen, in griechischer Sprache abgefassten Aussagen, entstellt oder verdreht wurde. Man hatte im Ergebnis die Sichtweise der Tradition, die längst eine anti-jüdische geworden war, da stehen. Und Generationen von Christen haben diese Sichtweise aus eben diesem Grunde übernommen: Jesus wurde freitags gekreuzigt und ist am Sonntagmorgen auferstanden. Jedoch, so war es nicht!

Es hat allen Anschein, dass jener Geist, der die Menschen glauben machen will:
1.
Israel ist nicht mehr das Volk Gottes, sondern die Kirche,
2.
Israel hat den Sohn Gottes ermordet und ist aus Gottes Gnade gefallen,
3.
Dass die Feinde Israels Gottes Zorn zu spüren bekommen, stimmt nicht mehr, Gott hat es sich inzwischen anders überlegt,
4.
Dass bei der Rückkehr Jesu die Feinde Israels bestraft werden und dass das am "Tag des Zorns" Gottes und am "Tag des Herrn" stattfinden wird, stimmt nicht mehr,
5.
Es gibt einen neuen Tag des Herrn, das ist der Sonntag.
6.
Der Sabbat ist nicht mehr der gesegnete Ruhetag Gottes, sondern der Sonntag

jener Geist also, auch die Menschen glauben machen will, dass

7.

Jesus am neuen „Tag des Herrn", dem Sonntag, auferstanden ist.

Der Tag der Sonne war ein Tag für den Gott Helios im Griechentum und für Baal bei den nahöstlichen Völkern. „Baal" bedeutet eigentlich „Herr" und stellt ein Gegenentwurf zum Herrn Jesus dar. Er ist also ein Anti-Christ. Für den Widerwirker ist es eine „Genugtuung", wenn er das alte Baalswesen, in welcher Form auch immer, weiterleben lässt. Daran hat sich bis heute nichts geändert, denn er ist ja immer noch Herr dieser Welt. **128**

Sieht man sich die Bibelstellen, die angeblich etwas über den neuen Tag des Herrn, den Sonntag, aussagen, genauer an, ergibt sich ein anderes Bild als das, was die Bibelübersetzer bereitgestellt haben.

Lk 4,16 lautet: *„Und er kam nach Nazareth, wo er erzogen worden war; und er ging nach seiner Gewohnheit am Sabbattag in die Synagoge und stand auf, um vorzulesen."* (ElbÜ, ebenso Sabbat als Singular LuÜ17, Schlachter, ZüÜ, Menge, EinheitsÜ, Gute NÜ, neue GenferÜ, EnglStand.Ü; New InternÜ; King James)

Für „am Sabbattag" steht im griechischen Text *„te hemera ton sabbatoon"*, wörtlich *„an den Sabbattagen"*, denn „Sabbatoon" ist ein Genitiv im Plural. Dass Jesus gewohnheitsmäßig an den Sabbaten in die Synagoge ging, ist nicht überraschend, denn das haben alle jüdischen Männer getan. Der Grieche Lukas wollte das vielleicht seinen griechischen Lesern nicht vorenthalten.

Es erscheint nun eigenartig, dass man hier nicht konsequent mit dem Plural übersetzt hat. Der Verdacht regt sich, dass man anderswo konsequenterweise den Sabbat in der Pluralform auch nicht als Plural übersetzen wollte. Das ist tatsächlich in Ap 13,14 (Hemera ton sabbatoon) und 16,13 (Hemera ton sabbatoon) so der Fall! Für die Kirchenübersetzer gibt es hier keinen Sabbat im Plural! Das hat natürlich interpretatorische Gründe, keine sprachlichen. Die Bibelübersetzer hatten eine vorgefertigte Meinung und versuchten den Text, den sie nicht verstanden, ihrer Vorstellung anzugleichen.

Bei vielen Schriftstellen, wurde von den Übersetzern der Kirchen im Sinne des Sonntags oder „ersten" Tages der Woche übersetzt, wo in Wirklichkeit der Sabbat im Singular oder Plural steht. ***129**

Dass der „Tag des Herrn" von der Kirche zum Sonntag gemacht worden ist, findet in der Bibel keine Berechtigung, weil dort mit dem „Tag des Herrn" der Gerichtstag Gottes gemeint ist. So sieht es auch Paulus. Den Thessalonichern schreibt er: *„Denn ihr selbst wisst genau, dass der Tag des Herrn so kommt wie ein Dieb in der Nacht."* (1 Thes 5,2) Und das bedeutet, dass er die Welt und offensichtlich auch die Weltkirchen überraschen wird. Sie haben sich gerade nicht mit den Angelegenheiten Gottes beschäftigt und werden auf dem falschen Fuß erwischt. Petrus sieht es so wie Paulus: *„Es wird aber der Tag des Herrn kommen wie ein Dieb; an ihm werden die Himmel mit gewaltigem Geräusch vergehen, die Elemente aber werden im Brand aufgelöst und die Erde und die Werke auf ihr im Gericht erfunden werden."* (2 Pet 3,10) Wenn die Kirchen behaupten, dass der Tag des Herrn derjenige Tag ist, an dem sie sich versammeln, dann gute Nacht für die Kirchen, wenn sie Recht haben. Das wird nämlich tatsächlich dann geschehen, wenn es Nacht geworden ist in dieser Welt (Joh 9,4; 1 Thes 5,5-7), weil Gott alle Lichter ausgemacht hat. Er hat dann Seinen Geist zurückgezogen und mit Seinem Geist auch Seine Geistträger. Auf der Erde, die dann gerichtsreife erreicht hat, versammeln sich dann vielleicht noch Angehörige der Kirchen, aber nicht diejenigen, die bereits entrückt worden sind. Auch in seiner Pfingstansprache redet Petrus von diesem Gerichtstag als Tag des Herrn (Ap 2,20). Er bezieht sich dabei auf das Alte Testament (Joel 3,3ff).

Paulus warnt in seinem zweiten Brief an die Thessalonicher noch, sie sollten ja nicht glauben, dass der Tag des Herrn schon da wäre. Dann wären sie nämlich Opfer einer Irreführung derer, die in die Irre gehen. Die Kirchen lassen sich nicht warnen. Liegt das vielleicht daran, dass sie zu den Irreführern gehören? Bevor der

Tag des Herrn gekommen ist, klärt Paulus auf, muss ja der Mensch der Gesetzlosigkeit offenbart worden sein, *„der Sohn des Verderbens; der sich widersetzt und sich überhebt über alles, was Gott heißt oder Gegenstand der Verehrung ist, so dass er sich in den Tempel Gottes setzt und sich ausweist, dass er Gott sei."* (2 Thes 2,3-4). Was bedeutet das für die Kirchen, wenn sie sagen, das sei ihr Tag? Was haben sie mit dem Antichristen zu tun, der diesem Tag vorausgeht, damit der Betrug des Anstatt-Christentums noch auf die Spitze getrieben wird? Dazu reicht nämlich nicht aus, den Sonntag als Ruhetag einzusetzen. Um es deutlich zu sagen: der Tag des Herrn gehört denen, die in ihn kommen, um gerichtet zu werden! Diejenigen, die Christus gehören, werden vorher entrückt (1 Thes 4,13ff; 5,9).

Keiner der Jünger Jesu und auch nicht der Apostel Paulus haben anstelle des Sabbats den Sonntag gehalten. Zwar wird das kaum ein Theologe behaupten, aber bei fast allen Theologen und Historikern besteht ein Denkfehler. Sie gehen davon aus, dass das Christentum, das ab dem zweiten Jahrhundert auftritt und den Sonntag als besonderen Tag, den es zu beachten gilt, gegenüber dem Sabbat herausgestellt hat, in der Sukzession dieser Jünger und Apostel stehen würde. Das kann schon deshalb nicht bewiesen werden, weil es sich bei geistlichen Sukzessionen, also solchen Nachfolgen und Erbschaften, die von Gott abgesegnet und gemacht worden sind, um geistige Angelegenheiten handelt, die sich der wissenschaftlichen, menschlichen Nachprüfbarkeit oder Beweisbarkeit komplett entziehen. Das Gleiche gilt für die Behauptung der katholischen Kirche, in der Nachfolge Petri zu stehen. Es gibt keinen Beweis des Geistlichen, außer im Geistlichen. Wo der Geist Gottes nicht weht, da ist er nicht. Wo er aber nicht ist, kann der Mensch auch keine geistlichen Beurteilungen vornehmen.

Das ist so logisch, dass es jeder verstehen kann, daran ändern auch Bekundungen von Theologen, Kirchenfürsten und Kirchenhistorikern rein gar nichts. Sie mögen auch sagen, dass doch wenigstens in Of 1,10 der Tag des Herrn der Sonntag sei. Als ob der Judenapostel Johannes allen Ernstes bereits die Sonntagsheiligung übernommen hätte, oder sogar Gott selbst Seinem Sabbatbund mit Israel verlassen hätte. Wenn das Theologen, die die Ersatztheologie vertreten, behaupten, ist das nicht weiter verwunderlich, denn sie tragen ja den fortgesetzten biblischen Unverstand offenkundig zur Schau. Der kyriake hemera – des Herrn Tag - ist nichts anderes als der hemera kyriou – der Tag des Herrn, denn Johannes wird in eine prophetische Schau versetzt, die ihm zeigt, was alles am Tag des Herrn und darüber hinaus geschieht. So sagt es auch Paulus: *„Denn wer von den Menschen weiß, was im Menschen ist, als nur der Geist des Menschen, der in ihm ist? So hat auch niemand erkannt, was in Gott ist, als nur der Geist Gottes."* (1Kor 2,11) und *„Ein natürlicher Mensch aber nimmt nicht an, was des Geistes Gottes ist, denn es ist ihm eine Torheit, und er kann es nicht erkennen, weil es geistlich beurteilt wird."* (1Kor 2,14).

Der kommende Tag des Zorns des Herrn ist weitgehend aus dem Fokus der Kirchen entschwunden. So ist jeder auf dem Auge blind, wo er nicht sehend sein soll, mit der Folge, dass er dann auch nicht sieht, was auf ihn zukommt. Die Thessalonicher warteten auf die Entrückung und hatten, wenn sie den Ratschlag von Paulus folgten, acht darauf, die Ereignisse ihrer Zeit richtig zu deuten. Die Bibel lehrt, dass die Gemeinde Jesu, sofern sie noch in dieser Welt ist, eines Tages entrückt wird. Das wird für sie ein besonderer „Tag des Herrn" werden. Auch Israel wird einen besonderen „Tag des Herrn" bekommen, dann nämlich, wenn sich Sach 12,10 erfüllt: *„Aber über das Haus David und über die Bewohnerschaft von Jerusalem gieße ich den Geist der Gnade und des Flehens aus, und sie werden auf mich blicken, den sie durchbohrt haben, und werden über ihn wehklagen, wie man über den einzigen Sohn wehklagt, und werden bitter über ihn weinen, wie man bitter über den Erstgeborenen weint".* Und dann kommt der große, schreckliche Gerichtstag für die Welt, die gegenüber Israel und Gott feindlich gesinnt war. ***130** Es wird kein 24-Stundentag sein. Während die Gemeinde Jesu in einem Augenblick dieser Welt enthoben wird, kurz und schmerzlos, wird die Welt nicht in einem Augenblick zur Reue zu bringen sein. Und das wird auch nicht ohne Schmerzen gehen. Und auch bei den Kirchen gibt es so viel zu bereuen, dass sie die besondere Fürsorge Gottes erfahren müssen.

Aber was für einen Sinn hat der Tag der Entrückung überhaupt? Gott könnte alle sterben lassen, die Er zu sich nehmen will. Dann würde die Welt immer noch nichts von Christus wissen. Und wenn alle gestorben wären, könnte er mit der Welt weiter verfahren wie Er wollte. Oder hat Gott sich vielleicht doch vorgenommen, ungläubigen Menschen aus dem Umfeld der Auserwählten einen heilsamen Schock zu verpassen, der sie zu einer weiteren besonderen Personengruppe der Endzeit eignen lässt? Die Bibel sagt dazu nichts. Sie sagt aber, dass die Getreuen Christi nicht für den Tag des Zorns bestimmt ist. Und der geht alle Völker an, denn das wird ein weltweit schrecklicher Tag werden. Der Tag des Zorns JHWHs ist der „Tag des Herrn".

Der Tag des Herrn bezeichnet im Alten Testament immer den Gerichtstag Gottes. *131 Der Tag des Herrn ist ein großer und schrecklicher Tag, „Yom YHWH hagadol vehanora". Er ist ein Tag der Drangsal Jakobs, „Et sarah hi leyaacov" (Jer 30,7), und „Tag des Verderbens". *132 Vielleicht ist er auch das „seltsame Werk des Herrn", „Ma asehu zar" (Jes 28,21), bestimmt aber ein „Tag der Vergeltung", „Yom naqam" *133 und ein „Tag des Grimms" „Yom evrah" (Zef 1,18), und ein „Tag der Not", „Yom mesuqah (Zef 1,15), ein „Tag des Verwüstens", „Yom Shoah (Zef 1,15), ein „Tag des Dunkels und der Finsternis", „Yom hoshek u apelah, *134 ein „Tag der Posaune und des Kriegsgeschreis", „Yom shofar uteruah (Zef 1,16), ein „Zornestag des Herrn", „Yom af YHWH" (Zef 2,2.3) und ein „Tag der Verwüstung durch den Allmächtigen", „Yom sod mishaddai" (Joel 1,15).

Dieser Tag muss nicht mit einer 24-Stunden-Periode gleichgesetzt werden und war so auch nicht im Alten Testament gemeint. *135 Es geht aber offensichtlich um einen historischen Zeitraum, der mit dem Beginn des messianischen Reichs zu-sammenhängt. Die Gemeinde Christis steht dabei nicht im Mittelpunkt. Es geht um Israel und die Nationen.

Der Ausdruck *„Tag des Herrn"* steht erstmals in Jes 2,12 , woraus hervorgeht, dass es sich um einen heilsgeschichtlich noch in der Zukunft liegenden Tag han-delt, an dem *„alle hohen Augen erniedrigt"* sind und *„alle hohen Männer gebückt"* einem *„Herrn, der allein hoch ist"*, gegenüberstehen. Beim Tag des Herrn geht es vor allem um Israel, denn am Tag des Herrn wird Israel den erkennen lernen, den sie einst durchbohrt haben. Es ist vor allem ein Gerichtstag wie sich aus zahlreichen Schriftstellen im Alten Testament erschließen lässt: Jes 13,6: „Heult, denn nahe ist der Tag des HERRN! Er kommt wie eine Verwüstung vom Allmächtigen."

Jes 13,9: *„Siehe, der Tag des HERRN kommt, grausam mit Grimm und Zornglut, um die Erde zur Wüste zu machen; und ihre Sünder wird er von ihr austilgen."*

Hes 30,3: *„Nahe ist der Tag des HERRN, ein Tag des Gewölks; Gerichtszeit der Nationen wird er sein."*

Joel 1,15: „Nahe ist der Tag des HERRN, und er kommt wie eine Verwüstung vom Allmächtigen."

Joel 2,11: *„Groß ist der Tag des HERRN und sehr furchtbar. Und wer kann ihn ertragen?"*

Joel 3,4: *„Die Sonne wird sich in Finsternis verwandeln und der Mond in Blut, ehe der Tag des HERRN kommt, der große und furchtbare."*

Am 5,18: *„Wehe denen, die den Tag des HERRN herbeiwünschen! Wozu soll euch denn der Tag des HERRN sein? Er wird Finsternis sein und nicht Licht."*

Ob 15: *„Denn nahe ist der Tag des HERRN über alle Nationen."*

Zef 1,7: *„Denn nahe ist der Tag des HERRN, denn der HERR hat ein Schlachtopfer zubereitet, er hat seine Geladenen geheiligt."*

Aus all diesen Schriftstellen wird klar, dass dieses Ereignis eine fest beschlossene Sache Gottes ist. Gott wusste also sehr wohl, wie sich die Nationen entwickeln würden. Was auffällt ist aber auch, dass schon den Propheten des Alten Testaments, Jahrhunderte vor dem ersten Kommen Jesu gesagt worden ist, dass der Tag „nahe" sei. Es ist, als gibt es eine Generation, die diese Worte liest und dann weiß, dass sie selber damit gemeint ist. Zur Zeit der Propheten waren die Nationen noch weit davon entfernt, gerichtsreif zu sein.

Und dieser Tag *„kommt wie [ein] Dieb in [der] Nacht."* (1 Thes 5,3 KÜ) Das heißt völlig unerwartet *„Wenn sie sagen: Friede und Sicherheit!, dann steht [der] Ruin unvermutet vor ihnen"* Warum Ruin? Weil Gott die Machenschaften der Menschen zu Nichte macht. Paulus erklärt aber, dass die Thessalonicher sich vor diesem Tag nicht fürchten müssen, weil sie gar nicht in ihn hineinkommen. Sie sind, *„alle Söhne [des] Lichts und Söhne [des] Tages. Wir gehören weder [der] Nacht noch [der] Finsternis [an]"* (1 Thes 5,5-6 KÜ), so dass sie nicht von diesem Tag „ergriffen" werden können (1 Thes 5,4). Die einzige Gefahr, die den Thessalonichern droht, ist, wenn sie geistlich einschlafen (1 Thes 5,6-7)

Und Paulus sagt klar: *„Gott hat uns nicht zu[m] Zorn gesetzt, sondern zu[r] Aneignung [der] Rettung durch unseren Herrn Jesus Christus"*. Wer also in der Treue zu Christus bleibt, kommt nicht in den Zorn Gottes und somit auch nicht in den Tag des Herrn. (1 Thes 5,9)

Aber sollte es wundern, wenn es dennoch Thessalonicher gab, die sich von anderen Stimmen zum Unglauben verführen ließen? Hatten die Apostel und Jesus nicht selber schon gesagt, dass die Stunde weit vorangeschritten war?

Die *„Zeit der Bedrängnis für Jakob"* (Jer 30,7), die *„Zeit der Bedrängnis"* (Dan 12,1), der *„Tag des Herrn"* (Joel 2,1-2) und die *„große Bedrängnis"* (Mt 24,21) bezeichnen den gleichen Zeitraum.

Die meisten Ausleger, die dem zustimmen, dass die Entrückung vor diesem Tag des Herrn zustande kommt, stimmen darin überein, dass der Sinn der Entrückung eben darin liegt, dass Ereignisse, die reif geworden sind, und nun nicht mehr länger aufgehalten sein wollen, jedenfalls die Gemeinde nicht antasten sollen. Aber wie bereits gesagt, könnte dieses Problem auch einfacher gelöst werden. *136 Man will dahinter einen Plan Gottes entdecken: *„Wenn Gott Seinen Zorn gegen die Bewohner der Erde richtet (Of 6,16.17), wird der Leib Christi im Himmel sein, aufgrund der in 1 Thes 4,14-17 (vgl. 3,13) aufgeführten Ereignisse. Das ist der Plan Gottes."* *137 Der Hinweis, dass die Bibel eine Reihenfolge der Ereignisse kennt, wo die Trübsal den Auferstehungen vorausgeht, ist zwar richtig (Dan 12,1-2). Aber am „Jüngsten Tag" in der irdischen Verweilzeit Israels, wie man den Tag nennen kann, wo Gottes Volk Israel seiner vollständigen Rettung zugeführt wird, wenn das messianische Reich kommt, spricht das Buch Daniel auch schon von Auferstehungen, bei der die einen äonisches Leben und die anderen äonisches Gericht erhalten. Da geht es immer in allererster Linie um Israel (Dan 12,1-2). Und dass Israel in die Trübsal muss, ist unbestritten. Israel wird als Nation wiederbelebt (Hes 37,1-14) und ihre Gerechten werden auferstehen. Das wird in Of 20,4-6 beschrieben, wo ausdrücklich vom messianischen Reich die Rede ist. *138

Das messianische Zeitalter ist vermutlich der dritte Tag von Hos 6,2. Aber auch die Trübsal Jakobs darf nicht mit dem Zorn Gottes, der die Nationen treffen wird, verwechselt werden. Zuerst kommt die Trübsal, dann der Zorn Gottes. Ob die Gemeinde Christi noch einen Anteil an der Trübsal haben wird, wie als ob es eine Solidarität des Erleidens und Erduldens geben müsste, wird unter den Bibelforschern diskutiert. Für ein mit Christus eng Verbundener ist diese Frage jedoch von untergeordneter Bedeutung, denn es gibt kein Glied am Leibe Christi, das nicht in seinem irdischen Dasein hart geprüft und geläutert wird. Man mag das Trübsal oder Gerichtszeit nennen, darauf kommt es nicht an.

Rabbinische Kommentatoren verstehen unter der Drangsalzeit bei Daniel die Zeit der „cha valim", der „Geburtswehen" oder sogar „chevlo shel mashiach" – „Geburtswehen des Messias". *139

 Sie meinen, der Messias habe die Wehen, wenn Sein Volk in die Drangsal muss. Sie haben aber nicht erkannt, dass der Messias bereits bei seinem irdischen

Erscheinen starke „Wehen" hatte. Daher ist ihr Urteilsvermögen stark einge-schränkt. Wenn aber das messianische Zeitalter der dritte Tag ist, dann muss der zweite Tag von Hos 6,2 die Drangsalzeit sein, die sich gegen das Ende diesen Äons hin dramatisch verschärft.

Dieses Ende war offenkundig noch nicht der Holocaust. Tatsächlich kann man nicht abstreiten, dass die Juden, seitdem ihr Tempel zerstört worden ist, bis min-destens zum Jahr 1948 eine Drangsalzeit hatten. Angesichts der weiter fortschrei-tenden Feindseligkeit der Nachbarn Israels, der muslimischen Welt und der Länder, die bei der UN stets eine Israelkritische Haltung einnehmen, kann man auch ver-treten, dass die Drangsal, wenn auch in zur Zeit gemildeter Form, weiter geht. Sie war nicht für jeden Juden durchgängig und sie war auch nicht für das Judentum überall und zu jeder Zeit hart. Es gilt für das Judentum in ähnlicher Weise aber wie für die von Gott zum Leib Christi herausgerufenen Menschen, dass sie ihre persön-liche Drangsalzeit bereits erlebt haben.

Doch während das Judentum in der Endzeit noch einmal durch eine schwere Prüfung muss, wo sich noch einmal alles erdenkliche Leid zu einem unrühmlichen Höhepunkt kulminiert, bleibt der Gemeinde Jesu das höchstwahrscheinlich erspart. Und das geschieht eben durch die Entrückung und das vorzeitige Ausscheiden aus dieser Welt durch den natürlichen Abgang. Jedes Glied am Leibe Christi hat die Gnade, der rechtzeitigen Geburt und des rechtzeitigen Ablebens. Dieses nicht vor-zeitige, sondern rechtzeitige Verlassen einer stets christusfeindlichen Welt er-scheint wie der Dank auch von Jesus für diejenigen, die Ihm am meisten vertraut haben. Sie haben dann aber auch jeweils genug erlitten.

Aber auch der „*Tag der Bedrängnis für Jakob*" von Jer 30,7 kann sich auf den Äon beziehen, in dessen ganzen Verlauf Israel schwer zu leiden hatte. **140** Sonst fragt man sich, was soll denn noch alles kommen? Hat Israel nicht genug gelitten?

Es ist also nicht genau biblisch festzumachen, wenn in der Bibel von einer Trüb-sal für Israel gesprochen wird, welche gemeint ist. Wichtig ist nur, dass man weiß, dass es ständig Betrübnis für Israel geben wird, bis das messianische Reich kommt, und dass es kurz davor noch einmal ganz dramatisch wird. War denn die Zeit der Versklavung in Ägypten nicht Drangsal? Der vierzigjährige Aufenthalt in der Wüste? Die Kämpfe in der Richterzeit? Die abermalige Unterwerfung unter die Ägypter? Die assyrische und die babylonischen Gefangenschaften? Die Gewaltherrschaft und Ausbeutung durch die Ptolemäer und Seleukiden? Die Unterdrückung durch die Römer? Tod und Vernichtung und abermalige Versklavung in zwei Kriegen durch die Römer mit der Vertreibung aus dem Land? Das Erdulden des Antijudaismus der Christen, zuerst in Israel unter der Herrschaft der Byzantiner, dann im ganzen Römischen Reich, als dieses christlich geworden war? Die zahlreichen Pogrome in allen europäischen Ländern? Die Diskriminierungen, wo immer sie waren? Der Antijudaismus der muslimischen Eroberer?

Die eschatologische, d.h. endzeitliche Messianisierung Israels findet zeitgleich mit der Bundeszeit des Neuen Bundes statt. Der neue Bund ist für die Juden und für Israel heißt es in Jer 31,31 ausdrücklich. Da sind nicht ein paar wenige kümmerliche Juden gemeint, die in den letzten zweitausend Jahren einen kümmerlichen Weg in eine kümmerliche Kirchengemeinde gefunden haben. *141 Die Messianisierung ist das Passendmachen für diesen Neuen Bund und das Regiment des Messias, die Aufrichtung des Reiches Gottes auf Erden im neuen Äon, wie es vielfach im Alten Testament angekündigt wird. *142

Im messianischen Reich wird es keine Kirchen geben. Ob es dort Kirchenchristen gibt, die es hinübergeschafft haben, hängt davon ab, ob sie sich für das messianisch-äonische Leben qualifiziert haben. Das weiß nur Gott. Die Kirchen und ihre Fachleute, die sie „Geistliche" nennen, wissen es nicht. Wenn es Kirchenleute nicht in das Reich Gottes schaffen, geht es mit ihnen im äonischen Gericht weiter. Dort werden sie die Gesellschaft vieler anderer Kirchenleute haben, auf die sie vertraut haben und mit denen sie zusammen gegen Juden vorgegangen sind, als sie noch die Freiheit hatten, sich das zu gestatten.

Zur Messianisierung führen historisch folgende Ereignisse: Die Befreiung aus der Drangsal. *143 Die Landnahme Israels, *144 Ausbau des Landes in Sicherheit, *145 Geistliche Belebung Israels, *146 Herrschaft des Messias. *147

Die Trübsal durch die Jahrhunderte hat die Juden zusammengeschweißt und zu dem gemacht, was sie sind. Sie sind sich ihrer Besonderheit und ihres Andersseins wie alle anderen Menschen im Klaren. Die Trübsal der Endzeit wird ihnen noch den letzten Schliff geben, so dass sie dafür bereit sind, in ihrem Herrn und Gott Zuflucht zu suchen und Ihn um Hilfe zu rufen. Dieser erste Schritt der Umkehr ist notwendig, um dann im messianischen Reich die Aufgaben, die Nationen zu weiden, erfüllen zu können. *148

Während Israel in der Endzeit noch hart geprüft wird, verdichtet sich auch das Gericht für die Nationen. Besonders hart wird es die treffen, die Israel nicht gesegnet, sondern ausgebeutet und geschlagen haben.

Jer 30,11: *„Denn ich bin mit dir, spricht der HERR, um dich zu retten. Denn ich werde ein Ende machen mit allen Nationen, unter die ich dich zerstreut habe. Nur mit dir werde ich kein Ende machen, sondern dich mit rechtem Maß züchtigen und dich keineswegs ungestraft lassen."* In Jeremia 46,28 wird das wiederholt. Das hört sich stark danach an, dass es kein Russland, Polen, Deutschland, Frankreich, England, Spanien, Griechenland, Italien mehr geben wird. *149 All die Bemühungen um nationale Ehre und Ruhm sind dann endgültig zunichte gemacht.

Die frühen Kirchenväter glaubten an eine Entrückung vor dem Millennium. *150 Allerdings waren sie sich sonst uneins. *151 Falls es eine Überlieferung über die Entrückung vor dem Millennium gegeben haben sollte, war sie also ab dem zweiten Jahrhundert schon verblasst oder verloren gegangen. Der Grund dafür, warum so viele Kirchenväter daran glaubten, dass die Entrückung nach der Trübsal sei, ist einleuchtend. Sie waren starke Antisemiten und vertraten die Ersatztheologie. Daher bezogen sie die Trübsal auf sich. Das war nicht weit hergeholt, wenn man bedenkt, dass sie bis etwa ins Jahr 313 nZ, als das Mailänder Toleranzedikt vom Kaiser verabschiedet wurde, immer wieder starker Verfolgung und noch öfters Ausgrenzungen aus der Gesellschaft der „Normalen" und „politisch Korrekten" ausgesetzt war. Mehr Trübsal als Märtyrer zu sein oder ständig Gefahr zu laufen, einer zu werden, ging nicht. Die ersten sechs Christengenerationen lebten also tatsächlich in einer Trübsalzeit. Und so konnte gar keine Frage aufkommen, ob die Entrückung vor der Trübsal sei. Die Trübsal geschah vor ihren Augen, sie waren mitten drin und erlebten sie und die Entrückung war immer noch nicht gekommen. Für sie war der Fall also klar.

Das erklärt auch das Problem der Thessalonicher. Sie erlebten Druck und Verfolgung und identifizierten das mit der großen Trübsal, die, wenn sie gerade stattfand, jedenfalls sie betraf und nicht die Juden. Mit der Frage, ob die Trübsal die Juden betreffen würde, weil die Gemeinde bereits entrückt sein würde, konnte man sich nicht befassen, weil man zu sehr mit der eigenen Betrübnis befasst war.

Es ist klar, dass zu Beginn des 21. Jahrhunderts viele Christen ganz ähnlich denken, denn der Druck auf Christen wird einerseits weltweit immer größer. Andererseits gibt es gerade in den reichen Industriestaaten des Westens, wo sich das Christentum 2000 Jahre lang ungestört ausbreiten konnte, die sichtbare Entwicklung, dass auf der einen Seite der christliche Wertezerfall immer weiter und schneller voranschreitet und andererseits die Gesellschaften und Staaten damit begonnen haben, die wirklich gläubigen Christen zu bekämpfen. Das geschieht zunächst noch mit den subtilen Mitteln der Ausgrenzung und Eingrenzung. Das kann sich aber schnell ändern. Und so kommt es, dass sich viele in einer Art beginnenden Drangsalzeit sehen.

Man muss aber eines klar sehen. Die meisten Christen müssen unter Verhältnissen leben, wo sie kaum die Zeit und Gelegenheit haben, ein intensives Bibelstudium zu betreiben. Man denke an Nordkorea oder die Länder des Islam, aber auch an die armen Länder der Dritten Welt in Afrika oder Südamerika, wo die Armen unter ihnen um ihr Überleben kämpfen müssen. Sie erleben eine drangsalvolle Zeit ihres Lebens. Für sie ist es kaum von großem Interesse, wann Christus kommt, wenn Er sowieso nicht gleich 3kommt. Für sophistische Überlegungen haben sie keinen Sinn. Das bedeutet aber auch, dass, wenn nicht jeder Christ, dann doch schon immer ein sehr großer Anteil der Christen in ihrem Leben eine persönliche Trübsal und Drangsal erfahren hat. Das gilt aber gerade auch für die Kirchenchristen.

Die exakte Reihenfolge der Endzeitereignisse hat bereits viele Millionen von Christen, die gelebt und wieder gestorben sind, kaum um schlaflose Nächte gebracht. Es bleibt für jeden gleich, er muss für die Stunde des Todes oder für die Stunde der Entrückung bereit sein. Und weil das so ist, sollten sich auch Evangelisten keine Sorgen machen, wenn man darüber debattiert und unterschiedliche Ansichten hat.

Es gibt Prediger, die sogar vor den Prätribulationisten warnen, also vor jenen, die behaupten Christus käme vor der großen Trübsal. **152** Als müsste man Angst haben um Christen, die das glauben und sich dann, wenn doch plötzlich die große Trübsal anfängt, enttäuscht vom Glauben an Christus abwenden. Das ist eine naive Meinung, denn einem wahrhaft Gläubigen kann es nie eine erste Priorität bedeuten, ob er sich über die Rückkehr Jesu irrt oder nicht.

Hintergrund dieser Sorge ist zweierlei. Erstens der Glaube, dass Auserwählte, die zum Leib Christi dazugehören, wieder vom Glauben abfallen könnten. Das ist ein Irrtum. Zweitens der Unglaube, der noch vorhanden ist und der darin besteht, dass man Christus nicht zutraut, Seine Schäfchen ausreichend zu weiden und auf alle Lebenswege vorzubereiten und sie stets ausreichend zu begleiten. Es ist ein ängstlicher Glaube, der letzten Endes Gott nicht ehrt, weil man Ihm nichts zutraut, den Menschen aber groß und wichtig darstellt, als ob das Heil mehr an ihm hinge als an Christus. Hier liegt also ein unberechtigtes Missverständnis vor, das auf Unglauben und mangelndem Schriftverständnis gründet. Diese sind in der Kirchentradition begründet.

Es gibt aber auch Kirchenväter, die die Entrückung vor der Trübsal vertraten. Ephraem Syrus, einer der bedeutendsten Theologen der frühen byzantinischen Kirche schrieb *„Alle Heiligen und Auserwählten Gottes werden gesammelt, vor der Trübsal, die kommen muss, und werden zum Herrn weggenommen, damit sie nicht die Verirrung erleben, die wegen unserer Sünde die Welt überwältigen wird."* ***153** Aber, sind die Entrückten wirklich schon vollkommen? Sind sie es nicht, muss man sich fragen, warum sie dann entrückt werden.

Ob dieses Ereignis der Entrückung vor der großen Trübsal, inmitten oder nach ihr stattfindet, ist ja nur bei denen umstritten, die an eine Entrückung glauben. Es gibt für alle Positionen mehr oder weniger gute Argumente. Das stärkste Argument für eine Entrückung vor der Trübsal ist, dass die große Trübsal Israel gilt, an deren Ende sich Israel dem am Ölberg zurückkehrenden Messias anschließen wird. Da Israel verstockt ist, bis die Gemeinde Christi, die aus den Nationen zusammengestellt worden ist, vollständig gebildet worden ist, bedeutet die Vervollständigung der Gemeinde zugleich der Beginn des Endes der Verstockung Israels und die Bereitschaft aus der Welt entfernt zu werden. Wenn die Gemeinde aber vollständig ist, dann benötigt sie auch keine zusätzliche Trübsal, um vervollständigt zu werden.

Das am meisten genannte Argument gegen eine Entrückung vor der großen Trübsal lautet, dass gerade Christen schon immer leiden mussten, auch weil es zu ihrem wachstumsmäßigen Werdegang dazugehört. Daher wird die Gemeinde durch die Trübsal gehen. Aber das Argument ist aus zwei Gründen hinfällig. Erstens sagt die Bibel, dass jeder Gläubige leiden muss und Gott jeden so prüft und wiegt, bis Er so geworden ist, wie er sein soll, ein in den Christusleib passendes Glied. Und das erfahren tatsächlich alle Christen nach ihrem eigenen Zeugnis. Daher ist es völlig gleichgültig, ob sie in Stalins Sowjetunion, in Hitlerdeutschland oder Maos China aufwachsen oder ob sie im evangelikalen Mittelwesten der USA mit ganz anderen Problemen als der Verfolgung konfrontiert werden. Zeit und Ort machen für Gott keinen Unterschied,

Gott weidet Seine Schäfchen
auf jeder Weide und auf jede Weise.

Das bedeutet, dass Gott es möglich macht, dass jeder seine eigene große Trübsal bekommt. Zweitens sind schon viele Christen gestorben, die nicht durch die große Trübsal vor der Wiederkehr Jesu Christi mussten. Das beweist, dass Christen keinesfalls durch die große Trübsal müssen.

Als Argument, dass die Entrückung vor der Zeit der Trübsal sein soll, wird gelegentlich angeführt, dass sonst während der Zorngerichtszeit zwei verschiedene Evangelien verkündet werden müssten. *154 Gemeint ist das Evangelium des Paulus für die Gemeinde, *155 und das Evangelium des Königreichs für Israel. *156

Die Aussicht auf die Entrückung soll in denen, die auf sie warten, eine reuige, demütige Grundhaltung bedenken, dazu Nüchternheit und Mäßigung, Ermunterung und Ermutigung, d.h. die Aneignung von Mut zum Bekenntnis, zur Heiligung und zur Reinigung, vor allem aber auch zur Treue zum Wort Gottes und zu einer Versöhnlichkeit, insbesondere für die nächsten Glaubensgeschwister, denn das ist ein exklusives Merkmal der Gerechtigkeit Gottes. *157 Menschen, die sich nicht gänzlich dem Geist der Versöhnlichkeit Gottes geöffnet haben, haben sich nicht ganz Christus überlassen. Deshalb kann Jesus auch sagen: *„Ein neues Gebot gebe ich euch, dass ihr euch untereinander liebt, wie ich euch geliebt habe, damit auch ihr einander lieb habt."* *158 Und der Jünger, der es aufgeschrieben hat, haut wiederholt in seinen Briefen in die gleiche Kerbe! *159 *„Wer nicht liebt, der kennt Gott nicht; denn Gott ist Liebe."* (1 Joh 4,8). Und diese Liebe, die mit dem Kennen Gottes und der Gemeinschaft mit Ihm unmittelbar zusammenhängt (1 Joh 4,8), richtet sich zuerst an die Geschwister (1 Joh 5,1), weil man sonst nicht im Licht Gottes bleibt (1 Joh 2,10). Jeder, der einer Gemeinde angehört, ist aufgerufen, diesen exklusiven Kreis der Heiligen als Herausforderung und Aufgabenfeld für die Entwicklung von mehr Liebe zu sehen. Es ist bekannt, dass gerade die Gemeinden viel zu oft ein jämmerliches Bild abgeben. Wer aber unversöhnt ist, kann nicht recht lieben. Und daher ist die Versöhnlichkeit ein Hauptkriterium des Kennenlernen Gottes und des Gelingens der Aufgabenwahrnehmung eines Christen. Wenn aber schon die Lehre, die die Kirche hochhält, nur eine begrenzte Versöhnlichkeit Gottes lehrt, ist zu befürchten, dass es auch um den Zustand der Gläubigen schlecht bestellt ist.

Ausleger, die zu der Auffassung neigen, dass die Gemeinde durch die große Trübsal muss, legen meist eine große Besorgnis an den Tag. In der Trübsal könnten viele vom Glauben abfallen, erst Recht diejenigen, die an eine Entrückung vor der Trübsal glauben. Das hätte dann aber zur Folge, dass Christus nicht vervollständigt würde und Er dann am Ölberg als Krüppel erscheinen müsste, weil nicht alle Glieder dabei wären, die dafür vorgesehen waren. Man hat also so wenig Vertrauen in Gott, dass Er das, was Er geplant hat, zu Seiner Verherrlichung nicht hinbekommt, obwohl die Bibel voll von Bestätigungen ist, dass Gott Seinen Willen tut und nichts und niemand Seinen Ratschluss verdunkeln kann. ***160** *Diese ängstlichen Christen glauben dann auch meist, dass der größte Teil der Menschen verloren geht.* Und dass der Rest, die gläubigen Christen, selber auch noch gefährdet sind. ***161** Ein Hauptmerkmal ihres Glaubens ist die Angst. Da in der Liebe keine Angst ist (1 Joh 4,18), scheint es der Christenheit ausgerechnet an dem am meisten zu mangeln, was sie am meisten auszeichnen sollte. Sie halten sich für eine kleine Schar Auserwählter, zu denen Gott keine weiteren Geretteten hinzufügen können wird. Sie sind eine kleine Schar von Zweiflern, die im Unterschied zum Jesusjünger Thomas das geschriebene Wort Gottes vorliegen haben, aus dem sich ergibt, dass sie unrecht haben.

Sie scheinen so vor der Schlange erstarrt zu sein, dass sie nicht mehr klar blicken können. Dabei übersehen sie auch, dass sie den Menschen größer machen als Gott, denn Menschen können Gott, ihrer Meinung nach widerstehen und Gott hat nicht die Mittel, die Menschen zu retten. Seine Liebe ist gebunden an das Wollen des Menschen. Der Wille des Menschen ist die Macht des Universums und Gott hat nur noch die Möglichkeit wie ein schlechter Verlierer den nicht besiegbaren Willen des Menschen mit der ewigen Höllenstrafe zu belegen. Das glaubt die Mehrzahl aller Theologen, und Kirchenleute, die gläubig sind. Der Gott der Bibel ist anders. Er vollzieht Seinen Ratschluss, nicht gegen den Willen des Menschen, sondern mit dem Willen des Menschen.

Wer durch die große Trübsal muss und deshalb seinen Glauben an Jesus Christus verliert, oder weil er geglaubt hat, dass vorher die Entrückung kommt und alles darauf hindeutet, dass die Entrückung tatsächlich noch nicht war, der ist nie wirklich ein Glied am Leibe Christi gewesen. Ein Glied am Leibe Christi wird im Falle, dass er erkennt, dass die Entrückung erst nach der Trübsal kommt, lediglich zur Kenntnis nehmen, dass es so ist und es als glaubensstärkend nehmen, weil er jetzt Gewissheit hat, dass es nur noch darauf ankommt, mit Christus durch die Trübsal zu gehen, ganz gleich wie lange sie dauert oder wie sehr man selber davon betroffen ist. Das Gleiche würde geschehen mit vielen, die an die Entrückung nach der Trübsal geglaubt haben und sich bestätigt sehen. Das Gleiche würde aber auch mit vielen geschehen, die feststellen würden, dass die Entrückung war und sie nicht dabei waren, denn jetzt wissen sie gewiss, auf was es ankommt, jetzt erst Recht im Glauben an Christus fest zu bleiben, um sich doch noch zu bewähren, da die Trübsal bleibt. Wer treu in Christus bleibt, hat nichts zu befürchten, weder seine eigene private Trübsalzeit im Leben, noch eine globale Trübsal, die alle Christen betrifft. *162

Dass Christen unter Verfolgung oft eine besondere Glaubenskraft bekommen, ist ein bekanntes Phänomen. *163 Dass Christen ihren Glauben nicht aufgeben, nur weil sie verfolgt werden, sieht man ja an den zahlreichen Berichten über Verfolgungen, denen Millionen Menschen durch die Jahrhunderte zum Opfer gefallen sind. Gerade in unserer Zeit nimmt die Christenverfolgung weltweit immer größere Ausmaße an. Das berechtigt zwar zu der Annahme, dass die große Trübsal bereits im Gange ist, die man dann nicht auf Israel, sondern auf die Christenheit bezieht, aber wenn dann eine noch viel größere Verfolgung über die Christenheit hereinbrechen würde, könnte sich das als bloße Vorankündigung umdeuten lassen.

Paulus schreibt hier an die Thessalonicher nichts über die große Trübsal und den konkreten Zeitpunkt der Entrückung, lediglich über die Reihenfolge der Ereignisse bei der Ankunft des Christus.

Während die Zeit der Drangsal und des Zornes Gottes eine Gerichtszeit für Israel und die Nationen auf der Erde ist, *164 wird die Gemeinde vor dem Zorn Gottes bewahrt. *165 Sie wird wahrscheinlich nicht mehr auf der Erde sein, wenn Gottes Zorn losbricht. *166 Das bedeutet nicht, dass die Angehörigen dieser Gemeinde nicht hart geprüft und individuell „verfolgt" werden, sondern nur, dass sie den Endzeitbedrängnissen, die Gott dieser Welt verordnet hat, nicht ausgesetzt werden. Da die Gemeinde des Leibes Christi mit dem heiligen Geist wie versiegelt ist, erliegen sie auch der Verführungskraft Satans nicht.

Die Versuchung, die über die ganze Erde kommen wird, wird nach Of 3,10 die Gemeinde von Philadelphia nichts antun können. Dass damit eine Epoche der Kirchengeschichte gemeint ist, wird von vielen Auslegern hineingelesen. Es wird sich jedenfalls um eine Endzeitgemeinde handeln. Da sich aus dem Kontext ergibt, dass es sich um eine messianisch-jüdische Gemeinde handelt, die Johannes anspricht, ist es naheliegend, dass eben eine solche Gemeinden gemeint sind. *167

Die Ereignisse der Zorngerichte wie sie ab Off 4 beschrieben sind, finden dann statt, wenn die Gemeinde des Leibes Christi bereits verschwunden ist. Viele andere „Gemeinden", wenn sie sich nicht zu einer Ökumene vereint haben, sind noch vorhanden. *168 Bis zum Kommen des Messias zu Seinem Volk Israel müssen sieben Jahre des Zorngerichts auf der Erde ablaufen. Manche Ausleger sagen, dass auch im Himmel biblische Ereignisse ablaufen. Sie denken dabei an das Preisgericht. *169

Jesus hat einen Teil der Endzeitereignisse in Mt 24 bei Seiner Ölbergrede beschrieben. Solange man Mt 24 auf die Gemeinde bezieht, wird man auch zu dem irrigen Schluss kommen, dass die Entrückung nach der Trübsal stattfindet. Aber da ist nicht von der Gemeinde, sondern von Israel die Rede. Und Israel ist von dieser Welt und muss sehr wohl durch die Trübsal. Israel ist eine der Nationen. Und auch, wenn es die von Gott bevorzugte Nation, Seine Nation ist, wenn sie die Nationen weiden soll im Millennium, dann muss sie auch durch die göttliche Gerichtszeit gegangen sein. Sie unterscheidet sich von den Nationen darin, dass sie den Messias erkennen und herbeigesehnt haben werden. Die Nationen und die Kirchen erwarten den Messias nicht und wenn er kommt, werden sie ihn nicht begrüßen. Auch in den Kirchen werden es nur einzelne geben, die Christus erkennen und andere, die sich erstmals richtig bekehren. Aber die Mehrheit der Menschen war Christus gegenüber nicht freundlich eingestellt und wird daran auch nicht gleich etwas ändern. Sie müssen durch die Gerichte Gottes zur Umkehr gebracht werden.

Dem hingegen sind für die Glieder am Leibe Christi die persönlichen Lebenswege auch zugleich Leidenswege und finden unabhängig von der Zeit, in der ein Christusmensch geboren worden ist, statt.

Das Problem der meisten Ausleger ist, dass sie in einer Tradition großgeworden und ausgebildet worden sind, die noch nicht bemerkt hat, dass man Kaffee rösten muss, bevor man ihn trinkt. Es ist eine Tradition, die in der Ersatztheologie ihren Ausgang genommen hat und da darf man Israel einfach keine Segnungen zubilligen, die man doch nur der Kirche gönnen möchte. Und so wird den biblischen Texten Gewalt angetan. *170 Nicht nur das, wenn es einer wagt, gegen die Lehrmeinung einen anderen Ansatz zu verfolgen, wird er abqualifiziert. *171

Was die Jünger Jesu von Jesus in Mt 24 zu hören bekamen, konnte sie an Sach 14 erinnern. Da beginnt die Trübsal durch die Eroberung Jerusalems (Sach 14,1-2). Dan heißt es: *„Und der HERR wird ausziehen und kämpfen gegen diese Völker, wie er zu kämpfen pflegt am Tage der Schlacht."* (Sach 14,3). Gott schafft klare Verhältnisse, Er besiegt die Feinde Israels und dann kommt Er zu Seinem Volk: *„Und an jenem Tag werden seine Füße auf dem Ölberg stehen, der vor Jerusalem liegt nach Osten hin."* (Sach 14,4).

Das bedeutet, dass die Eroberung Jerusalems durch die Römer im Jahre 70 mit der Zerstörung des Tempels, von der die Jünger noch nichts wussten, von der nachfolgenden Generation der Jesusjünger als Analogie zu Sach 14 erkannt worden sein konnte, was zur Folge hatte, dass man auf die weiteren Abläufe wartete, die dann auch das baldige Kommen des Messias zur Folge haben musste. ***172** Zu beachten ist, dass der Begriff Parousia auch von Juden verwendet worden ist. ***173** Z.B. von Josephus. Er bezeichnet damit die Schechina, die Herrlichkeit Gottes. ***174** Die Fragestellung der Jünger in Mt 24 ist natürlich eine rein jüdische. Das zeigt sich auch daran, dass Jesus den Jüngern rät, *„Bittet aber, dass eure Flucht nicht geschehe im Winter oder am Sabbat.“* Da Paulus später den nichtjüdischen Gläubigen den Sabbat zu halten nicht nahelegt, ist klar, dass Jesus hier Juden anspricht, die sich noch als Bundesvolk Gottes verstanden. Das traf und trifft immer noch auf die messianischen Juden zu. Genau genommen nimmt Jesus offenbar an, dass die Jünger, die Er anspricht, noch am Leben sind, wenn diese „Flucht“ geschieht. Tatsächlich wurde sie relevant als sich im Ersten Jüdischen Krieg Ende der sechziger Jahre der Ring der römischen Armeen immer enger um Jerusalem herumzog.

Jesus scheint außerdem davon ausgegangen zu sein, dass es den Jüngern wichtig war, den Sabbat zu halten. Das hat offenbar nichts mit der Gemeinde Christi zu tun, die dann überwiegend den Sabbat nicht halten würde und noch nicht einmal im Heiligen Land ansässig sein würde. Auch das zeigt, dass Mt 24 gar nicht an die Gemeinde gerichtet war und ist. ***175** Ein Ausleger schreibt zu Recht: *„Man kann nicht beweisen, was die Apostel in Mt 24 waren, indem man aufzeigt, was aus ihnen wurde.“* ***176** Erst recht gilt, man kann nicht beweisen, was die Apostel wurden, wenn man nicht weiß, was sie waren! Waren sie die Apostel Israels in der Nachfolge der Propheten Israels? Oder waren sie Gemeinde Jesu? Was ist mit dem König David? Wird er im messianischen Reich wieder der König Israels sein? Oder wird er „nur“ ein angesehenes Gemeindemitglied sein? Oder beides? Man kann für alles Argumente finden. Doch was ist am Überzeugendsten?

Da die Apostel auf Thronen sitzen werden (Mt 19,28), für jeden der Stämme Israels, ein Thron und ein Apostel, Paulus aber nicht einen dreizehnten Thron besetzt und für keinen Stamm der Stammesführer sein wird, kann das jedenfalls als starkes Argument dafür verwendet werden, dass man die 12 Jünger Jesu heilsgeschichtlich zu Israel zurechnen muss und Paulus da nicht hinzugehört. Wenn das stimmt, darf aber auch die Gemeinde nicht mit Israel gleichgesetzt werden. Und wenn das stimmt, ist wiederum einsichtig, dass die Entrückung nur die Gemeinde betrifft, das Kommen des Messias zu Seinem Volk Israel hingegen nur Israel und die Nationen. Dann ist aber auch klar, dass Mt 24 unmittelbar nur Israel und die Nationen betrifft. Weder die Sammlung der Auserwählten in Mt 24,31 noch das Hinwegnehmen in Mt 24,40-41 sind mit der Entrückung gleichzusetzen. *177

Entscheidend für die Ablehnung vieler, der Bibel wörtlich Glauben zu schenken, wo sie Aussagen zum messianischen Reich machte, war ab dem fünften Jahrhundert die Meinung von Augustinus, einem der lateinischen Kirchenväter, der folgerichtig auch die Kirche zum Millenniumsreich Gottes ernannte und ein Judenfeind war. Es ist erstaunlich, dass gerade diejenigen Kirchenväter, die zur Zeit der Konstituierung der katholischen Kirche lebten, ausgemachte Antisemiten waren. Der Zusammenhang ihrer bibelwidrigen und damit anti-christlichen Glaubensrichtungen ist offensichtlich, wenn man Israel ersetzt hat durch die Kirche. Denn dann konnte es auch kein messianisches Reich unter Israel geben, und dann musste auch das Reich der Kirche bereits das neue Gottesreich sein. *178 Augustinus erweist sich somit als Propagandist der allegorischen Auslegung zu Lasten der wörtlichen Auslegung und als Vorläufer der liberalen Theologie, die man damals nur anders nannte, nämlich „alexandrinische Schule". In Alexandria war man bereits im 1. und 2. Jahrhundert angetan vom Idealismus der platonischen Philosophie, von der die Kirche Roms sehr viel übernommen hat. Augustinus wurde zu Roms Lieblingskind. Auch Luther und Calvin haben vieles von ihm übernommen, unter anderem auch die Ablehnung des Millenniums und des Judentums. Sie passten ihnen nicht in ihr menschliches Konzept.

Paulus hat die Lehre von der Entrückung nicht als etwas Althergebrachtes behandelt, sondern als eine neue Offenbarung wie ja auch seine Lehre über die Kirche. Im Alten Testament wurde weder die Entrückung noch die Gemeinde Jesu gelehrt. ***179** Daher war es auch nicht der Zuständigkeitsbereich der zwölf jüdischen Jünger Jesu.

Die Tatsache, dass schon so viele Christen gestorben sind, beweist, dass es nicht von allerhöchster Wichtigkeit ist, hier Klarheit zu bekommen, oder über das richtige Verständnis über den richtigen Zeitpunkt Bescheid zu wissen!

Dass Jesus zurückkommt, ist biblisch eindeutig bezeugt. ***180** Im Neuen Testament wird dieses Ereignis mit verschiedenen Worten ausgedrückt. In Heb 10,37 wird Jesus als der Kommende – Ho erchomenos bezeichnet. Das Ereignis wird als Kommen bezeichnet. ***181** Nach 1 Thes 4,16 kommt Jesus herab – gr. katabaino. Er wird angekommen sein – gr. heko, wie ein Dieb (Of 3,3). Der Begriff Apokalypsis bezeichnet seine Aufdeckung oder Sein Erscheinen. ***182** Er macht sich offenbar - gr. phaneroo. ***183** Auch epiphaino steht für das Sichtbarwerden seiner Anwesenheit. ***184** Ebenso horao in Heb 9,28.

Die biblische Gleichsetzung der Entrückung mit der Wiederkunft ist biblisch nicht gegeben. Aus den folgenden Gründen. Bei der Entrückung kommt Jesus zu den Seinen. ***185** Bei der Wiederkunft zu Seinem Volk Israel kommt Er hingegen mit den Seinen. ***186** Auch hinsichtlich der Örtlichkeit Seines Kommens unterscheiden sich Entrückung und Wiederkunft. Er kommt zu seiner Gemeinde in der Luft. Zu Seinem Volk kommt Er zur Erde. ***187**

Jesus kommt in der Entrückung zu denen, die „in" Christus sind, den Toten in Christus und den Lebenden in Christus (**1 Thes 4,16-17**). In der Wiederkunft nähert Er sich hingegen Seiner Braut Israel (vgl. Of 19,6ff). Er nimmt die Entrückten zu sich und von der Erde weg (**1 Thes 4,17**). Der Tag des Kommens zu Seinem Volk, wird aber mit einer großen Erschütterung geschehen: *„Wer aber wird den Tag seines Kommens ertragen, und wer wird bestehen, wenn er erscheint? Denn er ist wie das Feuer des [Silber-]Schmelzers und wie die Lauge der Wäscher."* (Mal 4,2)

Die Entrückung wird für die Welt unsichtbar sein, nur die Entrückten werden Jesus wahrnehmen können (**1 Thes 4,13-18**). Wenn Jesus dagegen zu Seinem Volk kommt, wird das ein Ereignis sein, dass die ganze Welt erschüttern wird (Of 1,7).

Ein Unterscheidungsmerkmal ist, dass der Entrückung im Unterschied zur Wiederkunft keine Zeichen vorausgehen. ***188** Zur Zeit der Entrückung wird die Menschheit verführt und gottlos sein. Das Böse und das Unrecht werden noch auf die Spitze getrieben (2 Thes 2,3-12). Bei der Wiederkunft werden die Verhältnisse umgekehrt und zu Beginn des messianischen Reiches wird sogar der Satan gebunden (Of 20,1-5).

Die Sammlung der Heiligen kann Israel bezeichnen, so wie schon in 5 Mos 30,4 (ähnlich Jes 27,12-13): *„Wenn deine Verstoßenen am Ende des Himmels wären, selbst von dort wird der HERR, dein Gott, dich sammeln, und von dort wird er dich holen."*

Zwar sagt Jesus, dass Er die Philadelphia Gemeinde bewahren wird vor der *„Stunde der Versuchung, die über den ganzen Erdkreis kommen wird"* (Of 3,10), aber Er sagt nicht, dass die Gemeinde nicht verfolgt wird oder nicht in die Trübsal müsste. ***189** Man kann auch nicht ohne weiteres die große Trübsal mit dem Tag des Zorns gleichsetzen. Es ist der große Tag des Zorns des Lammes (Of 6,16-17). Und dieser Zorn gilt nicht Israel, sondern den Feinden Israels! In Of 19,7-9 wird beschrieben, dass Christus Hochzeit mit seiner Frau hält. Diese Frau ist, wie schon im gesamten Alten Testament nicht die Gemeinde, sondern Israel.

Auch wird die Warnung, die Jesus zu einer konkreten historischen Stunde an Seine Jünger gegeben hat (Lk 21,36), dass sie dem entfliehen sollen, was geschehen soll, von den Kirchen einfach ausgeweitet, als hätte sie Jesus zu Menschen gesprochen, die zu dem Zeitpunkt gar nicht gelebt haben. Dabei ist doch klar, dass ein Entfliehen etwas anderes ist als eine Entrückung. Jesus meinte die Ereignisse, die bis zum Jahr 70 stattgefunden haben und das hat keinen zwingenden Bezug zum Jahr 2019 oder noch später. ***190** Das ist beispielhaft, wie Aussagen aus verschiedenen Büchern der Bibel wild durcheinandergewürfelt werden, ohne jegliche Rücksichtnahme auf die heilsgeschichtliche Unterscheidung. Wesentlich für die Gemeinde ist, dass sie nicht zum göttlichen Zorn bestimmt ist (1 Thes 1,10; 5,9).

Texte über die Wiederkunft stehen meist in Zusammenhang mit dem messianischen Reich und dem Gericht über die Nationen. ***191** während bei Texten über die Entrückung das nicht der Fall ist. ***192**

Man könnte meinen, Paulus würde in 1 Thes 5 doch etwas zum Zeitpunkt der Entrückung sagen. Aber was er sagt, ist, dass er nichts dazu sagen müsse: *„Was aber die Zeiten und Zeitpunkte betrifft, so habt ihr nicht nötig, dass euch geschrieben werde."* (**1 Thes 5,1**) *Die* Übersetzung verschleiert hier, dass es nicht um Zeitpunkte geht, sondern um Chronon und Kairon, die weltgeschichtliche Zeitfolge und die heilsgeschichtlichen Gottesstunden. Warum will Paulus den Thessalonichern nichts darüber sagen? Weil er sie doch bereits in der Heilsgeschichte Gottes aufgeklärt hat, *„Denn ihr selbst wisset, dass der Tag des Herrn kommt wie ein Dieb in der Nacht… Ihr aber, Brüder, seid nicht in der Finsternis, dass euch der Tag wie ein Dieb ergreife… Denn Gott hat uns nicht zum Zorn gesetzt, sondern zur Erlangung der Seligkeit durch unseren Herrn Jesus Christus… Daher ermuntert einander."* (**1 Thes 5,2-11**)

Da die Gemeinde diesen Zorn nicht zu befürchten hat, weil sie im Licht ist, kommt sie auch nicht in das Dunkel der Nacht. Sie wartet ja auf Christus, die Welt erwartet Christus nicht. Für sie kommt Er daher überraschend. Wenn Paulus dann sagt: *„Daher ermuntert einander!"* kann von einer Ermunterung nur die Rede sein, wenn man weder in die Trübsal, noch in den Gerichtstag hinein oder hindurch muss. Jeder Christ muss in seinem Leben durch so vieles hindurch, da will er gerne darauf verzichten, auch noch mit den Buckel hinzustrecken, wenn Gott die Welt schlägt.

Es ist kaum zu glauben, dass es Christen gibt, die unglücklich darüber sein werden, wenn sie entrückt werden und mit Verwunderung feststellen, dass die große Trübsal ausgeblieben ist. Sie werden eher erleichtert und dankbar sein, als dass sie sich bei Jesus und denen beschweren, die schon immer gesagt haben: die Entrückung ist vor der großen Trübsal.

Hier dogmatische Klarheit zu bekommen, ist nicht relevant für die persönliche Heiligung. Diese ist hingegen so wichtig, dass Paulus oft in seinen Briefen darauf zu sprechen kommt. Schon deshalb sollten Predigten, immer wieder auch diesen Bestandteil haben, selbst bei Themen, die nicht ohne weiteres darauf hinführen. Heiligung ist wichtig, weil sie zur Vervollständigung des Christusgliedes nicht nur unverzichtbar ist, sondern sie bewirkt die Vervollständigung.

Daher sagt Paulus auch abschließend zu den Thessalonichern: *„Er selber aber, der Gott des Friedens, heilige euch völlig und euer ganzer Geist und Seele und Leib werde tadellos."* (**1 Thes 5,23**) Darüber könnte man Bücher schreiben! Zunächst einmal ist das deutsche „Frieden" bei weitem semantisch nicht so umfassend wie das hebräische Schalom. Schon das griechische „eiréné" meint auch den inneren Frieden. Der hebräische Frieden ist eine Ruhe, ein Angekommensein bei Gott, dem Vater und der Mutter aller Kreatur. Der Gott des Schaloms ist ein Gott, der alles befriedet und zum Ziel führt.

Wenn Israel sich immer das Friedensreich unter dem Messias herbeisehnte, dann wollte es nicht nur den äußeren Frieden, sondern auch Wohlstand, Ruhe, Sicherheit, familiäres Glück, Befriedung und Sättigung in allen Bereichen. Das Wunderbare ist, dass Gott aber nicht nur ein Gott des Schaloms für Israel sein wird, sondern für alle Menschen, allerdings angefangen bei der Gemeinde des Leibes Jesu Christi, dann für Israel und erst dann für die Nationen. Es ist auch hier erkennbar, dass Paulus immer das Gesamtziel im Blick behält. Um zu diesem Gesamtziel, sich dem Gott des Friedens maximal anzunähern, muss man sich heiligen lassen, bis ganz Geist und Seele und Leib geheiligt sind.

Aber Paulus sagt nicht, dass sich der Mensch heiligen soll, sondern dass Gott das tut. Dieser von Gott verordnete und zugeteilte Heiligungsprozess geht einher mit dem Gerichtsprozess. Heiligung im Feuer des heiligen Geistes ist brennend und zehrend und oft intensiver als das, was im Gerichtsfeuer späterer Kairos-Zeiten in den Äonen geschieht. Der Geist wird geheiligt, weil das Denken das Denken Gottes verstehen und nachdenken können soll. Die Seele wird gereinigt, weil die Gemütsregungen wie die von Christus werden sollen und das Böse ganz herausgebrannt werden soll. Der Leib wird gereinigt, weil alles was sich im Leibe regt, ganz unter der Obhut von Seele und Geist sein soll. Der Leib ist die Schnittstelle der Seele und des Geistes zur Außenwelt der Schöpfung. An ihm geschieht die Wahrnehmung der Außenwelt und das Wirken in die Außenwelt hinein

Dass Gerichtsprozesse im Leben der Christusnachfolger wichtig sind, bestätigt Paulus den Thessalonichern in seinem zweiten Brief, wo die *„Verfolgungen und Drangsalen, die ihr erduldet"* als *„ein offenbares Zeichen des gerechten Gerichts Gottes"* gesehen wird, und zwar *„dass ihr würdig geachtet werdet des Reiches Gottes, um dessentwillen ihr auch leidet"* (**2 Thes 1,4-5**). Ob man leiden und erdulden muss, um sich überhaupt zu qualifizieren, oder, um dort dann als durch Leiden vollausgerüstet gewordener Qualifizierter wirken zu können, erläutert hier Paulus nicht. Beides gehört aber heilsgeschichtlich zusammen.

Es gibt aber erst Recht das Gericht der *„Drangsal zu vergelten denen, die euch bedrängen,"* was darauf hinweist, dass es in der Christenheit vor *„der Offenbarung des Herrn Jesus vom Himmel, mit den Engeln seiner Macht, in flammendem Feuer, wenn er Vergeltung gibt denen, die Gott nicht kennen, und denen, die dem Evangelium unseres Herrn Jesus Christus nicht gehorchen"* (**2 Thes 1,7-8**) noch zu einer großen Bedrängung kommt, die zeitlich möglicherweise noch vor der Drangsal Israels liegt.

Das könnte man annehmen, wenn man die gegenwärtigen weltgeschichtlichen Entwicklungen betrachtet. Christen, die das Evangelium noch als Wahrheit verstehen, geraten auch in den sogenannten Ländern des christlichen Abendlandes immer mehr in Bedrängnis. Doch von einer Verfolgung zu reden, wäre im Jahre 2019 noch genauso übertrieben, wie wenn man sagt, dass Israel derzeit in großer Not ist. Doch das kann sich sehr schnell ändern! Auch in Israel gibt es eine Bedrängnis seit Staatsgründung, aber seit 40 Jahren gibt es dort keinen Krieg, sondern stümperhafte Versuche der Israelgegner, mit Nadelstichen das starke, vielleicht schon wieder zu starke Judentum zu erschüttern.

Immerhin kann man in beiden Fällen sagen, dass ein Umschwung zum Schlechteren nicht nur zu erwarten ist, sondern bereits an der Wand geschrieben steht. Wenn der heilige Geist Paulus inspiriert hat, von zweierlei Bedrängern der Gerechten zu schreiben, dann vermutlich deshalb, weil es zwei verschiedene Gruppen gibt. Die einen sind die, die Gott nicht kennen. Das sind die Atheisten, die Muslime und sonstige Abergläubische. Dazu gehören die Liberalisten, Humanisten und Feministen und was es sonst noch an Relativisten gibt. Bei ihnen ist der Mensch der Maßstab und die Mitte, nicht Gott.

Die anderen sind die, die dem Evangelium nicht gehorcht haben. Das scheint eine Gruppe von Menschen zu sein, die das Evangelium zumindest in den Grundzügen, kennen, aber nicht genug ernst nehmen. Dazu gehören alle Kirchen, die Gottes Wort verfälscht oder als Menschenwort relativiert haben und Gottes Kraft verleugnen, weil sie auf eigene und gottfeindliche Kräfte vertrauen. Zwischen beiden Gruppen gibt es einen kulturellen und sexuellen Austausch, eine babylonische Vermischung, und das Ergebnis ist eine Art anti-christliche Weltreligion. Sie bekommen das flammende Feuer des Gerichts zu spüren, die Früchte ihres „Weltethos-Weltkulturerbes".

Das Wort, das Paulus hier für „*Offenbarung des Herrn*" verwendet, ist „aokalypsis". Das ist insoweit interessant, als das letzte Buch der Bibel ebenso heißt. In diesem letzten Buch geht es um eben diese Dinge, die Paulus hier beschreibt. Interessanterweise sagt Johannes, dass er „an des Herrn Tag" im Geist war und dann die Offenbarungen über Jesus und die Gemeinden bekommen hat. Damit ist es naheliegend, dass die Apokalypse bei Johannes ebenso wie bei Paulus das Kommen des Herrn an Seinem Tag, dem Tag des Herrn meint und damit alle die Ereignisse, die um dieses Ereignis herum liegen. Es ist absurd, daran denken zu wollen, dass

Johannes oder auch Paulus unter „Tag des Herrn" einen sonntäglichen Wochentag gemeint hätten.

Aber warum wird Christus *„an jenem Tage verherrlicht…in seinen Heiligen"*? (**2 Thes 1,10**) Wie kommt es dazu, dass der Herr noch mehr Herr wird oder noch größer und herrlicher erscheint bei denen, die Ihn bisher noch nicht so wahrgenommen haben? Indem es Ihnen durch Herrlichkeits- und Machterweise gezeigt wird! Und das geschieht sinnvoll im Gerichtshandeln des Hauptes und der Leibesglieder Christi. Es wird überaus beeindruckend sein, wenn Christus Sein Gericht durch genau diejenigen ausführt, die vorher von den Verurteilten bedrängt und verfolgt worden sind. Das wird ein mächtiges Zeugnis für die Gerechtigkeit Gottes und die Reinheit und Zielgerichtetheit Seines Handelns sein. Die Verherrlichung Gottes ist überall dort zu Gange, wo auf das Gesamtziel Gottes hingewirkt wird, das ist die Vollendung der Schöpfung wie sie im Buch der Offenbarung skizziert wird.

Das würde nicht stimmen, wenn es eine endlose Hölle gäbe. Dann hätte Gott kein ganzes Werk, sondern eine Teileiche geschaffen. Gott hat als Ziel Seines Handelns klar die Verherrlichung durch Seine Schöpfung ausgegeben, dazu gehört die Heimholung aller Menschen. Dazu muss er auch alle Menschen aus der Hölle holen, sonst hat Er offenbar Sein Ziel nicht erreicht.

Die Schöpfung ist ja jetzt schon „herrlich" bzw. „HERRlich", wenn man viele ihrer Ansichten betrachtet. Da ist das gewaltige Weltall in seinen unermesslich verschiedenen Erscheinungsformen und -ebenen, den Farben- und Ton- und anderen Künstlerpaletten, die raffinierte Ordnung durch Naturgesetze, die Schönheiten der unbelebten und der belebten Welten, der schöpferische Geist des Menschen mit seinen wunderbaren Gaben, die immer weiter Neues erschaffen, als seien sie selber kleine Schöpfergötter, ihre Anmut und Würde als Ebenbilder Gottes. Aber wie wird erst die Schöpfung sein, wenn noch zwei wesentliche Faktoren dazukommen? Erstens die Wegnahme des Bösen und des Unguten. Zweitens die Vervollkomm-

nung dessen, was noch nicht vollkommen ist. Also Heilung und Heiligung, vom Verkommen zum Vollkommen. Und das betrifft die ganze Schöpfung, nicht nur den
Menschen, aber hauptsächlich Ihn.

Der Mensch soll sein Dasein aber nicht in einem albernen Paradies fristen, wo
noch irdische d.h. halbfertige Verhältnisse herrschen. Im Paradies der Muslime sind
noch nicht einmal die Frauen befreit vom Joch des Sexsklaventums. Und deshalb
die Männer auch nicht. Doch sieht der Himmel der Katholiken so viel besser aus?
Gottes Licht nahe sein zu dürfen! Das soll Gott verherrlichen? Was ist herrlicher für
Gott, Badeurlaub in der Südsee oder Dienst in einem Heim für seelisch schwer
Kranke? Und was wäre, wenn die seelisch Kranken dieser Welt in den künftigen
Äonen eine Verwandlung erfahren dürfen, die sie am Ende dahin bringt, Gott ein
Loblied zu singen? Wäre damit nicht mehr gewonnen, als sie aufzugeben und die
Zeit lieber am Strand zu verbringen?

JCJCJCJCJCJCJCJCJCJCJC

7. Kapitel
Abfall und Gesetzlosigkeit
2 Thes 2,1-11

Manche Schriftkundige des Neuen Testaments meinen unter dem Begriff Apostasie
in 2 Thes 2,3 nicht den Abfall von irgend etwas, sondern die Entrückung verstehen
zu müssen. Die Ankündigung der Tendenz zum Glaubensabfall für die letzten Tage
diesen Äons ist jedoch klare biblische Botschaft (1 Tim 4,1-16; 2 Tim 3,1-17). So
auch im zweiten Brief an die Thessalonicher: *„Wir bitten euch aber, Brüder, wegen*

der Ankunft unseres Herrn Jesus Christus und unserer Vereinigung mit ihm, dass ihr euch nicht schnell in eurem Sinn erschüttern, auch nicht erschrecken lasst, weder durch Geist noch durch Wort noch durch Brief, als seien sie von uns, als ob der Tag des Herrn da wäre. Dass niemand euch auf irgendeine Weise verführe! Denn dieser Tag kommt nicht, es sei denn, dass zuerst der Abfall gekommen und der Mensch der Gesetzlosigkeit offenbart worden ist, der Sohn des Verderbens…" (**2 Thes 2,1-3**).

Gemeint ist mit dem „Tag" von Vers 3 der „Tag des Herrn" vom Vers zuvor. Das ist der Gerichtstag Gottes. Bevor er kommt, muss die „Apostasia" kommen, so lautet das griechische Wort, das meist mit „Abfall" wiedergegeben wird. Apostasia kommt von *„aphístēmi", „verlassen, abfahren". Es setzt sich zusammen aus, „apó"* *– „weg von" und „/histémi", „stehen".* Apostasia ist also ein Wegkommen vom bisherigen Stand. ***193**

Manche setzten sogar die Apostasia mit der Entrückung gleich, weil das Wort ein „Rückzug" oder „Weggehen" bedeuten kann. ***194** Dabei wird darauf verwiesen, dass sich mittlerweile zwar die Übersetzung mit „Abfall" durchgesetzt habe, dass das aber nicht die ausschließliche Bedeutung gewesen sei. ***195** Die von Hieronymus im 4. Jhdt. angefertigte Übersetzung der Bibel ins Lateinische, enthält an der Stelle die Übersetzung mit „discessio", was ebenfalls mit „Fortgehen" oder „Abscheiden" übersetzt werden kann.

Das Kommen des Messias zu Seinem Volk steht in einem spannenden Zusammenhang mit dem Auftauchen des Gesetzlosen, der im Auftrag des Archetypen des Bösen ist, der das Volk von Gott weghalten will. Satan will nicht, dass Gott zu Seinem Volk kommt, da Er es nicht verhindern kann, will er wenigstens verhindern, dass das Volk zu Gott kommt. Insofern ist ein „Abfall" ein verhindertes Kommen zum Herrn.

Der Sohn des Verderbens oder „Mensch der Bosheit" kann gleichgesetzt werden mit dem in Jes 55,7 genannten „isch awen", der Mensch der Bosheit, ***196** der identisch ist mit dem „isch belial", wie er in 1 Kö 21,13 ausdrücklich genannt wird. *197

Es ist klar, dass das Naheliegende ist, die Verwendung des Begriffs „Belial" oder „Mensch der Bosheit" sowohl im Alten wie im Neuen Testament auf das Gleiche zu beziehen. Zwar wird die Gemeinde plötzlich entrückt, aber es wird zu einer konkreten historischen Situation geschehen, die in die Geschichte Israels mit den Nationen eingebettet sein wird. Es ist verständlich, wenn Paulus sagt, solange derjenige Mensch der Bosheit, der als Anti-Messias Israel und die Nationen verführen wird, noch nicht gekommen ist, kann ja unmöglich die Entrückung gewesen sein, die historisch vorher stattfinden wird. Aber man weiß eben nicht wann, weil sie unvorangekündigt sein wird. Gerade deshalb hatten ja die Thessalonicher Sorge entwickeln können.

Ein Abfall könnte jedenfalls darin bestehen, dass die Juden ihren Glauben an den Gott der Bibel verlassen und ihre Hoffnung auf das Kommen des messianischen Reiches aufgegeben haben. Stattdessen haben sie dem Liberalismus und Humanismus, mithin dem Weltgeist gehuldigt. *198 Letzten Endes ist es aber immer ein Auflehnen gegen die Oberhoheit Gottes. *199 Israel hat Gott verlassen und hat keine Ehrfurcht mehr. Es verlässt sich auf seine Weisheit, seine zivilisatorischen Errungenschaften, seine Überlegenheit gegenüber den Feinden, sein Militär und seine Überlebensfähigkeiten. Man kann auch sagen, dass sich Israel seit der Ablehnung des Messias in einer konsequenten Verweigerungshaltung gegenüber Gott befindet und daher schon nicht mehr von einer Treue gesprochen werden kann. Was der Abfall nicht sein kann, ist ein Abfall der Gemeinde der Heiligen, denn die wird ja entrückt.

Um die geht es nicht. Eine andere Frage ist, ob man dem Kirchenchristentum in seiner Gesamtheit eine prophetische Relevanz zuschreiben kann. Das Kirchenchristentum ist weltgeschichtlich mehr als nur ein Pfund. Und nicht zu bezweifeln ist, dass es in den Kirchen in vieler Hinsicht einen Anfall von früheren Glaubensinhalten gegeben hat. ***200** Die liberale Theologie hat längst die Herrschaft bei den Theologen übernommen. ***201**

Nun könnte man sagen, Paulus beschreibe doch in **2 Tim 3,1**ff, dass die Menschen immer gottloser werden. Sei das nicht gleichzusetzen mit dem Abfall von 1 Thes? Nicht zwingend, denn in 2 Tim beschreibt Paulus die allgemeine Weltsituation in den letzten Tagen prophetisch. So ist der Zustand der Welt bereits im Jahr 2019. Und gerade, weil die Kirchen ein Teil dieser Welt sind, ist diese Entwicklung nicht spurlos an den Kirchen vorübergegangen. Aber gerade deshalb, weil die Gemeinde Jesu in einer engen Gemeinschaft mit dem Haupt Jesus ist, wo Jesus zeitlebens des Auserwählten Glieder des Christusleibes begleitet, gehirtet, gefüttert und umsorgt hat, ist die Gemeinde von diesem Abfall in keiner Weise gefährdet. Sie ist nur in einem historisch-physischen Sinne davon betroffen. Ein Zerfall der Sitten und Werte in der Welt, würde Paulus nie als „Abfall" bezeichnen, denn wovon sollen Gottlose abfallen, wenn nicht von ihren Götzen? Das meint aber Paulus nicht. Und daher kann man 2 Tim auch nicht mit 1 Thes gleichsetzen. 2 Tim fällt zur Bewertung von 1 Thes aus.

Es gibt aber noch eine andere Verwendung des Begriffs Apostasia in Ap 21,21. Und das scheint enthüllend zu sein, denn da spricht Jakobus zu Paulus: *„Es ist ihnen aber über dich berichtet worden, dass du alle Juden, die unter den Nationen sind, Abfall von Mose lehrest und sagest, sie sollen weder die Kinder beschneiden noch nach den Gebräuchen wandeln."* Hier wird in „Abfall von Mose" der Begriff Apostasia verwendet. Es ist daher naheliegend, dass Paulus genau das meinte, was im messianischen Judentum für ganz Israel befürchtet worden ist und gegen was sich die Evangelisierung des messianischen Judentums richtete. Das messianische Judentum ist von den zwölf Jüngern vertreten worden. Die Verwendung des Wortes als Verb kommt außerdem im Sinne des Abfalls vom Glauben bzw. von Gott in Lk 8, 13, 1 Tim 4,1; Heb 3,12 vor.

Während die beiden anderen Botschaften jeweils an Juden gerichtet sind, kann das von 1 Tim 4,1 nicht gesagt werden. Da warnt Paulus: *„Der Geist aber sagt ausdrücklich, dass in späteren Zeiten manche vom Glauben abfallen werden, indem sie auf betrügerische Geister und Lehren von Dämonen achten."* Nur, welcher Glauben ist gemeint? Da von Gott Auserwählte nicht abfallen können, muss es Berufene geben, die abfallen können. Dass es das tatsächlich gibt, sieht man ja gerade in unserer Zeit. Es gibt viele Kirchenchristen, die es nicht nur dem Namen nach sind, sondern die daran glauben, dass Jesus Christus der Sohn Gottes ist, der für ihre Sünden gestorben ist. Aber sie haben keine lebendige Beziehung zu Ihm. Sie leben ein weltliches Leben und sind geistlich mehr tot als lebendig. Sie lesen die Bibel nicht und noch schlimmer: es interessiert sie gar nicht, was Gott sagt, zumal sie nicht glauben, dass die Bibel das Wort Gottes ist. Sie haben vielleicht noch eine christliche Erziehung genossen und schätzen christliche Werte. Und dann haben sie es doch vollends aufgegeben und leben zunehmend das Leben von Weltmenschen. Bei solchen Menschen und ihren Kindern, die ihren Fußstapfen folgen, kann man von einem Abfall reden.

Wenn man den Kontext der beiden Briefe an die Thessalonicher besieht, muss man feststellen, dass Paulus im ersten Brief die große Hoffnung der Gemeinde, bald bei Jesus zu sein, geweckt hatte (**1 Thes 4,15**ff). Die Entrückung wartet auf sie. Dazu erklärt er noch, dass der Tag des Herrn die anderen Menschen ganz plötzlich befallen wird (**1 Thes 5,2-3**), dass aber die Gemeinde nicht zum Zorn bestimmt ist (**1 Thes 5,9**). Wie passt nun der zweite Brief dazu? Man frage Paulus! Er gibt Antwort gleich nachdem er die Brüder begrüßt hat. Da sind falsche Brüder gekommen, sogar von einem falschen Brief, der im Namen von Paulus kursierte, ist die Rede (**2 Thes 2,2**) Diese Leute haben behauptet, dass man doch schon mitten in der Trübsal sei (**2 Thes 2,3**). Gegenüber der Gemeinde besteht die bereits wirksame „Gesetzlosigkeit" darin, dass sie verführt werden soll zu einem Abfall von der Zuversicht auf Gott, dem Vertrauen in Ihn und in die Rettermacht Jesu.

Es gibt auch schon bei den Thessalonichern Leute, die von der wahren Identität des Gesetzlosen, der hinter allem Gesetzlosen steckt, nichts wissen und ihm vielleicht schon auf den Leim gegangen sind oder zumindest gefährdet sind. Paulus versucht daher die Thessalonicher zu beruhigen und davon zu überzeugen, dass die Endzeit noch nicht so weit fortgeschritten ist. Aber auch er vermag nicht, den *„Mensch der Gesetzlosigkeit"* klar zu identifizieren. Die Thessalonicher waren erschrocken, weil Paulus ihnen Hoffnung gemacht hatte, dass die Gemeinde entrückt würde, bevor es richtig beschwerlich für einen Christen wurde. Paulus hatte es aber ihnen gesagt, als er noch bei ihnen war (**2 Thes 2,5**), dass zuerst, bevor der Tag des Zorns Gottes kommen würde, der *„Mensch der Gesetzlosigkeit"* und *„Sohn des Verderbens" „offenbart worden"* sein müsse, *„der sich widersetzt und sich überhebt über alles, was Gott heißt oder Gegenstand der Verehrung ist, so dass er sich in den Tempel Gottes setzt und sich ausweist, dass er Gott sei."* (**2 Thes 2,3-4**) Damit ist der Antichrist deutlich beschrieben. Das ist ein Mensch, der idealtypisch die Verkörperung des Gott widerstehenden Wesens ist, der aber, wie das Wort „anti" schon besagt, nicht unbedingt immer oder gleich mit seinem Trachten erkennbar ist. Und doch gilt, jedes Alternativprogramm zum Weg des Christus ist ein antichristliches. Deshalb ist der christlichen Gemeinde von Haus aus jeglicher Synkretismus verboten. Zugleich kann man erkennen, wo der Antichrist sein Haupt erhebt, nämlich überall dort, wo sich Religionen die Hand zu mehr als nur dem Dialog reichen. Damals war der Antichrist noch nicht erkennbar, und Paulus sagt das auch den Thessalonichern, sie sollen sich also wieder beruhigen, die Entrückung steht nach wie vor aus, sie kommen, wie er gesagt hat, nicht in die Trübsal.

Es ist eigenartig, dass viele Ausleger das nicht so sehen können und sich darauf versteift haben, dass die Entrückung nach der Trübsal komme. Sie nehmen dafür eben diese Schriftstellen her, um ihre Sichtweise zu untermauern. Der Fehler liegt darin, dass sie nicht sehen können oder wollen, dass der Tag des Herrn eben nicht der Sonntag ist, sondern der Gerichtstag, der nicht der Gemeinde gilt, sondern der Welt mit den Nationen, einschließlich Israel.

In diesem Zusammenhang ist natürlich klar, dass mit der Gemeinde auch der Geist, der sie beseelt hat, verschwindet. *202 Das Gemeindezeitalter ist mit der Entrückung beendet. Nun kommt eine gewisse, jedoch vergleichsweise kurze Zeit, wo der Teufel „losgelassen" ist, oder, besser gesagt, anders schalten und walten kann wie er es unter zigtausendfacher Geistesgegenwart des Geistes Christi in seinen Gliedern tun konnte! Solange also die Gemeinde da ist, kann der Gesetzlose und der Tag des Zorns noch gar nicht gekommen sein. Das ist genau der Trost, den Paulus im ersten Thessalonicherbrief spendet. Worin würde dieser Trost bestehen können, wenn Paulus der Gemeinde gesagt hätte, sie müsste leider noch in die Trübsalzeit? Manche Bibelausleger des 20. und 21. Jahrhunderts können sich nicht vorstellen, dass es noch schlimmere Zeiten geben würde, dabei sind sie weder unter den Opfern des Zusammenbruchs der beiden Twin Tower des World Trade Centers, noch des Tsunamis, der kurz nach der Jahrtausendwende Ostasien verwüstet hat.

Nach Jes 27,12-13 erschallt zur endgültigen Sammlung und Wiederherstellung Israels eine große Posaune. Röm 1,18: „*Denn es wird offenbart Gottes Zorn vom Himmel her über alle Gottlosigkeit und Ungerechtigkeit der Menschen, welche die Wahrheit durch Ungerechtigkeit niederhalten.*"

Diese Unterweisung von Paulus, dass die Verstorbenen auferstehen würden, wenn die Entrückung käme, erschwert die Sicht, dass verstorbene Gläubige gleich bei Christus wären, denn dann wären sie gegenüber den Lebenden schon im Vorteil und ihre Auferstehung macht keinen Sinn. Paulus hätte nicht nur Gelegenheit gehabt, hier etwas zu dem Thema zu sagen, er hätte es geradezu machen müssen, weil diese Nachricht, dass die Verstorbenen ja bereits bei Christus sind, hätte ein noch größerer Trost für die Thessalonicher sein müssen. Paulus scheint also nichts davon zu wissen, dass ein Gläubiger sofort in den Himmel kommt. Als Jesus starb, stand er nach drei Tagen von den Toten auf. Es ist nicht anzunehmen, dass Er in dem Augenblick Seines Todes beim Vater war und dann nach drei Tagen wieder ins Grab gefahren ist, um dort noch einmal ins Leben zu kommen, mit einem verwandelten Leib. Stattdessen war Er im Hades und hat den Toten dort gepredigt (1 Pet 3,19). Das steht zwar so geschrieben, spielt aber in der Theologie der Kirchen keine große Rolle. Man kann auch sagen, dass dieser Vers ihnen ein Dorn im Auge ist. Was soll Jesus im Totenreich denn predigen? Tot ist tot und verdammt ist verdammt, glauben sie. Die Zeit, in der sie, die Kirchenmenschen leben, soll gefälligst die einzig wichtige Zeit sein. Nach uns kommt nicht die Sintflut, sondern gleich das Gesetz und dann wird Gott endlich die Nichtkirchler austilgen, oder, etwas genauer formuliert, alle diejenigen, die nicht zu uns gehörten. Das ist die typische Geisteshaltung der Unbekehrten, die schon die Jünger Jesu gezeigt hatten (Lk 9,54). Für sie war das Vorhaben Jesu, Sein Wesen, Seine Denkweise fremd und geheimnisvoll.

Paulus verstand Jesus viel besser. Paulus spricht viel von Geheimnissen. Erstaunlicherweise spielen seine Geheimnisse in der Kirchenliteratur keine große Rolle. Und auch das ist typisch, denn bei den Kirchenmenschen handelt es sich um eine Gruppe von Menschen, die weit überwiegend unbekehrt ist. Der verbleibende Teil bildet die Schar der „Jünger Jesu", die zwar in einem gewissen Sinne bekehrt sind, aber noch Schüler sind, noch keine reifen Glieder am Leibe Christi sind. Diese Letztgenannten wiederum sind höchstwahrscheinlich statistisch nicht von erheblicher Bedeutung.

Es ist beinahe so, als würde man sich nicht richtig für die Geheimnisse interessieren. Warum nur? Weil es für die Kirchen längst keine Geheimnisse sind? Vielleicht! Vielleicht aber auch, weil diese Geheimnisse von störendem und verstörendem Inhalt sind. Und dann gehören sie eher nicht zu ihrem Metier.

Das allererste Geheimnis, das in Verbindung mit einer Warnung von Paulus gegenüber den Thessalonichern ausgesprochen wird, ist vielleicht ein Geheimnis, das einen Hinweis darauf gibt, warum sich die Kirchen nicht so gerne mit den Geheimnissen von Paulus auseinandersetzen. Es ist das Geheimnis der „Gesetzlosigkeit".

Den Thessalonichern berichtet Paulus, dass sich schon das Geheimnis der Gesetzlosigkeit als wirksam erweist, es ist aber noch nicht offenbar (**2 Thes 2,7**). Was meinte er damit? Sonst warnt er ja immer vor zu großer Gesetzlichkeit und sicherlich haben ihn viel Juden auch als Gesetzlosen bezeichnet. Dass es etwas Anti-Christliches gibt, ist klar, denn Paulus sagt ja, dass Christus es bei seiner Rückkehr vernichten wird. Damit kann man wissen, es ist etwas Anti-Christliches, was zur Zeit von Paulus schon wirksam ist, aber nicht offenbar ist. Und es hängt zusammen mit dem *„Mensch der Gesetzlosigkeit"* (**2 Thes 2,3**), *„der sich der sich widersetzt und sich überhebt über alles, was Gott heißt oder Gegenstand der Verehrung ist, so dass er sich in den Tempel Gottes setzt und sich ausweist, dass er Gott sei."* (**2 Thes 2,3-4**). Damit ist auch klar, dass die Gesetzlosigkeit darin besteht, dass sie sich anstelle von Gott setzt und sich Gott zugleich widersetzt.

Wer oder was setzte sich im ersten Jahrhundert anstelle von Gott und widersetzte sich Ihm? Das war der Kaiser in Rom und mit ihm die römische Art, was man in der Gesellschaft, im Recht und in der Religion für richtig hielt. Andernorts bringt das die Bibel in Verbindung mit der „Hure Babylon" (Of 17,5). Der Kaiser wurde als Gott-Mensch betrachtet und er sah sich, jedenfalls traf das zum Teil auf die Kaiser zu, selber auch so. Er war Vermittler zwischen Menschenwelt und Gotteswelt. Er war Roms höchster Hohepriester. Er war der Brückenbauer zwischen Erde und Himmel, diesseits und jenseits. Er war der pontifex maximus (Höchster Brückenbauer) und es ist bekannt, dass der Papst diesen Titel übernommen hat.

Auf die Kirche Roms treffen noch andere Attribute dieser Art von Gesetzlosigkeit zu. Sie hat römisches Gesellschaftswesen übernommen, z.B. durch die Übernahme von römischen Feiertagen, Symbolen und Glaubensinhalten, römischer Rechtsprechung. An Glaubensinhalten wäre der Glauben an einen ewigen Quälort zu nennen, die Heiligenverehrung, die im alten Rom den Verstorbenen und geringeren Göttern galt, insbesondere auch die Anbetung der göttlichen Mutter und göttlichen Jungfrau, die es vorher gegenüber Kybele und Venus/Aphrodite gegeben hatte. Viele Tempel, die ihnen geweiht worden waren, wurden von der Kirche umfunktioniert zu Kirchen. Es gibt also sogar eine baugeschichtliche Sukzession vom alten Rom in die Kirche Roms. Was die Kirche in Rom losgetreten hat, ist eine Lawine, die auch im 21. Jahrhundert noch am Rollen ist. Früher bei den Baalsreligionen hurten die Tempelpriester mit den Tempeldienerinnen. Heute ist die Kirche Roms weltweit bekannt dafür, dass vor ihren Geistlichen Kinder und Jugendliche und Frauen, die ein Gelübde abgelegt haben, nur für Jesus zu leben, sexuell missbraucht werden.

Das Kirchenchristentum, sagen die einen, repräsentiert das real existierende Christentum, das von Jesus und Paulus begründet worden ist. Andere sagen, es repräsentiert das Anti-Christentum, weil es genau das ist, was so aussehen und sich so anfühlen und schmecken soll, wie die Menschen ihr Christentum machen. Anstatt, anti, dem Christentum, wie es Gott haben wollte, zu gleichen, stellt man nur die Fortsetzung der Alten Religiosität dar und hat sich eine christliche Verkleidung zugelegt. Ähnlich wie sich die heutigen Bischöfe und Kardinäle auf Jesus und die Apostel zurückführen möchten, beanspruchten die Schriftgelehrte und Hohepriester zur Zeit Jesu, die Nachfolger und Stellvertreter von Abraham; Jakob und Mose zu sein. Und beide irrten sich gründlich. Die Römer hatten die Vestalinnen. Das waren ausgesuchte Jungfrauen, die den Tempel der Göttin Vesta zu reinigen hatten. Sie unterstanden dem pontifex maximus, der sie auch berufen hatte, und mussten Keuschheit geloben. Und hier gibt es den Unterschied zur Kirche Roms. Die Vestalinnen wurden aus dem Dienst entfernt, wenn sie unkeusch geworden waren.

Paulus schreibt über beides, das Christentum und das Anti-Christentum. Das Christentum, das sind die von ihm betreuten Gemeinden und die Gemeinde in Jerusalem und, falls es das gab, andere Gemeinden, die von anderen Evangelisten betreut wurden. Das Anti-Christentum ist für jene geistliche Strömung, die sich anschickte ein anstatt-Christentum aufzubauen. Vor diesem Anti-Christentum warnt er praktisch in all seinen Briefen, was nur zeigt, dass es das schon gab, zumal er ja teilweise sehr konkret wird. Und es scheint auch, dass er jene, die in die Gemeinden kamen und seine Verkündigung zu „korrigieren" trachteten, zum Anti-Christentum dazu zählte.

Paulus sah die Entwicklungsrichtung, die das Antichristentum nehmen würde, voraus. Es geht aus dem Umfeld der Gemeinde Jesu hervor und entwickelt sich zu einem sogenannten Christentum, das in Wirklichkeit ein Anti-Christentum ist. Das hat er auch den Ephesern gesagt: *„Ich weiß, dass nach meinem Abschied grausame Wölfe zu euch hereinkommen werden, die die Herde nicht verschonen."* (Ap 20,29). Das bedeutet nicht, dass die grausamen Wölfe noch nicht unterwegs waren. Er hatte ja einige ihrer Vorgänger schon kennen gelernt.

Das wird bei den Kirchengeschichtsschreibern kaum angemessen thematisiert, schon gar nicht, dass die christliche Kirche sich zu einer antichristlichen Kirche entwickelt haben könnte. *203 Und solche Kirchengeschichtsschreiber, die einer kleinen Glaubensgemeinschaft angehören und diese negativen Entwicklungen aufzuzeigen versuchen, neigen verständlicherweise dazu, die Abweichungen der historisch in Erscheinung getretenen Kirchenchristenheit in ihrem Sinne zu interpretieren. Dass sie dabei immer die Geschichtsvorgänge richtig „lesen" ist fraglich. *204 Aber auch fehlerhafte Werke sind nicht ganz wertlos. Fakt ist, dass in der Kirchengeschichtsschreibung der katholischen Kirche und ihrer größten Ableger ganz selbstverständlich davon ausgegangen ist, dass die christliche Kirche des zweiten bis 4. Jahrhunderts, bevor sie Staatskirche geworden ist, eine positive Entwicklung genommen hat, wie man es von einem Reich Gottes auch bereit war, zu erwarten.

Die Kirchenväter waren gläubige Christen, wird angenommen, und sie waren Wert, sagen katholische Gelehrte, dass man sie heilig sprach und ihre Gedanken übernommen hat. So dachte man und so denkt man. Die geschriebenen Kirchengeschichten beschrieben zwar auch die Kämpfe, die zwischen den verschiedenen geistlichen Oberen stattgefunden haben und kritisieren vieles, aber sie gehen kaum über den bekannten Rahmen hinaus, der im Wesentlichen den Verlautbarungen entspricht, der schon damals die Gemüter bewegte. So ist man beispielsweise in der Lage einen Irrlehrer Ketzer zu nennen, und lediglich seine Behandlung zu kritisieren. *„So waren halt damals die Sitten – heute würde man das nicht mehr tun".* Die Kirchengeschichtsschreiber der großen Kirchen sind im Grunde Verharmloser, die nur das nachkauen, was andere schon vorgekaut haben. Und wenn etwas ganz unverdaulich ist, kann man es immer noch abtun als nicht zeitgemäß: *„Das war damals, aber heute ist es anders!"* oder *„Die Kirche hat dazugelernt…"* usw. Und schon ist wieder alles in Ordnung!

Es gibt keine Zweifel, dass die anti-christliche Bewegung bereits zur Zeit der Apostel hochaktiv war. Warum hätte Satan auch warten sollen? Den Feind bekämpft man am erfolgreichsten, wenn er noch nicht stark ist. Satan legte seinen Samen und begoss ihn ständig aufs Neue. Er wuchs und gedieh vielfältig. Und er bestimmt die Geschichtsschreibung nachhaltig. Die christliche Kirche wurde unter den Einfluss griechischer Kirchenväter eine hellenisierte Kirche. *205 Als Johannes die Offenbarung schrieb, zeigte sich besonders in der Gemeinde zu Pergamon die Vermischung des Glaubens an den Gott Israels mit den fremden Religionen. Auf die „Lehre Bileams" in 4 Mos 23 wird in Of 2,14 angespielt. Sie empfiehlt jemand, der einen fremden Glauben in den wahren Glauben einbringen will, um ihn zu zerstören, eine Falle durch Verführung aufzustellen.

In Pergamon stand nach Of 2,13 der *„Trohn Satans".* Falls es sich dabei um den Tempel Pergamons handeln sollte, befindet sich zumindest ein Teil davon im sogenannten Pergamon-Museum in Berlin. Eine Verbindung von Berlin zu Bileam kann man darin sehen, dass von der Bärenstadt aus die größten Bemühungen ausgingen, das Volk Israels auszulöschen.

Eine andere Linie von Pergamon geht nach Rom, der Wolfsstadt. Die hohepriesterliche Funktion des Pontifex Maximus in Rom, soll vom letzten König Pergamons, Attalos III. (170-133 vZ) auf den Herrscher von Rom übergegangen sein. *206 Attalos übertrug lediglich die Nachfolge seines Amtes an die Herrscher von Rom. Der

Pontifex hatte in Rom jedoch immer die Aufgabe, der Hüter des Glaubens an die römischen Götter zu sein. Als Hohepriester war er der Brückenbauer zwischen Mensch und Gott.

Die römischen Kaiser bis Gratian trugen diesen Titel. Gratian legte ihn im Jahr 382 nZ ab. Papst Leo der Große (440–461) übernahm den Titel. Seitdem tragen ihn alle Päpste. Da der Götterhimmel der Römer die gleichen Götter enthielt wie der Götterhimmel der Griechen und Babylonier, sie trugen nur andere Namen, ist es einerlei, ob der Titel des höchsten Priesters über Pergamon nach Rom kam, oder eine Erfindung der Römer war. Auch macht umgekehrt die Übernahme des Titels den Papst nicht zu einem Anti-Christen. Ein Mensch wird zu einem Anti-Christen, wenn er anstatt der Lehre von Christus, die Lehre Bileams oder irgendwelche andere Lehren, die anti-christlich sind, vertritt. Die Lehre Bileams ist im Wesentlichen der Versuch, die Beziehung von Gottes Volk zu Gott zu stören oder noch kürzer, die Beziehung von Mensch zu Gott nicht zuzulassen. So kann das Heil nicht zum Menschen kommen.

Was sich aus dem Christentum in den ersten Jahrhunderten, seitdem die Kirche Roms Staatskirche wurde, entwickelt hat, wurde schon vielfach beschrieben. Schwerpunktmäßig stellte man fest, dass da eine neue Weltreligion im Entstehen war. Man nannte diese Weltreligion aber Christentum, und nicht Anti-Christentum. Man kann ja etwas nur „anti" nennen, wenn vorher klar ist, gegen was sich dieses „anti" abgrenzen soll. Und dieses Thema fehlt praktisch allen Historikern, weil sie von menschlicher Sicht aus beurteilen, nicht von Gottes Sicht aus. Wenn ihnen der Geist Gottes fehlt, bleibt ihr Urteil beschränkt. Fakt ist, dass das, was sich dann als Kirche zu präsentieren begann, stark von griechischer Philosophie und lateinisch-römischem Recht gestaltet worden war. Aber nicht das Christentum als solches entwickelte sich tatsächlich, sondern das Kirchenchristentum. Darin liegt der entscheidende Unterschied, der den Historikern und Theologen in der Regel verborgen geblieben ist. *207

Und das, obwohl die Kirche viel Neues eingeführt wird, welches das Alte verdrängt oder zum Teil sogar umdreht. Da wird nach katholischer Lehre und Gesetz doch tatsächlich schamlos den katholischen Gläubigen befohlen, dass sie ihren Kirchenleitern Gehorsam schulden. Was die Kirche bestimmt, haben die Gläubigen zu befolgen. Da wird also der Mensch nur noch zum Sklaven der Kirche. Dabei sollte er doch eigentlich Christus dienen. Wie sagte Kant? Man müsste die Menschen aus ihrer selbstverschuldeten Unmündigkeit befreien. Wollte man das tun, sagen Spötter, müsste man die katholische Kirche abschaffen. *208 In der Bibel findet sich kein Befehl einer Kirche, dass man ihr folgen müsse. Zwang wird dort immer nur von Gewaltherrschern ausgeübt. Und das hat ja die katholische Kirche oft genug nachexerziert. Heutzutage unken kritische Kirchengelehrte, wer katholisch ist, sei selber schuld. Und tatsächlich, im Gegensatz zu früher hat man heute die Möglichkeit, sich zu informieren.

Ein Merkmal der anti-christlichen Kirche ist nämlich, dass sie die Menschen versklavt. Das hat sie Jahrhunderte lang seelisch und geistlich gemacht. Dabei ist nur weniges klarer im Neuen Testament erkennbar, als dass Gott die Menschen maximal befreien will. Vor allem von der Sünde und ihren Folgen. Eine Kirche, die beansprucht neutestamentlich zu sein, kann die Menschen nicht wieder unter ein Joch zwingen, das viel zu schwer ist, als dass es jemand tragen kann. Die Kirche Roms hat genau das getan.

Erst seit der Reformation hat sich mit der Hinwendung zum Wort Gottes, eine Umbesinnung und Wende zu mehr individueller Freiheit vollzogen. Die Theologie, die nun ganz im Geiste der Bibel von Befreiung reden konnte, ist etwas ganz anderes, als die sogenannten Befreiungstheologie, die mehr eine sozialistische, als eine christliche Ideologie ist. Die Idee von der Freiheit hat sich nicht von der Philosophie her entwickelt, wo sie nur eine Spielerei war, sondern vom Christentum. Christus oder Paulus konnten nur so überzeugend von Freiheit reden, weil die Völker hauptsächlich aus Unfreien und Leibeigenen und Sklaven bestanden. Aber selbst der Kaiser war ja nur wenig mehr als ein Spielball, der mal hierhin, mal dahinrollt. Der

Mensch ist unfrei, solange er nicht von Gott befreit worden ist. Ob er seines Sklavendaseins bewusst ist, ist wieder etwas anderes! *209

Wenn das für die Sklaverei der Sünde auch gilt, dass der Wert der Befreiung davon, erst richtig gewürdigt werden kann, wenn man in der Sünde war und sie durchschaut hat, ist eine Erklärung gefunden, warum Gott dem Menschen die „Freiheit", sich für die Unfreiheit zu entscheiden, überhaupt gelassen hat.

Dass gerade das kirchliche Christentum so viel Sklaverei betrieben hat, ist eine Schande, die vergleichbar ist, mit der Verfolgung der Juden. Der Geist, der verfolgt, will auch versklaven. Und die andere Seite dieser Schattenseite war eben auch die der Aufklärung und Befreiung, die durch das Christentum in die Welt kam. Die humanistischen Aufklärer im 18. und 19. Jahrhundert waren meist Protestanten. Bildungsziel der Aufklärung war und ist zwar der mündige Mensch. Doch die Argumentation dazu stammt aus dem Christentum. *210

Die Bewegung der Aufklärung nahm also ihre Ideen aus dem christlichen Glauben und schenkte umgekehrt der Christenheit ihre weit über das Ziel hinausschießende Kritik"fähigkeit", die sich, losgelöst vom biblischen Glauben, zu dem wandelte, was sie in der Ferne von Gottes Wahrheit nur werden kann, Werkzeug des Antichristlichen, getreu dem Motto, dass man nur einem von nur zwei Herren dienen kann, entweder dem Christus oder dem Antichristus. Alles was die Bibel offenbart, zweifelt sie an und wandelt sie umgekehrt von der Aufklärung zur Verwirrung und zum Entstellen der Wahrheit. Das Problem ist, dass es die Kirchen nicht vollumfänglich bemerkt haben und sich nicht nur zum Teil dieser gottlosen Bewegung gemausert haben, sondern es auch gar nicht merken. Auch Kommunismus und Marxismus und Liberalismus sind indirekte Erzeugnisse der Aufklärung, die den Menschen mit frischem Opium versorgen, dessen Einnahme todsicher eine verkehrte Wirklichkeit vorgaukelt. Übrigens waren gerade Juden überprozentual beteiligt bei der Einführung und der Umsetzung dieser viel Unheil bringenden Bewegungen.

Karl Marx war so ein Jude. Der Marxismus sagte ja von sich selbst, dass er antichristlich ist. Er ist aber noch in den verschiedenen Formen des Neo-Marxismus stark in unserer westlichen Gesellschaft verwurzelt. Er hat auch die Kirchen durchsäuert und das Gedankengut vieler Theologen inspiriert. Er will besonders sozial sein und wird darin besonders asozial, denn die Gleichmacherei zerstört in Wirklichkeit alle Individualität und mit ihr die Entfaltung aller Gaben des Individuums. Sie verbindet sich mit der Gottlosigkeit wegen der angestrebten Befreiung von Gott. Und der wird als höchster Sklaventreiber verunglimpft, Er, der Befreier von Sünde, Tod, Teufel und Leid. Man will das Optimum aus dem Menschen herausholen, obwohl das Optimum so angelegt ist, dass es gar nicht ohne Gottes Atem existiert. Wer leben will, muss Gott die Hand reichen, sonst geht er ein wie eine Primel. Das ist nicht Sklaverei, sondern kluge Voraussicht und Planung Gottes.

Jede Hinwendung zu Gott betont die Individualität, weil sich Gott nicht auf den Dorfplatz stellt und eine Ansprache an alle hält, sondern weil Er jeden einzelnen heimsucht und jedem einzelnen gegenüber steht. Er spricht jeden an, weil er jeden haben will und jeden ganz besonders. Er will mit jedem ein fruchtbares Liebesverhältnis eingehen. *211

Doch ist auch jeder Individualismus, der versucht, ohne das Haupt, Jesus Christus, auszukommen, ebenso zum Scheitern verurteilt. Jeder Versuch, sich als kopfloser Rumpf zu emanzipieren, ist eine hilflose Groteske. Die heutige Überflussgesellschaft erzeugt ja auch viele verschiedene solcher Spielarten des vermeintlichen Individualismus, die vielleicht atemlos machen und die Lebenszeit verkürzen, aber zielführend sind sie nicht.

Man kann keine vollständige Person sein, wenn man an Gott vorbeilebt.

Man kann nicht mündig sein, wenn man Christus noch nicht gefunden hat. Das Leben ohne Ihn ist ein Krampf, denn kein Leben kann sich voll entfalten, ohne den, der alle Herrlichkeit zur Ehre Gottes entfaltet, denn von Ihm und durch Ihn und zu

Ihm sind alle Dinge. Es kommt also darauf an, nach dem „von" so schnell wie möglich ins „durch" zu kommen und, wenn man im „durch" ist, bereit dafür zu sein, das „zu" zuzulassen (Röm 11,36).

Abseits der westlichen, „kirchenchristlichen" Entwicklung gab es auch eine nahöstliche, die ebenso anti-christlich, nur auf eine andere Art war. Wenn zwei Armeen mit unterschiedlichen Befehlshabern sich gegenseitig aus dem Weg gehen, aber doch das gleiche Ziel mit dem gleichen Gegner haben, werden sie sich zumindest darin einig sein und unter einem Oberkommando vereinen lassen, um das gemeinsame Ziel zu erreichen. Ein Zweig des Anti-Christentums, das nur „Christentum" heißt, es aber nicht ist, ist der Islam. Er ist zu einer Zeit entstanden, als sich das Christentum immer weiter in Richtung Asien auszubreiten anschickte. Und auch dieser Zweig hat sich, wie die Kirche Roms, der Aufklärung über ihre Wurzeln verschlossen.

Der Islam hat sich der Aufklärung entzogen und hat bis auf die heutige Zeit, die Entwicklung zu mehr Sozialismus und Liberalismus verschlafen. Aber er hatte ihn nicht nötig, denn er ist schon eine Botschaft mit verkehrter Wirklichkeit. Er ist auf eine andere Art gottlos. Die Fortschritts- und Bildungsanstrengungen des Islam sprechen für seine Rückständigkeit infolge von geistiger Versklavung und Einengung. In der Rangliste der Volkswirtschaften stehen die Islamstaaten weit hinter denen des Westens. *212

Dass der Islam intolerant gegenüber dem Judentum sei, kann direkt aus dem Koran begründet werden. Zwar nehmen die Kirchen ihre Begründung dafür ebenfalls aus ihrem „heiligen" Buch, jedoch sagt die Bibel im Unterschied zum Koran, dass das Heil aus den Juden kommt. *213 Bei den Kirchen hat über die Jahrhunderte ein Gesinnungswandel in Bezug auf den Islam stattgefunden. Früher betrachtete man den Islam als Feind des Christentums. Inzwischen hat man die Politik der Koexistenz und Toleranz, obwohl schon immer in Islamstaaten Christen am meisten verfolgt wurden. Das ist bis zum heutigen Tag so geblieben. *214

Viele Autoren beklagen die Intoleranz des Christentums in der Vergangenheit gegenüber dem Islam. ***215** Sie übersehen die inhärente Gewaltpotenz der islamischen Religion. Diese ist nicht tolerierbar, weil sie menschenverachtend und menschenfeindlich ist. Dass viele Muslime sehr wohl tolerant und menschenfreundlich mit Nichtmuslimen umgehen, liegt nicht an ihrer Religion, denn diese akzeptiert keinen Unglauben. Ebenso wenig ist umgekehrt die Menschenverachtung und Menschenfeindlichkeit vieler Kirchenchristen durch die Jahrhunderte in ihrer christlichen Religion verwurzelt, denn diese ist menschenfreundlich und menschenachtend.

Aber auch nichtislamische Gesellschaften können ein Problem mit der Toleranz bekommen, nämlich dann, wenn es eine fanatische Toleranz wird, die keine andere Meinung gelten lässt. Dann wird diese Toleranz, die in Wirklichkeit intolerant ist, zu einer Gesetzlosigkeit, die ihre eigenen Gesetzmäßigkeiten aufstellt und dabei unweigerlich Gottes Ordnung stört und zuwiderläuft. Die französischen Revolutionäre pochten auf Meinungsfreiheit und forderten doch die Köpfe der groben Abweichler. Eine ähnliche Fehlentwicklung kann man im Jahr 2018 sehen, wo eine sich selbst so nennende Linksliberale Elite bestimmen will, was gut und richtig ist und andere vorerst nur verbal verdammt. Da werden auch Bibelgläubige als gefährliche Fundamentalisten bezeichnet. Gefährlich für was? Die herrschende Meinung anzugreifen? Aber wenn schon die Menschenrechte auf dem Nichts gegründet sind, was unweigerlich der Fall ist, wenn man sich auf den Naturalismus und das Naturrecht beruft, was will man dann von den „Menschenrechtlern" erwarten, die doch wieder nur ihre eigene Gruppierung tolerieren können?
Die Aufklärung wollte Toleranz und Humanismus und ist doch wieder in die Intoleranz und Inhumanität gekommen, weil sie nicht die geistliche Integrität besitzt, rein und klar in Gedanken und Werken zu sein. Sie hat das einzige Fundament verlassen und verschmäht, von dem ausgehend es dem Menschen überhaupt möglich ist, der "Gerechtigkeit" nahe zu kommen. Und gerade auch die Kirchen haben unter

Beweis gestellt, dass ihre Unduldsamkeit und ihr Fanatismus eben diese Integrität ermangeln.

Goethe ist ein Beispiel dafür, wie der Humanismus zu einer irrationalen, die Fakten missachtenden Toleranz führen kann. Bei ihm wurde der Islam *„zum Inbegriff eines lauteren, durch keinerlei historische Ausprägung belasteten Monotheismus, zu einer kultlosen Religion des Herzens."* Die Beschreibung trifft auf den biblischen Glauben zu. Nur der christliche Glauben ist eine „kultlose Religion des Herzens". ***216** Goethe hat weder das biblische Christentum verstanden, noch den Koran. Aber er war ja bei seinem Urteil auf die armselige Kirchenszene angewiesen und hat es nicht für nötig gefunden, die Bibel selber einmal ernsthaft durchzulesen. Sein Faible für das Italien der Renaissance zeigt auch seine humanistische Ausrichtung.

Was den Islam betrifft, da kannte er noch keinen Dschihad und studierte ebenfalls den Koran nicht. Sonst hätte er zur Kenntnis genommen, dass es für jeden Muslim eine Pflicht ist, nach Mekka zu reisen, wo er einem schwarzen Stein in einer Mauer seine Reverenz erweisen muss. Der Stein steht für das schwarze Herz dieser Religion, das zwar von der Barmherzigkeit ihres Gottes redet, aber keine Barmherzigkeit übt, sondern Unterwerfung. Im Christentum steht die gewinnende Unterordnung unter Christus im Mittelpunkt, nicht die gewaltsame Unterwerfung. Gewinnend ist die Unterordnung, weil der Mensch der Gewinner ist und es auch merkt. D.h. er muss sich nicht auf später vertrösten lassen, so wie im Kirchenchristentum oder im Islam. Es gibt aber auch eine Fälschung des Christentums, das Unterordnung mit Unterwerfung verwechselt hat. Dieses falsche Christentum behauptet auch, den gleichen Gott anzubeten wie der Islam und sieht auch sonst vieles, was sie mit dem Islam gemeinsam haben. Damit stellen sie sich ein anti-christliches Zeugnis aus. Der Gott der Kirchen und des Islam lässt alle Dissidenten mit unendlicher Grausamkeit in einer Feuerhölle schmoren.

Natürlich hatte Goethe nur eine ungefähre Ahnung vom Islam. Er lebte in Deutschland, wo es zu der Zeit keine Muslime gab, nur romantisierende Vorstellungen vom Orient und wenige ernsthafte Abhandlungen. Er hatte auch nur stümperhafte Kenntnisse von der Bibel. Er hätte seine überragenden Fähigkeiten mit der deutschen Sprache bei der Verbreitung des Evangeliums einsetzen können. Dazu kam es leider nicht und derjenige, der es am meisten bedauern wird, ist Goethe.

Sinnhafte Toleranz kann nur da entstehen und bewahrt werden, wo sie nicht mit Indifferenz und der Einstellung, dass alles gleich gut oder gleich schlecht, gleich richtig oder gleich falsch sei, begründet wird. Toleranz ohne einen Wertekatalog, der unantastbar ist, verkommt zur dümmlichen Beliebigkeit. Wird das nicht beachtet, wird die Gesellschaft, in der sich die Beliebigkeitstoleranz ausbreitet, instabil und debil. Damit werden aber auch - was zu hoffen ist- wie bei einer Erkrankung des Gesamtorganismus, Abwehrkräfte mobilisiert, die sich dann sehr schnell als Werkzeuge der dann von Gegnern so genannten Intoleranz herausstellen können. *217 In der westlichen Welt bezeichnet man die Rückbesinnung auf Kräfte und Werte, die man als Heil- oder Abwehrmittel früherer Bedrohungen kannte als fundamentalistische Reaktion. Derzeit sieht man das beim Aufstieg der AfD als Reaktion gegen die Bedrohung durch den anwachsenden Islamismus.

Die Toleranz muss sich also ab sichern, zur Not auch durch intolerante Maßnahmen, um sich selber halten zu können. Da in Islamstaaten die Toleranz sehr gering ist gegenüber anderen Religionen, muss sich ein toleranter Staat dagegen verwahren, dass er, etwa durch eine Mehrheit an Muslimen, zu einem intoleranten Staat wird. *218 Als die Juden 1948 ihren Staat Israel gründeten, kam man überein, dass das Staatsvolk des jüdischen Staates keinesfalls zu mehr als der Hälfte Muslime sein dürften. Dabei ging man davon aus, dass es sich um friedliebende Bürger handeln würde, die den Staat nicht bekämpfen würden. *219

Kirchengeschichte kann man leider auch als Geschichte der Intoleranz bezeichnen. *220 Im Grunde hat die Kirche dafür gesorgt, dass ein unvoreingenommener

Mensch erst gar nicht in Erwägung ziehen kann, sich mit den Lehren der Kirche zu beschäftigen, denn an ihren Früchten kann man leicht erkennen, dass die Kirche eher anti-christliche als christlich ist, oder, wenn man diese Begrifflichkeit nicht mit gedanklichem Leben füllen kann, ein Instrument ist, mit der Menschen eingeengt werden. Man sieht den Fanatismus der Kirche, die Menschenverachtung, den Betrug und den Missbrauch. *221

Wie ist das möglich geworden? Zwar hat gerade der christliche Monotheismus in seinen Schriften, in den Lehren und in der Verkündigung sehr deutlich zum Ausdruck gebracht, dass Morde, Menschenopfer, Tyrannei, rohe Gewalt gerade auch wegen der Gleichheit der Menschen vor Gott als dessen Ebenbild abzulehnen sind. *222 Aber in der Praxis hat man oftmals genau das Gegenteil unter Beweis gestellt. Und das immer wieder auch mit dem Segen der Kirche.

Es stimmt zwar, dass die Kirche oft gegen Exzesse und Missbrauch verbal Einspruch eingelegt hat, zumal es auch immer einzelne Kirchenvertreter gab, die tatsächlich das Wort Gottes wörtlich genommen und nicht durch Kirchenlehre verfremdet oder entwertet haben. Aber das mutet eher als Pro-Forma-Protest an, denn es waren die Kirchen, vor allem die katholische Kirche, die am meisten von den Raubzügen und Enteignungen des Kirchenvolks profitiert hat. Bei diesen Tötungen ging es oft auch um die Religionszugehörigkeit.

Wer nicht die gleiche Religion hatte und sich weigerte, sich zu bekehren, verwirkte das Recht zur Gesellschaft dazuzugehören und musste vertilgt werden. So dachten nicht die ersten Christen, die noch vom friedfertigen Geist Christi beseelt waren. Je weltlicher die Kirche wurde, desto mehr vermischte sie geistliches mit weltlichem Denken, bis sie keinen Protest mehr formulierte, wenn weltliche Herrscher im Namen der Religion die vermeintlichen oder wirklichen Gefährder der öffentlichen Ordnung beseitigten. Mit Jesus war man schon ebenso verfahren.

So gesehen ähneln viele Prozesse gegen Ketzer dem Tribunal wegen Jesus. Auf der Anklagebank sitzen die Vertreter der Religion, die das absegnen und gutheißen, was die weltliche Hand ausführt. Tertullian erkannte zurecht: *„Niemand möchte von jemand geehrt werden, der es nicht gerne tut."* ***223** Also auch nicht Gott. Daraus leitete er seine Toleranz Andersgläubigen und Ungläubigen gegenüber ab. Die Kirche konnte diese Haltung nicht beibehalten, weil sie von einem anderen Geist beherrscht wird. Wenn Gott nicht will, dass Er von jemand geehrt wird, der es nicht gerne tut, bedeutet das zweierlei. Erstens verlangt Er so eine Ehrung nicht. Zweitens sieht Er zu, dass jeder, der Ihn ehren will und soll, Ihn so ehrt, wie Er es will. Bei Phil 2,10 bedeutet das, dass die Menschen alle dazu gekommen sind, Gott aufrichtig zu ehren.

Sogar die alten Kirchenväter haben das verstanden. Wer immer davon redet, dass Gott den Willen des Menschen achtet, sollte auch daran denken, dass der Mensch den Willen Gottes achten sollte. Denn Gott will, dass alle Menschen verherrlicht werden. ***224** Und das hat Konsequenzen des Heils, nicht des Unheils. Die ersten Christen wussten, dass Gott nur eine Verehrung will, die auch der Mensch will. ***225** Es dauerte aber nicht lange, da gingen die Kirchenangehörige dazu über, Gott ewige Bosheiten und den Menschen gleichzeitig ewige Kompetenz ihres Willens anzudichten. Damit einher ging die Entstehung einer Verdammungs- und Unversöhnlichkeitskultur, die bis zum heutigen Tag anhält, auch wenn sie stark an der Intoleranz gegenüber den Toleranten, die auf Versöhnlichkeit unter den Bedingungen wie sie Gott vorsieht, aus sind. Noch im vierten Jahrhundert waren sich der römische Kaiser Konstantin und Kirchenvertreter einig, wie man mit Abweichlern des Mainstreams verfahren müsse. Die ersten, die es traf, waren die jüdischen Christen. Die Kirchenväter hatten dazu die geistliche Brandstiftung geleistet. Man kann die Maßnahmen der Monarchen gegen die Juden mit denen der Nazis vergleichen, zumal sie sich beide auf die kirchlichen Brandstifter berufen konnten.

Nach der Bibel „erträgt" die Liebe alles. Das bedeutet nicht, dass sie alles erdulden muss. Die Liebe ist sehr wohl handlungsfähig, auch indem sie das Böse verhindert oder abwendet. Sie ist nämlich auch vorsorglich und nachsorglich. Man kann die Liebe nicht einseitig festlegen. Gefährlich wird die missverstandene Toleranz da, wo sie fanatisch wird. Wo sie also gegen diejenigen intolerant wird, die ihre Auffassung von Toleranz nicht teilen. *226 Doch der Mensch schüttet meist das Kind mit dem Bade aus. Er toleriert einmal zu wenig und ein anderes Mal zu viel.

Es waren die Christen, die aus der römischen „Tolerantia" eine soziale Tugend machten, glaubt man. *227 Zunächst waren die Theologen der Ansicht, der Staat habe kein religiöses Zwangsrecht und die Religion kein politisches. *228 In der alten Kirche hielt man sich noch daran. Man wusste auch, Zwang zum Glauben kann nur eine Heuchelei hervorrufen, die Gott nicht gefällt. Aber schon Augustinus fing an, die Gewalt in der Religion gutzuheißen, wenn es dabei lediglich darum ging, das Recht zu schützen. Damit war natürlich dem Missbrauch Tür und Tor geöffnet, denn wer bestimmt, was „Recht" ist, zumal die Kirche ja bald gar nicht mehr die Bibel gelten ließ, sondern sich auf ihre Tradition beruft, eine Tradition, die auch eine Tradition von Verbrechern, Übeltätern und Gottlosen und Knabenschändern ist. Abtrünnige und Ketzer sollten anfangs noch vom Staat gezwungen werden, ihre Abirrung zu erkennen. Man ließ also den Staat die schmutzige Arbeit machen, die man sich selber sauber ausgedacht hatte. Von da an war es nicht mehr weit bis zur Inquisition mit ihren Folterungen und Hinrichtungen zahlloser Andersgläubiger und Unbeugsamer. Um es für Kirchenkritiker noch offensichtlicher zu machen, trieb man die Unmenschlichkeit und Unbarmherzigkeit dabei noch auf die Spitze. Quälen, quälen, quälen zeigt Schande, Schande, Schande. Wenn ein Apfel faulig ist, läuft er giftfarben an und strömt einen üblen Geruch aus. Die Kirche Roms hat dies auch heute noch innerhalb ihrer Gemäuer.

Bereits seit Konstantin dem Großen, also zeitgleich mit der Zunahme des Einflusses der katholischen Kirche auf die Entscheidungen des Staates, begann der

Staat religiöse Vergehen zu bestrafen. Das tat man wie schon im alten Rom aus Gründen des Schutzes des Gemeinwesens. *229 Bis in die Neuzeit hat man an dieser Praxis festgehalten, teils mit unmittelbarer Unterstützung der Kirche, teils ohne. Der Gedanke war, dass Gottes Rache tödlich sein müsse für schwere Verbrechen, ob jetzt mit oder ohne Kirche. Ketzerei gehörte zu diesen schweren Verbrechen, wie das ja schon gegen Jesus vorgetragen worden war. So erweist sich, dass die in der Kirchenchristenheit verbreitete Praxis der „Sühnung" von solchen Sünden, die von Ketzern, also Abweichlern vom herrschenden Glauben, begangen worden waren, eine erbliche Fortsetzung der Praxis Israels war. Wohlgemerkt des Israels, das seinen Messias nicht erkannte. Das Israel, das Jesus umbrachte, war anti-christlich. Die Kirchenvölker stehen also in der Tradition des blinden Gottesvolkes Israel. Sie stehen allerdings nicht in der Tradition der Gemeinde Jesu!

Aber auch innerhalb des christlich geprägten Westens gibt es markante Unterschiede! Es waren besonders die protestantischen Länder, die sich der christlich begründbaren Entwicklung der Aufklärung und der umfassenden Nutzung der Bildungsmöglichkeiten öffneten und dadurch einen politischen und vor allem kulturellen Vorsprung vor den katholischen Ländern gewannen. *230 Man könnte sagen, je bibeltreuer, desto aufgeklärter und gesegneter. Das würde aber bedeuten, dass der Westen wieder allmählich in die Steinzeit zurückfällt, nachdem sich die Europäer und ihre transatlantischen Zöglinge wieder vom biblischen Glauben verabschiedet haben.

Die Kirche Roms hat durch ihr gottloses Wesen auch die Gottlosigkeit gefördert und reichte so auch den atheistischen Humanisten die Hand, denn so wie eine Hand die andere waschen kann, verunreinigt die nächste wieder.

Der Humanismus und die Kirche stehen in einem engen Verhältnis, mit dem Atheismus bilden sie eine Trinität, die in der Kultur beinahe alles beherrscht. Atheisten haben schon immer auch eine Humanität ohne Gott verlangt, nur dass heute die Forderung danach lauter und unverschämter gestellt wird. Sie mussten das, weil der Humanismus eine unzweifelhaft christliche Ader hat. Man kann all die christlichen Einrichtungen, Krankenhäusern, Pflegestationen, Altenheimen, Kinder-gärten, Seelsorgestellen, Hilfsorganisationen ja nicht absprechen, dass sie humane Dienste leisten. Die Frage ist aber, ob es eine echte Humanität überhaupt noch gibt, wenn es keinen Menschen mehr gibt.

Ein Mensch, der seinen Gott leugnet und Ihm zuwider lebt, entfernt sich vom Grund seines Daseins so sehr, dass er sich selber in Frage stellt. Er degeneriert zu einem Menschlein, zu einem Homunculus. Und das, was er dann als Humanität bezeich-net, ist nur noch entfernt der Nächstenliebe ähnlich, die Christen antreibt.

Dann hält man es für korrekt, wenn jemand sagt, mein Bauch gehört mir und die Leibesfrucht abtreibt, ohne den heranwachsenden Menschen zu fragen, ob er mit dieser Humanität einverstanden ist, die ihm das Leben kostet, noch ehe es richtig begonnen hat. Die Grenze zwischen atheistischer Humanität und Teufelei ist flie-ßend. Das gilt auch für die Fähigkeit gerade noch rational denken zu können. Diese geht nämlich auch mit der Verweigerung, die höchste Realität, Gott, anzuerkennen, verloren. *231 Und dann wird man manipulierbar und dreht sich nach jedem Winde, ohne dass man bemerkt, wie man sich missbrauchen lässt und dabei noch andere missbraucht. *232 Die Ununterscheidbarkeit zwischen Licht und Finsternis ist längst so sehr gewachsen und die Urteilsfähigkeit so vermindert, dass sie sich durch menschliche Mittel nicht mehr auflösen lassen. *233 Das löst bei Menschen die Bereitschaft zu mehr Aggression aus und macht seine Lebenslust immer un-stillbarer, weil man nicht mehr weiß, was denn überhaupt noch lebenswert ist. Das rechte Leben braucht Werte, die es lebt. *234 Der Mensch hüpft in seiner ahnungs-losen Rast- und Ratlosigkeit von Augenblick zu Augenblick. Wenn sich so viele Menschen wegen mehr Freizeit mit immer mehr Dingen beschäftigen und trotz Frei-zeit keine Zeit mehr für nichts haben, ist das dieser Sprunghaftigkeit zu verdanken, die man eigentlich, weil mit ihr keine großen Sprünge zu machen sind, als Hüpfhaf-tigkeit bezeichnen sollte.

Die ahnungslose Rastlosigkeit des modernen Menschen sollte man, da er damit keine großen Sprünge machen kann, als orientierungslose Hüpfhaftigkeit bezeichnen.

Anstatt Gott die Ehre zu geben, ist es doch wieder nur der Mensch, der sich selber ehrt, mag er es auch Humanismus oder Fortschritt oder Aufgeklärtheit nennen! Da hilft auch das Schwelgen im Moralismus, den man in der heutigen Gesellschaft von den Eliten so gerne praktiziert, nichts, denn wer so viel moralisiert, weiß meist nichts von Schuld und Tragik. *235 Es ist auch die Schuld daran, dass sich nichts zum Bessern ändert, weil man den einzigen verlässlichen Besserer, Jesus Christus, nicht wahrnimmt. Und die Tragik besteht darin, nicht zu erkennen, dass man auch mit seinen ganzen Weltverbesserungsversuchen alles nur noch mehr verwirrt und dabei immer flachatmiger wird. Tiefe erreicht nur noch der Morast des Denkens.

Welches ist der Ausweg für den verwirrten, bereits irre gegangenen Menschen, ob Atheist oder Kleriker? Es kann nur die Begegnung mit Gott sein. Erst wenn der Mensch Gott begegnet, lernt er sein ganzes Potential und die vollkommene Freiheit kennen, die er dazu haben darf, es auszuschöpfen und zur Vollendung bringen zu lassen. *236 Paulus war der erste, der von diesen Zusammenhängen wusste. Er nannte seine Sonderoffenbarungen zu Recht „Geheimnisse". Aber für viele sind seine Worte geheimnisvoll geblieben. Sie sind von der Kirche in die Irre geführt worden. Nicht allein die ungebildeten Analphabeten früherer Zeiten sind das Opfer der Machtkirche geworden. Die Überlieferung der Machtkirche ist heilig geworden. Und da man in ihr aufwächst, stellt man sie nicht wirklich in Frage, man bemängelt und tadelt nur so, wie man es bei einem Kind tun würde, bei dem man weiß, dass es sich ja noch bessern wird. Flegeljahre sind keine Herrenjahre. Und die Historiker machen ihre Wissenschaften daraus, von den sie ihr Geld verdienen. Sie müssen liefern. Was auch immer, Hauptsache es wird anerkannt, sonst gerät man ins Abseits und wird arbeitslos. Es gibt für einen Historiker nichts Schlimmeres als dass seine Errungenschaften nicht zählen sollen.

Die Kirche ist nämlich auch so ein biblisches Geheimnis. Sie wird beschrieben, aber man muss sich ihre Merkmale zusammensuchen. Paulus redete prophetisch, ebenso wie Johannes in der Apokalypse, aber beide wussten nicht die Namen der Dinge, Ereignisse und Personen, die sie schemenhaft sahen. Kirchengeschichtlich werden diese römischen Elemente im Bestandswesen der Kirche Roms als unvermeidbare Bestandteile, die historisch so gewachsen sind, gewertet. Sie nahmen keinen Einfluss auf die Rechtgläubigkeit der Menschen, nimmt man an, weil der Kern der Kirchenlehre ja nicht römisch sei, sondern vom himmlischen Jerusalem. Historiker, die selber nicht gläubig sind, entfachen darob keinen elementaren Streit, Historiker der Kirchen suchen in den Annalen und Quellen nach der Bestätigung ihrer Ausrichtung. Wenn sie die nicht finden, handelt es sich um Gegenströmungen, die jederzeit sortiert und erklärt werden können. Wenn die Quelle, aus der man selber schöpft, sauer ist, dann wachsen vielerlei Sauergewächse. Die Quelle ist nicht wegen der Sauergewächse sauer geworden.

Auch Johannes wusste nicht, was er da mit der Hure Babylon zu sehen bekam: *„Und ich wunderte mich, als ich sie sah, mit großer Verwunderung."* (Of 17,6) Er wunderte sich nicht nur, sondern er wunderte sich mit großer Verwunderung. Und es ist klar warum, nicht weil diese Hure *„trunken vom Blut der Heiligen und vom Blut der Zeugen Jesu"* war, sondern weil er hier eine große Organisation sah, kein Reich, denn ein Reich wird in der Bibel nie als Frau dargestellt. Er sah ein Machtgebilde, das über Jahrhunderte die halbe Welt beherrscht hatte und ausgerechnet jene verfolgte und umbrachte, die sie selber darzustellen mit großem Erfolg vorgegeben hatte: Heilige Gottes und Zeugen Jesu! Das ist das Verwunderliche. Für Johannes konnte es nicht verwunderlich sein, wenn das Römische Reich Christen verfolgte, denn das war bereits unter Nero geschehen. Es konnte überhaupt für niemand je verwunderlich sein, wenn die Heiligen Gottes von Gegnern des Christentums verfolgt wurden. Aber von jemand verfolgt zu werden, der nicht als Gegner der Christen anzunehmen ist, weil er sich selber als Erzchrist ausgibt, das ist höchst verwunderlich. Um aber das zu entdecken, muss man genauer hinsehen. Man muss in Gottes Wort sehen. Dort sieht man zweierlei, die Lehren und die Erkennungszeichen jener, die verworfen sind. Paulus nennt die Knabenschänder zwei Mal. Einmal gegenüber den Korinthern und das andere Mal gegenüber seinem Helfer Timotheus. *237 Es ist dann auch doppelt gefährlich, sich mit solcherart Christentum zu verbinden. Schlechte Gesellschaft verdirbt die eigenen Sitten. Was ist der Grund, dass sich Kirchen, die sich früher spinnefeind waren, nun allmählich wieder annähern? Entweder führt sie der Geist Gottes zusammen, nachdem er sich tausend Jahre nicht gerührt hat. Oder es ist der Gegen-Geist, der schon immer wirksam war und nun, am Ende der Zeit noch einmal alle Register ziehen darf, die ihm zur Verfügung stehen, denn Christus wird ein Überwinder aller feindlicher Mächte sein, ganz gleich, in welchen Konstellationen sie Front machen. *238

Die Frage, die sich jedem stellen muss, ist, ob die Kirche, sei sie in Rom, oder Konstantinopel oder Moskau beheimatet, auf sicherem Grund steht. Das kann nur Christus sein. Die Frage ist, ob man wirklich nichts im Widerspruch zur Kirche unternimmt, um die Wahrheit sagen zu dürfen. Die Frage ist, ob sie wirklich ihren Auftrag von Gott hat. *239 Wenn dem Bischof von Rom das Primat zusteht, ist er nur der erste unter vielen falschen Brüdern, primus inter pares. Also ist die Kirche und nicht Christus der Grund auf dem ein Katholik steht und jeder, der den Papst als höchste religiöse Autorität und heiliger Vater versteht. Wer nichts im Widerspruch zur Kirche tut, folgt ihr zu zwangsläufigem Gehorsam. Infam wird es, wenn behauptet wird, dass der Papst und die Bischöfe Gottes Präsenz in dieser Welt wären. Wenn man an den Kindsmissbrauch der katholischen Geistlichen und ihre Vertuschung denkt, scheinen sie eher die Präsenz Satans in dieser Welt anzuzeigen.

Man muss annehmen, dass sich zur Zeit von Paulus eine anti-christliche Bewegung regte, die später in der Kirche Roms Fuß fassen und sich ausbreiten und ausweiten würde. Inzwischen kennt man, anders wie bei Paulus, die Weltgeschichte und die Kirchengeschichte der ersten Jahrhunderte nach Christus ziemlich genau. Weit und breit gibt es keinen Kandidaten, der sich als der „Gesetzlose" so sehr qualifiziert hat wie die Kirche Roms (**2 Thes 2,8**). Zu beachten ist auch, dass es sich bei dem Gesetzlosen nicht, oder jedenfalls nicht allein, um eine Person handeln muss. Wenn es einen gesetzlosen Machthaber gibt, gibt es dazu auch immer das Gesetzlose in Form seines gesetzlosen Handelns. „Gesetzlos" ist alles, was gegen Gottes Ordnung aufgebaut ist. *„Ho anomos hon ho Kyrios Iesous…"* in dem Satz *„der Gesetzlose … den der Herr Jesus…"* scheint keine zwingende personale Zuschreibung gegeben zu sein, da die Übersetzung von *„ho anomos"* nicht zweifelsfrei nicht mit „das Gesetzlose" wie „hon" als „was" oder „das" oder „welches" und „anomos" wie „Gesetzliche" lauten kann. ***240**

Auch der nachfolgende Satz: *„Ihn, dessen Ankunft gemäß der Wirksamkeit des Satans erfolgt mit jeder Machttat und mit Zeichen und Wundern der Lüge…"* (**2 Thes 2,9**) kann versächlicht werden. Umgekehrt wird jedoch auch ein Schuh daraus. Wenn es das Böse in dieser Welt gibt, dann gibt es immer auch passende Personen dazu, denn Sachen sind nur als „böse" zu bezeichnen, weil Personen dahinterstehen.

Es wäre jedenfalls einseitig und nicht richtig, wenn man immer nur nach einer Person Ausschau halten würde und darüber übersieht, wie die Entwicklung der Welt schon längst über alles mehrheitlich Gute hinweggewachsen ist. Vielleicht wartet man noch auf den großen Antichrist und gehört längst zu seinen Helfershelfern, noch bevor er sich öffentlich oder inoffiziell bekannt gemacht hat. Zuerst sollte man also wissen, was denn überhaupt „gesetzlos", oder „gottlos", „anti-christlich" usw. ist. Hat man schon da keinen Durchblick, dann wird man auch kaum eine Person erkennen, auf die das Anforderungsprofil des Antichristlichen passt.

Der große Gesetzlose, der dafür in 2 Thes 2 in Frage käme, wäre der Antichrist. ***241** Jedoch ist es mit dem Antichristen auch nicht viel besser bestellt, was seine Identifizierung anbelangt. Er tritt biblisch erstmals in 1 Joh 2,18 auf. Paulus benutzt das Wort gar nicht. Johannes schreibt, dass der Geist des Antichrist kommen soll und bereits in vielen Antichristen aufgetreten ist. Der Geist des Antichrist bekennt sich nicht zu Christus (1 Joh 4,3). Er charakterisiert diese Antichristen als solche Leute, die leugnen, dass Jesus der Messias ist (1 Joh 2,22). Dabei hat er sicherlich an die Juden gedacht. Und er verallgemeinert dann, dass überhaupt jeder, der den Vater und den Sohn leugnet ein solcher Antichrist ist. Außerdem gibt es Antichristen, die behaupten, dass Jesus sich nicht zu dem biblischen Christus bekennen, denn das ist der im Fleisch gekommen ist (2 Joh 7). Er ist also keine rein geistige Erfahrung oder Erscheinung. Das ist gegen die Gnostiker gerichtet.

Zusammenfassend lässt sich sagen, dass Johannes jeden als Antichristen bezeichnet, der die Messianität und Gottessohnschaft Jesu leugnet. Insofern ist die Bezeichnung des Antichristentums als Anstattchristentum unscharf. Es ist jedoch klar, wer gegen Christus als Erlöser ist, bietet ja zugleich eine Alternativwelt an, in der es diesen Christus nicht geben soll. In ihr werden dann meist andere Christusse angeboten.

Wer immer aber dann als Person auftritt und alle antichristlichen Merkmale auf sich vereint, ist ein Diener Satans. Er ist jedenfalls der Erzantichrist und Erzgesetzlose. Wie dieser sich eines falschen Christentums bemächtigt hat und es für seine Zwecke benutzen kann, ist den meisten verborgen geblieben. Das ist für die meisten ein „Geheimnis", weil der Erzgesetzlose auch zugleich der Erz-Verführer ist. Er wollte und durfte die Welt verführen, denn er ist nach wie vor der Beherrscher der Welt mit ihren Bewohnern. Nur über die wenigen, die Gott in diesem Äon berufen hat, hat er keine Macht.

Die Kirche Roms ist eine Machtkirche geworden, weil der, der dahinter steht, mächtig ist und Macht ausüben will. Paulus sagt mehrfach recht deutlich, dass Gott durch die Schwachheit wirkt. ***242** Er herrscht nicht durch irdische Machtentfaltung. Daran erkennt man, dass die Kirche Roms nicht Gottes Kirche sein kann.

Es wird gesät in Schwachheit und die Auferstehung in Kraft geschieht, wenn Christus zurückkehrt (1 Kor 15,43). Und vorher gibt es auch keine „Vollendung".

Gottes „*Kraft kommt in Schwachheit zur Vollendung*" (2 Kor 12,9), nicht in Stärke und Machtentfaltung. Die Jungfrau Maria war eine unscheinbare Erscheinung, die Hure Babylon verortet sich bereits in Macht und Glanz im Himmel wie so viele Gemälde in den Kirchen Roms aufs Deutlichste zeigen. Päpste, Kardinäle, Bischöfe, Äbte, etc. werden auf einer Wolke von der gekrönten Himmelskönigin Maria empfangen und die Taube schwebt über ihnen. Touristen lassen sich meist von der Pracht für die Augenlust blenden. Doch muss man hier mit Nüchternheit schauen und auf die Symbole achten. Wer die Bibel kennt, hat keinen schlechten Geschmack. Er liebt nicht das Schwülstige, das Pompöse, das Kitschige, das Unreife, das Süßliche, das Schamlose.

Gottes Kunstsinn ergibt sich beispielsweise aus der Schöpfung. Aber auch aus den Anweisungen Gottes. In 2 Mos 28,2 wird Mose angewiesen für Aaron als Priester *„heilige Kleider... zur Ehre und zum Schmuck!"* anzufertigen. Wenn dabei Edelsteine, Farben und Gold verwendet werden sollten, ist Gott offenbar der Meinung, dass das ein rechter Schmuck und ehrbar sei. Dabei fällt auf, dass es sich um Stoffe handelt, die erst durch die aufwändige Bearbeitung durch den Menschen ihre Pracht entfalten. Bei der Edelsteinverarbeitung handelt es sich also um eine echte Kunst, die sogar göttliche Weihen und das göttliche Gütesiegel hat. Der Hebräerbrief gibt dazu eine wichtige Erläuterung. Diese Dinge sind nur ein Abbild der himmlischen Dinge. Laut 2 Mos 24,10 ist „Arbeit in Saphirplatten" auch etwas Herrliches, sonst würde Gott nicht darauf thronen. Eine Begabung zum Künstler oder Handwerker ist eine göttliche Berufung, wie sich aus 2 Mos 35,30ff ergibt, *„Kunstfertigkeit, Verstand und Können"* kommen vom Geist Gottes.

Daraus erlichtet sich, dass wahre Kunst, oder zumindest das Höchstmaß an Kunst, von Gott kommt und Seiner Bewertung unterliegt, was eine Ihn ehrende Kunst ist und was Ihn nicht ehrt und daher auch nicht erfreuen kann. Man braucht „Fähigkeit" bzw. Talent, Intelligenz, Kenntnisse und Fertigkeiten (2 Mos 35,31). Das alles ist aber noch nicht ausreichend, denn das Wichtigste fehlt noch, der Geist

Gottes (2 Mos 35,31). Er gibt den Dingen die Bedeutung, er beurteilt das Kunstwerk, ob es Gott ehrt oder nicht. Bei jedem Gemälde, jedem Kunstobjekt, jedem Kunstwerk kann man sich diese Frage stellen. Was ist daran, was Gott ehrt? Wenn man rein gar nichts zu finden vermag, ist es wahrscheinlich keine echte Kunst. Interessant ist auch, dass der Löwe sowohl die Majestät Christi symbolisiert als auch die Gefährlichkeit Satans. ***243**

Der Löwe ist ebenfalls Bestandteil der guten Schöpfung und der gefallenen Schöpfung, die ihn wild gemacht hat. Verfolgt der Mensch das Gefallene und hört auf Satan? Oder orientiert er sich an das, was nur noch ansatzweise da ist, was aber war und wieder kommen wird, nachdem die Schöpfung heil geworden ist?

Man sieht daran, Kunst hängt auch von ihrer Interpretation ab. Die Päpste haben sich Bilder malen lassen, wo ihre Taten und Gedanken gezeigt wurden. Das Bild des Mordes an einem Ketzer kann nicht „schön" sein, selbst wenn der Pinselstrich handwerklich perfekt geführt worden ist. Das Kreuz kann für den Tod stehen und der ist nie schön, aber auch für Rettung und Sieg des Guten über das Böse. Oder für Unterdrückung und Leiden und Heilung und Hoffnung. Es steht aber auch für Gericht und Gnade.

Der Erzgesetzlose ist der, der ständig dagegen ist. Er ist immer gegen Christus und daher will er auch immer anstatt Christus sein. Er benutzt dazu falsche Farben, die er wie echte aussehen lassen will. Kunstgeschmack verrät viel über die geistliche Verfassung eines Menschen. Wem? Gott! Aber nicht nur Gott, sondern auch Satan, der die Menschen inspiriert und antreibt, solange sie nicht bemerken, dass sie manipuliert werden. Satan will in alle Lebensbereiche eindringen und alles unter Kontrolle halten. Am liebsten ist es ihm, wenn ihm die Kirchen gehorchen. Einer seiner Hauptmethoden ist das Tarnen und Täuschen. Paulus klärt die Thessalonicher über dieses Unrechtssystem in der Welt auf, dessen Kraft in der Täuschung steckt. Es verbirgt sich die Wirksamkeit Satans dahinter (2 Thes 2,9), mit *„Macht-taten und mit Zeichen und Wundern der Lüge"* und außerdem noch mit *„jedem Be-trug der Ungerechtigkeit"* (**2 Thes 2,10**).

Ist es nicht interessant, dass gerade in der katholischen Kirche so sehr ein Kult gemacht wird mit Wundern und Machttaten? Da gibt es unzählige Pilgerorte, wo irgend ein Wunder geschehen sein soll, oder die römische Maria hat sich wieder einmal gezeigt. Gott begegnet diesen Lügen und Täuschungen nicht mit der augenblicklichen Vernichtung, sondern Er sendet diesen Menschen, die kein Interesse haben, Gott kennen zu lernen, sondern nach ihrer Lust und nach ihrer Laune „fromm" zu sein, *„eine wirksame Kraft des Irrwahns, dass sie der Lüge glauben"* (**2 Thes 2,11**). Es ist auffällig, dass bibelgläubige Christen kein Verlangen danach haben, dass Gott für sie ein Schauwunder tut. Sie beten auch für die Heilung bei Krankheiten und Fügungen, wie es in ihrem Leben laufen soll. Sie machen aber kein Schauspiel aus ihrem Glauben, und verfallen nicht dem religiösen Kitschismus, der von allen geliebt wird, die nicht nüchtern sind. Sie stehen weitgehend in Übereinstimmung mit Gottes Wort. Dieser Kitschismus ist nicht eine Frage des Bildungsstandes, denn katholische Professoren stellen sich genauso billige Devotionalien, die durch die Segnung endlos wertvoll und würdevoll geworden sind, auf die Kommode wie einfache Landarbeiter. Es ist eine Frage des Glaubens, vielleicht auch des „Glaubens nach Verführung". Nach der Verführung glaubt man immer anders als vorher.

Seit Beginn des Christentums gab es das Anti-Christentum. Satan hat von Anfang an versucht, alles Christliche zu unterbinden. Er hat den Kindermord zu Bethlehem initiiert, er hat sogar versucht, Jesus zu überreden, die Seite zu wechseln (Mt 4,3ff). Interessant ist, welche Methoden Satan dazu anwendete, denn die gleichen Methoden wendet er bei Christen an.

Als erstes sagt Satan: *„Wenn du ein Christ bist, kannst du ja alles anpacken, mit Gottes Beistand wird es auch gelingen."* Der Christ hätte darauf zu antworten: *„Ich lebe nicht auf ein erfolgreiches Leben hin, sondern orientiere mich an Gottes Wort* und Willen" (Vgl. Mt 4,3-4). Als nächstes sagt Satan*: „Wenn du ein Christ bist, dann wage was, denn Gott beschützt dich ja sowieso!"* Ein Christ hätte aber zu antworten: *„Du wirst mich nicht dazu verführen, zu vergessen, dass ich den gleichen Gesetzmäßigkeiten wie andere Menschen ausgesetzt bin, solange mein alter Adam noch in mir lebt!"* (Mt 4,5-7). *Und als Drittes sagt Satan: „Wenn du dich mir zuwendest, wirst du reich und mächtig!"* Der Christ hätte darauf zu antworten: *„Weg mit dir Satan! Denn wir haben nicht dir zu dienen, sondern unserem Herrn Jesus Christus!"* (Mt 4,8-10). Der Christ soll also statt Erfolg im Leben, Erfolg bei Gott im Sinn haben. Statt Hochmut, soll er sich in Demut üben. Statt den Willen des Widerwirkers zu tun, soll er Gottes Willen folgen.

Satan will also, dass man einerseits seine Stellung im Leib Christi ausnützt und missbraucht, was natürlich sofort scheitern muss, denn sobald man mit seinem Missbrauch anfängt, ist man bereits in einer Täuschung befangen. Doch das merkt der Missbräuchliche nicht, er hat sich ja verführen lassen und denkt nun, er tut einen Gottesdienst und Gott sei auf seiner Seite. Und andererseits will Satan, dass man sowieso ihm dient und nicht Gott.

Diesen drei Verführungsprinzipien - Erfolgsversessenheit im Leben, - Selbstbejahung, Eigenwilligkeit, oder auch Leben, Ich und Satan, die tragische Trinität, ist die christliche Kirche sehr früh verfallen. **244** Sie hat gedacht, wir sind die Stellvertreter Christi auf Erden, was immer wir tun, ist von Gott abgesegnet. Dieser Hochmut ist in der Kirche Roms bis auf den heutigen Tag einer der Hauptmerkmale dieser Kirche. Ein weiteres Hauptmerkmal ist die Heuchelei. Man behauptet den wahren Gottesdienst zu tun, ist aber Satan auf den Leim gegangen und tut seine Werke. Und schließlich ist man groß und mächtig geworden, weil man Satan gedient hat und nicht Gott. Man führt seine Pracht aber auf die Belohnung Gottes zurück und nicht auf die Segnungen Satans.

Doch wie ging es mit dem Christentum, angefangen mit dem Widerstand Christi gegen Satan, weiter? Wenn Satan schon das Werk Jesu nicht verhindern konnte, so konnte er doch die Ausbreitung des Evangeliums hindern. Das erreicht man am besten durch falsche Apostel und Irrlehren. Das ist der Grund, warum sich sehr früh schon falsche Apostel und Irrlehren ausbildeten und warum sie gerade in der Kirche Roms fröhliche Urstände feierten. Und das liest man bereits bei Paulus.

Da traten Spaltungen auf (1 Kor 1,10ff), weil man nicht selber dem Geist, der alle beurteilt hatte, sondern Präferenzen nachging. Das gibt es heute auch, man findet einen Prediger besonders toll, aber nicht unbedingt, weil er so kostbare Wahrheiten verkündet, sondern weil er ein beeindruckender Verkünder von irgendwas ist. Das Kirchenvolk ist leicht zu beeindrucken, daher sind insbesondere große Redner und charismatische Typen gefragt. Paulus war das nicht klar, er war ja von Gott auserwählt worden (1 Kor 2,.3-4). Paulus weist gerade im Zusammenhang mit den aufkommenden Spaltungen in Korinth darauf hin: was töricht und schwach ist - in den Augen der Welt - das hat Gott auserwählt, *„was gering ist vor der Welt"* (1 Kor 1,28) bevorzugt Er. Und warum? Wegen der Gefahr des Hochmuts, sagt Paulus (1 Kor 1,29). Schon zu Zeiten von Paulus gab es also Eitelkeiten, Hochmut, Missachtung des Wortes und des Wesens Gottes wegen der Konzentrierung auf das Menschliche und Gefällige. Und das gehört zum Herrschaftsbereich des Anti-Christlichen. Und wenn man dem nicht wehrt, wächst daraus eine ganze Glaubensgemeinschaft, die diese Kennzeichen entwickelt und verfeinert und keiner, der dazu gehört, bemerkt es, weil es ein Verführungsteufelskreislauf ist.

Dass Christen in der Gefahr sind, auf die schiefe Bahn einer anti-christlichen Ausrichtung zu geraten, zeigt sich, wenn sie in der Lehre und der geistlichen Entwicklung nicht weiterkommen, sondern unmündig bleiben (1 Kor 3,1ff). Paulus wirft den Korinthern vor, sie seien sogar noch fleischlich (1 Kor 3,3). Wo das Fleisch ist, ist aber kein Geist Christi.

Auch das kann man häufig beobachten. Die Bibelkenntnis der meisten Kirchgänger ist so dürftig, dass man sich fragt, wie ein solches Verhältnis zu Gott, welches Sein Wort gar nicht mehr zur Kenntnis nimmt, überhaupt noch tragfähig sein soll.

Stattdessen übt man sich in scheinfrommen Übungen, die doch nur das religiöse Fleisch befriedigen und niemals vom Geist Christi inspiriert werden, weil Christus schon immer ein sprechender und hörender gegenüber Seinen Gliedern ist. Das Reiben an einer Monstranz oder an einer Reliquie bringt ebenso wenig Gottes Zuneigung, wie das Herunterlitaneien von Mantren und das Herumrutschen auf Knien. Das sind Holz, Heu und Stroh (1 Kor 3,12), die verbrennen müssen.

Die Gegenkirche zur Gemeinde Christi geht auch über das hinaus, was geschrieben geht (1 Kor 3,6), sagt Paulus. Das ist eines der Hauptmerkmale der heutigen Kirchen, dass sie ihre eigene Theologie abseits dem Wort Gottes entwickelt haben. Und laut Paulus ist sie durchaus satt und reich (1 Kor 4,8). Man hätte auch „selbstgefällig" sagen können. Man darf also annehmen, dass eine Kirche, die reich und satt geworden ist, nicht unbedingt dem Segen Gottes ausgesetzt war. Es könnte sich auch um dunkle Geschäfte handeln. Sie dünken sich „klug", „stark" und „herrlich" (1 Kor 4,10). Die Verlautbarungen und Beschreibungen der Kirche von Rom sind randvoll mit solchen Selbstbelobigungen, die vor Gott nichts zählen, außer dass sie ins Gericht führen. Für die wahren Nachfolger Jesu Christi gilt: *Bis auf diese Stunde leiden wir Hunger und Durst, sind nackt und werden geschlagen und haben keine sichere Stätte und mühen uns ab mit unsrer Hände Arbeit."* (1 Kor 4,11-12) Von wegen Erste Klasse Bundesbahn und Privatjet! ***245**

Diese Art Kirchenchristentum, die sich anstelle von Christus setzt und sich nicht damit begnügt, nur „Nachfolger" Christi zu sein, was sie nie war, ist „aufgeblasen" (1 Kor 4,18-19). Da steckt viel heiße Luft drin, mit Weihrauch, teuren Kleidern, Ämtern, von denen kein einziges biblisch ist, vergoldeten Symbolen und sinnentfremdeter, sogenannter Theologie. Alles ist anti-christlich, also „anstatt" Christus, denn da man den Christus nicht hat, tut man so, mit einem Konstrukt, das Ihn darstellen soll.

Wie kommt die Theologie, die nicht mehr das Wort Gottes als Wort Gottes versteht, eigentlich dazu, sich noch Theologie zu nennen? Es ist noch eindeutiger.

Die moderne, liberale Theologie erklärt ja Gott für tot. Jesus ist nämlich nicht auf-erstanden, sagt sie. Dann muss er tot sein. Sie sagt aber auch, dass das Chris-tentum nur dann sinnvoll und nützlich ist, wenn es um den Menschen geht. ***246** Nicht Gott ist im Zentrum ihrer Welt, sondern der Mensch.

Das zusammengenommen bedeutet den großen Irrtum, dass sich der Mensch sel-ber erlösen kann. Der Erlöser ist aber Christus und deshalb ist in Wahrheit die moderne Theologie eine Totgebärerin. Sie predigt einen toten Gott und das ist der Mensch. Immerhin ist das ehrlich. Es gibt Kirchen, die Jesus instrumentalisiert ha-ben zu einem Hilfsgott, der dazu dient, dass das, was der Mensch tut, die frommen Werke, abgesegnet werden als „genügend" oder „heilig". Auch Katholiken sagen zwar, dass nur Jesus rettet, aber tatsächlich erlöst der Mensch sich selbst, weil er es ist, der glaubt; er es ist, der den Glauben durch Werke bestätigt; er es ist, der sich die Gültigkeit des Heils durch seine Bemühungen erwirbt. Gott ist der gnädige Zuschauer, wie der Mensch sich seinen Platz im Himmel erarbeitet. Und die Kir-che, sein eigentlicher Arbeitgeber, hilft ihm dabei. Kein Wunder, dass die größten Kunstwerke der Renaissance von den Päpsten und Kardinälen in Auftrag gegeben wurden.

Jener Teil des alten Griechentums von der Vergottung des Menschen, der mit der katholischen Religion eine Einheit gebildet hat, hat den Humanismus hervor-gebracht. Den Humanismus brachte man dann auch in der Kunst zum Ausdruck. In der Sixtinischen Kapelle hat der Mensch die gleiche Dimension wie Gottvater, der ihn mit einer leichten Berührung an der Fingerspitze zum Leben verhilft. Oder ist es Adam, der seinen Gott erschafft? Das weiß man beim Humanismus nie so recht. Jedenfalls verlangt dieser Humanismus-Gott, dass der Mensch von alleine geht. Doch dazu ist er nicht geschaffen worden. Das hat Michelangelo in seinen Werken nicht berücksichtigt. Bei ihm sehen die Götter und Menschen gleich aus. Sie sind auf Augenhöhe. Und doch hat Michelangelo dem Mose Hörner aufgesetzt. Der heldische Mensch überhebt sich und wird dann leicht zum Diener des Teufels.

Die moderne Theologie will ja das Wort Gottes und damit Gott selbst von Mythen befreien. In Wirklichkeit mythologisiert sie es, weil sie den alten Mythos wieder erweckt, nachdem sich der Mensch sich selbst ein Bild von Gott machen könne, das brauchbar und realistisch sei. *247 Das bedeutet, dass die moderne Theologie nicht nur, gegen die ersten beiden Gebote des Dekalogs verstößt, sondern auch gegen das neunte Gebot, *„Du sollst kein falsches Zeugnis ablegen!"*

So scheinfromm und scheinträchtig auch alles aussieht, im Innern ist viel Unrat, und daher gilt für die anti-christliche Kirche genau das, was Paulus den Korinthern vorhält: *„Überhaupt hört man, dass Unzucht unter euch ist"* (1 Kor 5,1). Das ist auch ein Witz, man verschreibt sich dem Zölibat, aber da man keine Zucht hat, weil man nicht in Christus ist, hält man sich Konkubinen und wird sogar bei Knaben schwach. Paulus hebt hervor, dass die Unzucht sogar noch größer in den Gemeinden wäre, als bei den weltlich Gesinnten. Bei ihnen gelten Dinge für verboten und sind geächtet, die in der Kirche Roms und ihren Zöglingen nur vertuscht oder „versetzt" werden. Aber was unterscheidet die Kirche Roms von der Welt?
Die antichristliche Kirche ist eine Kirche, die sagt, dass Christus nicht auferstanden ist (1 Kor 15,12) oder sie hat einen anderen Christus begraben und einen anderen Christus auferstehen lassen! Die Weltkirchen sind nicht grundsätzlich abgeneigt, mit anderen weltlichen Kirchen Bündnisse einzugehen. Es ist nicht überraschend, dass die Kirche Roms, die an einen Christus glaubt, der als guter Katholik auferstanden ist, mit einer anderen Kirche, die Theologen in ihren Reihen hat, die keinen Hehl daraus machen, dass sie nicht an einen auferstandenen Christus glauben, ein Bündnis einzugehen. Sie empfehlen sich gegenseitig, sich wichtig zu nehmen (2 Kor 10,12).
Die anti-christliche Kirche hat außerdem nach 2 Kor 11,4 folgende Merkmale, sie hat

Einen anderen Christus in der Predigt-

Einen anderen Geist empfangen-

Ein anderes Evangelium-

Der andere Christus ist der Anti-Christus. Er hat mit dem biblischen Christus dem Schein nach viel gemein. Bei genauerem Hinschauen erkennt man aber die Unterschiede. Und es sind wesentliche Unterschiede. Der Christus der einen hat seine Mutter im Himmel zur Himmelskönigin gekrönt und hört auf sie, wenn sie einen Gnadenersuch bei ihm einreicht, weil er der Mutter gegenüber nicht nein sagen kann. Und das ist das Glück des Bittstellers bei Maria, den Maria bei Jesus vertritt, denn so erfährt er Gnade, die sonst Jesus nicht gewährt hätte (denn sonst müsste man ja das ganze Spektakel nicht veranstalten!). Der Jesus der Kirche Roms ist also weniger gnädig gestimmt, als seine Mutter und kann deshalb gar nicht der Jesus der Bibel sein. Der Jesus der Kirche Roms ist auch auf seine Kirche angewiesen, denn wenn es keine Priester gäbe, die die heilige Eucharistie spendeten, gäbe es für keinen Menschen Erlösung. Der Jesus der Kirche Roms ist nur auf dem Papier das Haupt dieser Kirche. Tatsächlich ist er ihr Diener.

Welches ist dann der andere Geist, den die anti-christliche Kirche empfangen hat? Manche nennen ihn Zeitgeist, aber es gibt viele Geister, die durch die Luft schwirren, und jeder, der zu den widergöttlichen Geistern gehört, vermag bei den Verführten Anbetung, Verehrung und die Errichtung eines eigenen Altars zu bewirken.

Und was ist das „andere Evangelium"? Das andere Evangelium hat die Merkmale, dass es wichtigen biblischen Lehren widerspricht. Und es hat auch nur den Namen „Evangelium", denn es ist eigentlich gar keine gute Nachricht. Was soll daran so gut sein, wenn ein Großteil der Menschheit an einen unendlichen Quälort kommt und der Sieg Satans über Christus die bleibende Realität ist? Und das alles nur deshalb, weil man leider kein Katholik geworden ist. Satans Plan soll ja sein, dass er Christi Pläne durchkreuzt und möglichst viele Menschen zu sich ins Verderben zieht. Nach der Lehre der großen Kirchen dieser Welt wird ihm das zweifellos gelingen.

Paulus hat nicht wissen können, dass es einmal eine Kirche in Rom geben würde, die ihm große Kirchen bauen würden, mit seinem Namen und dem Zusatz „sanctus", aber ohne seine Lehren. Und er würde sich wundern, dass man ihn dennoch zitieren würde, aber eben falsch! Paulus hat sicherlich nicht daran gedacht, dass man ihm die Allverdammungslehre und andere Lehren, etwa der Verdammung Israels, unterjubeln würde. Diese Lehren existierten zu seiner Zeit innerhalb des Christentums noch gar nicht. Er dachte eher mit Sorgen an die jüdischen Lehren, wonach jeder Mensch erst einmal ein „guter" Jude werden müsste, ehe ihm sein Glauben an den Messias Israels etwas einbringen würde (Gal 1,6-9). Ein *„anderes Evangelium"* konnte sich auch nicht mit der Vorstellung anfreunden, dass Jesus mehr als nur ein Mensch gewesen sei. Wenn jemand nicht an die Auferstehung glaubte, konnte er für sich gar nicht in Anspruch nehmen, dass er ein *„Evangelium"* zu verkünden hatte. Es ist bekannt, zu den Hauptgegnern von Paulus gehörten *„die Hunde... die bösen Arbeiter... die Zerschneidung...die auf Fleisch vertrauen."* (Phil 3,2). Und das waren Juden, keine Römer oder Griechen.

Der Christ vertraut auf den Geist Christi, nicht auf sein Fleisch. Klar ist aber, wer den Geist Christi nicht hat, hat nur sein Fleisch. Da er aber nicht weiß, wie es ist, den Geist Christi zu haben, übernimmt er den Irrtum seiner Vorgänger, die ihn in den Glauben eingewiesen haben, zu glauben, dass man den heiligen Geist habe. Paulus nennt seine Gegner bei der Verbreitung seines Evangeliums wenig tolerant „Hunde". Sie sind auch „böse Arbeiter", weil eines ihrer Merkmale das ist, dass sie sich sehr stark für „ihre" Sache, die nicht Sache Gottes ist, und „ihr Evangelium" einsetzen. Sie werden dazu getrieben und lassen sich treiben. Man denke die aufopferungswillige Missionsarbeit der Jesuiten unter den Völkern, oder die „opferbereite" Inquisition der katholischen Kirche, auch wenn da die Kirche bereit war, andere zum Opfer ihrer Verblendung zu machen. Da wurde viel „böse Arbeit" geleistet von Seiten der Kirche. Man dachte einen Gottesdienst zu tun, als man mit großem

Nachdruck die Katharer, Albigenser und Hugenotten ausrottete. Man führte Kriege gegen andere Christen und dachte dabei immer „Gott will es!"

Aber Paulus konnte von diesen Dingen, die sich in der Kirchenchristenheit noch ereignen würden, nichts wissen. Die Leute, mit denen es die Paulianer der folgenden Jahrzehnte aber in ihrem Kampf ums Evangelium zu tun bekamen, waren die Vorläufer der späteren Kirchen. Dieser Umstand ist nahezu vollständig von den Historikern übersehen worden, aus dem einfachen Grund, weil er sich nicht in den überlieferten Schriften findet. Das heißt ganz gewiss nicht, dass es diese Schriften niemals gegeben hat, aber die Kirchengenerationen betrieben auch immer eine inoffizielle Sichtung und Siebung dessen, was sie weitergeben wollten. Warum sollte ein Kirchenangehöriger, der an die Allverdammung glaubte, beispielsweise sich die Mühe machen, einen Text über die Allvollendung abzuschreiben? Und diejenigen, die solche Abschriften in Auftrag gaben, wurden immer weniger. Man findet ja auch keine Schriften von messianischen Juden der ersten vier Jahrhunderte, obwohl es sie natürlich gegeben hat.

Aber die messianischen Juden, die in den ersten Jahren nach der Himmelfahrt Jesu noch über 90 Prozent aller Gläubigen stellten, wurden immer weniger und verschwanden schließlich bis ins vierte Jahrhundert ganz. Für manche Historiker wären sie vielleicht nicht existent gewesen, wenn nicht die Paulusbriefe zu deutlich dagegen sprechen würden. Erschwerend für die Überlieferung antiker Texte kam hinzu, dass es mehrere „Reformen" in Bezug auf die Herstellung dieser Textabschriften gab. Die eine betraf, das Material, auf dem man die Texte schrieb. Im ersten Jahrhundert ausgerechnet wurde der Papyrus abgelöst vom Pergament. ***248** Es wurden nur solche Papyrustexte abgeschrieben und übernommen, die man dafür für Wert hielt. Noch einmal aussortiert wurde ab dem 14. Jahrhundert, als man das Pergament durch Papier ersetzte. Und es gab immer wieder die Textverbrennungen, denn wenn etwas „des Teufels" war, musste es in Rauch aufgehen. Und es waren im beträchtlichen Maße Juden, denn die ersten Christen waren ja Juden. Daher spricht hier Paulus speziell die von der „Zerschneidung" an. Wer lehrte, dass man zum Heil unbedingt die Torah zu halten hatte und beschnitten werden musste, um zum Glaubensvolk Abrahams dazuzugehören, setzte ja indirekt aufs Fleisch, denn wenn dem Menschen geheißen ist, die Gebote zu halten, dann kann er es doch nur aus eigener Kraft tun. Erst wenn der Geist Christi das Gesetz ist, das den Menschen führt, werden die Werke vollkommen, jedoch nicht, um zu retten, sondern, weil der Mensch bereits gerettet ist. Das haben die Juden der damaligen Zeit nicht verstanden. Übrig geblieben ist nur das, was die Kirchen und Machthaber übrig gelassen haben. Der Sieger schreibt die Geschichte. Und er hat sich dabei wohl noch nie primär an die Wahrheit gehalten.

Anti-christliche Denkweisen kommen nicht nur unter den Kirchen der Heiden vor, sondern jeder Jude, der sich gegen die Alleinherrschaft Jesu Christi in seinem Leben wehrt, wird damit zu einem Anti-Christ. Er will etwas aufbauen, was anstatt Christus bestehen soll und doch nur vergleichsweise „Dreck" sein kann (Phil 3,8). Paulus bezeichnet in Phil 3,18 keine Nichtjuden als Feinde des Kreuzes Christi, sondern Juden.

Es sind nicht nur Juden gemeint, die überhaupt nicht glauben, dass Jesus der Messias ist, sondern auch solche, die am alten Bund festhalten wollen. Paulus nennt im Brief an die Philipper seine Gegner die aus der „Zerschneidung". Im Brief an die Galater verdeutlicht er, dass die „aus der Beschneidung" (Gal 2,12) „von Jakobus kamen". Sie waren also messianische Juden aus Jerusalem, vor denen Petrus sich gefürchtet hatte, sonst hätte er sich bei deren Ankunft in Antiochien nicht von den Nichtjuden wegbegeben. Es gab also im ersten Jahrhundert keine Einheit im Glauben und in der Glaubenspraxis. Und daher redet Paulus auch von einem anderen Evangelium. Was der Inhalt dieses anderen Evangeliums war, erläutert Paulus in dem Zusammenhang auch (Gal 2,16-21). Es geht um die Bedeutung und Überbetonung der Torah.

Den Kirchentheologen späterer Generationen ist es entgangen, dass die Kirche Roms diese Überbetonung, wenn auch in einer veränderten Form, fortgeführt hat und dass es eine Tradition in der kirchlichen Christenheit geworden ist, vom Haltenmüssen der Gebote als Voraussetzung für das Heil zu reden. Dabei wurden die Gebote der Torah um Kirchengebote erweitert. Die rabbinische Tradition, die ab dem zweiten Jahrhundert entstand und sich bis auf den heutigen Tag fortführte, gleicht darin der kirchlichen Tradition im gleichen Zeitraum. Man hat das Heil nicht verstanden – oder nur zum Teil - und man hat die Funktion der Gebote Gottes nur zum Teil verstanden. Dass es so ist, erkennt man schon daran, dass man das, was Gott tatsächlich gesagt hat: „Du sollst!", um viele weitere Gebote ergänzt hat. Die Ursache dafür ist nicht die Bosheit des Menschen, vielmehr sein Unverständnis darüber, wie die geistlichen Dinge wirklich liegen.

Aus der Sicht von Paulus kann das nur eine anti-christliche Position sein, denn jede Lehre, die dem Christus Rang und Bedeutung angreift, setzt etwas anderes anstatt Ihm. „Anstatt" ist aber „anti" und ist wirkungslos in Bezug auf das Heil, das allein in Christus ist. Paulus hat die Gefahr dieses Denkens erkannt und ist deshalb entschieden dagegen vorgegangen. Ein Freund derer in Jerusalem ist er deshalb nicht geworden. Und er mied auch die heiligsten Städte des Christentums jener Zeit vierzehn Jahre lang, obwohl er doch so reiselustig war (Gal 2,1).

Schon zu Zeiten von Paulus ist der Sauerteig des Anti-Christus in die Gemeinden, die Paulus betreute, eingedrungen (Gal 5,9). Paulus bemerkte dies und erkannte die Herkunft verschiedener Quellen. Von Seiten des Heidentums die Ungesetzlichkeit, worunter alle „unchristlichen" Praktiken und Lebensarten des Heidentums gehörten. Von Seiten des Judentums die Über-gesetzlichkeit, also die falsche Gewichtung des Nutzens einer torahgerechten Lebensweise.

In den nachpaulinischen Kirchen sind beide Ströme vereint worden. Das Kirchenvolk hat seitdem mit Sittenlosigkeit zu kämpfen, und weiß nicht, dass es zudem in Okkultismus und Aberglauben verstrickt ist, da diese sogar kirchlich abgesichert und vereinnahmt wurden. Man denke an Heiligenkult, Reliquiengebrauch,

Transsubstantiation, die allesamt abgesegnet und als unverzichtbarer Glaubens-
bestandteil deklariert wurden. Und auf der anderen Seite will die Kirche das neue
Priestervolk Gottes sein, das Israel ersetzt hat. Man betont die Einhaltung einer
willkürlichen Auswahl von Torahgeboten und hat sie ergänzt mit Kirchenvorschrif-
ten, die man unbedingt einzuhalten habe, weil man sonst ein Kind der Hölle sei.

Was Paulus befürchtete, dass die Gemeinden eine Richtung zu einem anderen
Evangelium einschlagen würden, ist wahr geworden. Es ist aber auf eine so
schlimme Weise wahr geworden, wie es sich Paulus sicher niemals erwartet hätte!
So wenig wie ihn die Brüder aus Jerusalem verstanden haben, wenn er von der
Freiheit von der Torah sprach, so wenig wird es heute in den Kirchen verstanden.
So wenig wie es ihm gelang, den Nichtjuden in Griechenland und Kleinasien mehr
Ernsthaftigkeit zuzureden, sich vor der Macht des Heidnischen und ihrem sittenlo-
sen Wesen in Acht zu nehmen, so wenig unterscheidet sich das Kirchenvolk hierin
von dem Christentum fern stehenden Menschen. Es wird gelogen, gestohlen, die
Ehe gebrochen, ums Materielle gebuhlt und das Ego bedient. Und selbst der sonn-
tägliche Kirchgang findet seine Entsprechung in den Tempelbesuchszeiten der Heiden. Man entrichtet lediglich einen Obolus.

Bezeichnenderweise übersetzt Stern hier anstelle von „der Gesetzlose" mit „der
Mensch, der sich selbst von der Torah entfernt", als ob das jemals ein Charakteris-
tikum für den Anti-Christ sein könnte, wenn die ganze Welt, bis auf das Judentum,
nicht das geringste Interesse an einer Torah hat und deshalb auch nie bemerken
würde, ob sich einer von der Torah entfernt. Ist es für Gott ein Kriterium? Ja, aber
dabei ist folgendes zu bedenken. Gott hat es nicht für notwendig befunden die
Menschheit tausende von Jahren, bis Moses am Berg Sinai war, die Torah vorzu-
enthalten. Dann hat Er ungefähr 1 500 Jahre nur die Juden, die ja nicht missionier-
ten, exklusiv mit der Torah bekannt gemacht. Und die letzten zweitausend Jahre
haben sich auch nur die Juden und ein paar wenige Nichtjuden wirklich um die
Torah bemüht sein lassen. Das Christentum hat nur einen Teil der Torah gelten

lassen und sogar das Judentum selbst hat seit dem Jahre 70 nur noch ein Teil der Torah einhalten können. Das bedeutet, dass die Torah bisher keine sehr große Rolle in der Geschichte der Menschheit gespielt hat und dass das zum größten Teil Gott zuzuschreiben ist, ist klar.

Und deshalb ist es an dieser Stelle zumindest einmal sehr fraglich, wie man dieser Feststellung viel Bedeutung zumessen könnte, wenn es hier wirklich nur um Menschen geht, die sich von der Torah entfernt haben, denn das wären streng genommen nur Juden, die da Paulus in seinem Brief an die Thessalonicher anspricht. Das ist nicht glaubwürdig. Wenn man beim Text bleibt, ist festzustellen, dass die Gesetzlosigkeit von **2 Thes 2,3** im nachfolgenden Vers gleich erläutert wird. Da geht es nämlich um einen Menschen, *„der sich widersetzt und sich überhebt über alles, was Gott heißt oder Gegenstand der Verehrung ist."* (**2 Thes 2,4**).

Es geht also nicht um die Torah, sondern um alles, durch das sich dieser Mensch der Gesetzlosigkeit Gott widersetzt und sich über alles erhebt. Es gab ja den Vorläufer, der Seleukidenherrscher Antiochus IV, der sich 200 Jahre früher tatsächlich in den Tempel von Jerusalem „gesetzt" hatte, und keinerlei Rücksicht auf die jüdischen Befindlichkeiten und Gottes Torah genommen hatte. Die Seleukidenherrschaft hat weiter zur Aushöhlung der Religiosität des Judentums und zur Angleichung an den heidnischen Hellenismus geführt. Man muss immer auch die Folgen sehen, wenn man ein Ereignis beurteilt. *„In den Tempel Gottes"* sich zu setzen, ist an sich noch harmlos, für die, die es als Sakrileg verstehen, denn Gott wird den Besatzer strafen. Anders sind aber meist die Folgen zu beurteilen.

Wenn Stern als Vertreter eines Teils des messianischen Judentums Recht hätte, wäre es schon sonderbar, denn da predigt Paulus unermüdlich gegen die Gefahr an, dass man die Torah keinesfalls anstelle von Jesus Christus setzt, und dann warnt er die Thessalonicher vor diesem Satansbruder als Mensch, der sich von der Torah entfernt hat. Aber Stern vertritt ja auch die Sichtweise, dass Paulus gar nicht die Torah als potentielles Hindernis für das Kommen zu Christus ansah, sondern nur den Missbrauch der Torah. Deshalb übersetzt Stern auch das griechische „Nomos", nicht mit „Gesetz", sondern sinngemäß als Missbrauch, oder falsche Anwendung des Gesetzes. ***249** In Gal 3,2 sagt Paulus: *„Habt ihr den Geist aus Gesetzeswerken empfangen oder aus der Kunde des Glaubens?"*. Stern *übersetzt „Habt ihr den Geist durch die peinlich genaue Befolgung der Gebote der Torah empfangen..."* ***250** Er verfälscht also die Bibel durch seine vorgefertigte Interpretation. Er dichtet die *„peinlich genaue Befolgung der Gebote"* dazu und verfälscht dadurch das Gesagte nahezu ins Gegenteil. ***251** Manche Juden verstehen einfach nicht, dass ihre Torah einer anderen Kategorie angehören als der Geist Christi. Man könnte nicht mehr zur Verwirrung tun durch solche Übersetzungen und Lehren.

Nicht Paulus ist der Verwirrer, sondern Stern. Wörtlich heißt es „ho antropos tes anomias" – der Mensch der Gesetzlosigkeit oder der Sünde, oder des Ungehorsams.

JCJCJCJCJCJCJCJCJCJCJCJC

8. Kapitel
Welthistorische Verirrungen
2 Thes 2,3-12

Paulus hatte es im Sinn, dass seine warnenden Aussagen an die Thessalonicher über das kommende Verführerische und Böse auch ein sehr menschliches Gesicht haben würde. Wie schon der Pharao, das Haupt Ägyptens, die Verkörperung des Bösen für die Israeliten war, so würde auch einem bereits etablierten weltlichen

System, dem Römischen Reich, eine Gallionsfigur erwachsen. So weit, hätte Paulus nicht gedacht, dass sein Blick voraus gehen würde. Er konnte ja nicht so weit gehen, wenn Gott dem Volk Israel immer noch eine Gnadenzeit eingeräumt hatte. Es hing von Israel ab, wie weit das Zeitalter der Gemeinde gehen würde. Damit war aber auch festgelegt, wie es mit der Kirchengeschichte werden würde. Kirchengeschichte ist Weltgeschichte, mehr noch und anders noch als es die Historiker ahnen. Entlang der Kirchengeschichte verläuft eine Spur, die die Einflussnahmen des Widerwirkers Gottes vielleicht noch deutlicher werden lässt als eine Lenkung Gottes. Der große Verwirrer hat die Weltgeschichte maßgeblich beeinflusst, aber ob er sie auch maßgeblich gelenkt hat, ist fraglich, denn seine Aussichten stehen schlecht. Bisher ist immer nur das geschehen, was Gott schon lange vorhergesehen hat.

Das sieht man vor allem an der Rückführung des Volkes Israel in das Land der Verheißung und die Bewahrung dort, sodann der Hass der Welt und die Unverdrossenheit mit dem Israel die Welt beschäftigt und unterdessen wächst und gedeiht, gerade so wie die Wüsten, die sie in Oasen verwandeln, während die judenhassenden Nachbarn immer wüster werden und in Chaos und Armut versinken. Alles das sind deutliche Zeichen, dass Gott sich an Seinen Heilsplan hält. Warum sollte Er auch nicht? Gab es jemals ein Handeln Satans oder der Menschen, welche Ihm die Lust an Seinen Heilsplänen verleidete? Seine Heilspläne sind ähnlich wie Satans Störpläne für die meisten Menschen ein Geheimnis. Paulus war einer der wenigen, die vieles klar sehen konnte. Die Tatsache, dass von ihm wenig an Zeugnissen übrig geblieben ist, scheint darauf hinzudeuten, dass Gott nicht bereit war und ist, zu vieles, was uns kolossal beschäftigen müsste, kund zu tun. Nur die werden klarer sehen, die es ertragen können, denn zunächst wird es unerträglich werden für die Menschen.

Aber auch Paulus wusste nicht alles. Er wusste vermutlich gar nicht, wie sich das *„Geheimnis der Gesetzlosigkeit, das schon wirksam ist"* (2 Thes 2,7), konkret manifestieren würde oder was es in seiner letzten Ausprägung noch aufhalten würde, ehe es offenbar würde, um gleich wieder von dem zurückkommenden Christus beendet zu werden?

Es gibt also etwas Geheimnisvolles, das in der Zeit von Paulus begann und erst in den letzten Tagen durch einen „Gesetzlosen" offenkundig wird. Und außerdem hat es viel mit der Wirksamkeit des Satans, mit Ungerechtigkeit, Zeichen und Wundern und Lüge und Betrug zu tun (**2 Thes 2,9-10**). Und Gott sendet auch noch zusätzlich eine Kraft des Irrwahns, dass der Lüge geglaubt und nicht die Wahrheit geliebt wird.

Paulus betont hier die Wichtigkeit des Zusammenhangs zwischen Bosheit, Ungerechtigkeit und Lüge und dass jeder, der dem Gericht entgehen will, mit verführt zu werden, sich der Wahrheit verpflichten soll. Doch diese Wahrheit ist bei Paulus Jesus Christus und nicht die limitierte und bei Menschen auch limitierende Torah.

Angesichts der leichtfertigen Lügenhaftigkeit dieser Generation sind die Worte von Paulus eine sinnvolle und notwendige Warnung. Aber was kann dieses Geheimnisvolle sein, das zumindest zur Zeit von Paulus noch wegen der Unbemerkbarkeit oder nur der bedingten Sichtbarkeit als Geheimnis bezeichnet werden konnte? Es ist unschwer, hierin die Kirche erkennen zu können, die ab dem vierten Jahrhundert mit all diesen Merkmalen begann deutlich zu werden als Gesetzlose, die ihre eigenen Gesetze inaugurierte. War sie ungerecht? Wie sie mit Andersgläubigen, Oppositionen, Ketzern und Juden umging, war ungerecht. War sie lügenhaft? Schon dadurch, dass sie die Sakramente der Kirche als heilsverpflichtend ausgab, stellte sie sich klar gegen das Wort Gottes. Vielleicht haben sich die menschlichen Stellvertreter des wider Gottes Wort handelnden Geistes nur verführen lassen und wussten nicht besser zu handeln, weil ihnen der Geist Gottes nicht beistand. Er ist ja bei den Seinen. Auf einer höheren Ebene war es lügenhaft, seitens der Kirche zumindest unwahrhaft, solche alten Götzen wieder einzuführen. ***252** Aber auch darin, dass sie sich als allein wahre Kirche und den Papst als Stellvertreter Christi ausgab, war sie unwahrhaft.

Diese Unwahrhaftigkeit und Lügenhaftigkeit haben sich bis in unsere Tage fortgesetzt. Hat sie Zeichen und Wunder getan? Zumindest behauptet sie es. War sie satanisch? Das muss Gott beurteilen, aber was soll das anders als satanisch gewesen sein, dass Land auf, Land ab in deutschen Kirchen in der Nazizeit sich kein hörbares Wort gegen die Judenverfolgung erhoben hat, **253** sondern im Gegenteil die Kirchenzugehörigen aktiv am Holocaust beteiligt waren. Und dass dies für viele verborgen geblieben ist, weil sie es sonst durchschaut hätten und eben nicht zu diesen Kirchen zugehören würden, dürfte auch ein Faktum sein.

Aber wenn die weltliche Kirche erst ab dem vierten Jahrhundert als „gesetzlos", nämlich wider Gottes Rechtsordnung sichtbar geworden ist, so war sie vorher doch auch schon da, denn Satan hat von Anfang an die Verdunkelung des Evangeliums betrieben. Und genau das meint Paulus hier gegenüber den Thessalonichern mit dem Geheimnis der Gesetzlosigkeit, die ihm so auffällig geworden war wie keinem anderen. Aus einem einfachen Grund. Er war der einzige, der sich gegen diejenigen Judenchristen wehren musste, die aus den Nichtjuden Juden machen wollten. Wenn sie Paulus zu den Gesetzlosen zählt, dann gerade weil sie das Gesetz über Christus hoben. Damit machten sie sich zu Feinden des Evangeliums und des „Gesetzes Christi". Und Paulus lotet die Verantwortlichkeiten nicht aus, es interessiert ihn nicht, wie sehr man etwas mit Vorsatz betrieb, denn wer nur verführt war, war auch von Gott dahingegeben und kämpften als Feind des Evangeliums für die falsche Sache.

Auch die Kirchen, die später Kirchengesetze und Dogmen erließen und Aberglauben und Götzendienst zur Vorschrift erhoben, haben sich mit ihrer Form der Gesetzlichkeit und Kirchenordnung in die Reihen der Gesetzlosen eingereiht. Niemand ist gesetzloser als derjenige, der seine Gesetze gegen Gott macht, denn er ist gesetzlos gleich in zweierlei Hinsicht. Er hält die Gebote Gottes nicht und er praktiziert mit seinen eigenen Geboten Götzendienst, sei es auch, dass der Götze nur der Mensch selber sei.

Wer sich nicht warnen ließ von denen, die bibeltreu blieben und das auch nachweisen konnten anhand der heiligen Schrift, der brach einen Damm mit weiteren Lügen, die er zu glauben sich selber nötigte (**2 Thes 2,11**). Und so kam es, dass bibeltreue Menschen auf den Scheiterhaufen mussten, wie z.B. Johann Hus, und alle glaubten, man hätte einen Gottesdienst verrichtet (Joh 16,2). Tatsächlich sinkt man immer tiefer ein in den unmoralischen Sumpf von Ungerechtigkeit und der Neigung zu den falschen Dingen (**2 Thes 2,12**). Im Falle der Christenverfolgung durch Kirchenchristen hat man sich eine verlogene Theologie ausgedacht, um das zu rechtfertigen, was man an Scheußlichkeiten bereits zu verüben geplant oder ausgeführt hatte.

Was die Kirchenchristen in der Verfolgung von Leibesgliedern Christi und in den Religionskriegen praktiziert haben, als sie Menschen in Scheunen und Kirchen einsperrten und sie dann in Brand setzten, haben sie bei der Judenverfolgung sogar bis ins 20. Jahrhundert nachgemacht. Der Teufel, dessen glühendste Helfershelfer einmal in den Feuersee müssen, ***254** sorgt dafür, dass gerade auch die Glieder am Leibe Christi durchs Feuer müssen. Und seine Prediger verkündigen, dass jeder, der nicht das gleiche glaubt wie sie, auch in dieses Feuer kommen wird. Ob sie am Ende nicht selber hinein kommen? Es wird ein Feuer der Peinlichkeiten, der Scham und des Wehes über die eigene Falschheit, Dummheit, Sturheit und des Wahrheitshasses sein. Es wird ein Feuer sein, dass die Feinde Israels und die Feinde des Leibes Christi beugt, bis auf die Knie herunter.

Nicht wenige Pietisten hatten schon vor Jahrhunderten verstanden, dass die Christenheit zu den Völkern zugehörig ist, die nach Sach 14,2 von Gott gegen Israel gesammelt werden, damit Er sie dann bekämpft. ***255** Und nach Jes 60, 14 gilt für sie alle, die Jerusalem, und Israel beschwert haben: *„gebeugt werden zu dir kommen die Söhne deiner Unterdrücker, und alle, die dich geschmäht haben, werden sich niederwerfen zu deinen Fußsohlen. Und sie werden dich nennen: Stadt des HERRN, Zion des Heiligen Israels.“*

Was die Judenverfolgung durch die Kirchen anbelangt, kann man eine Parallele zum Verhalten der politischen Parteien im 21. Jahrhundert gegenüber den Juden erkennen. Die Kirchen konnten sich zu früheren Zeiten nicht gegen einen Staat Israel richten, weil es den in der Kirchengeschichte vor 1948 nie gab Aber sie konnten die Juden im kirchlichen Machtbereich erreichen. Man sah meist zu, wie das Volk, auch „Vulgärkatholiken" genannt, Pogrome veranstaltete und die weltliche Macht Maßnahmen gegen Juden ergriff. **256** Als es später den Protestantismus gab, verschlossen sich auch Protestanten nicht gegen den Antisemitismus. Zugleich redete man, als sei man den Juden wohl gesonnen. Auch heutzutage darf die politische Korrektheit Israel kritisieren, aber nicht einzelne Juden. Und der als Israelkritik getarnte Antisemitismus tut es ebenso.

In Wirklichkeit dürfte der religiös begründete Antijudaismus kirchlicher Prägung eine starke Triebfeder für den Antisemitismus gewesen sein. Die geistigen Brunnenvergifter saßen in Rom und auf den Bischofssitzen und haben mit der Ersatztheologie, wonach die Kirche Israel als Verheißungsträger abgelöst habe, ein starkes Gift erzeugt, das durch die Jahrhunderte wirkte. **257** Zu übersehen ist aber nicht, dass der eigentlich so stark ab dem 19. Jahrhundert werdende rassistische Antisemitismus eng mit der Lehre Darwins zusammenhängt, wonach es minderwertige Rassen gibt. Die Minderwertigkeit wird nur umschrieben mit der Begrifflichkeit des „Survival oft he Fittest". Die evangelische oder katholische Kirche haben den Darwinismus nicht erfunden, aber sie haben ihn umarmt, obwohl er deutlich anti-evangelisch ist. Das zeigt, dass sie stark von atheistischen Motiven geleitet sind, auch wenn sie das natürlich nicht wahr haben wollen. Christen sollten sich aber bewusst sein, auf welcher Seite sie stehen wollen. Manche stehen auf der falschen Seite und wissen es auch, sind aber zu bequem, um daran etwas zu ändern, so scheint es. **258**

Wer sich in die Höhle des Löwen setzt,
muss bereit sein, gegen den Löwen zu kämpfen,

sonst hat er dort nichts zu suchen.

Heutige Politiker aller Parteien, die keine Judenfreunde sind und ihren Antisemitismus nie bekennen würden, kritisieren Israel, wann immer sich eine Gelegenheit dazu ergibt, fügen aber immer gleich hinzu, dass man seine Hand über jedem Juden halten müsse. Nur gut, dass man sie gleich wieder zurückziehen kann, wenn es zu heiß wird!

In Wirklichkeit dürfte der religiös begründete Antijudaismus eine starke Triebfeder für den Antisemitismus gewesen sein. Man muss das Ausmaß dieser Irrationalität erkennen und dann versteht man vielleicht auch, dass und warum die Kirchen, bzw. das Kirchenvolk vom Antisemitismus verseucht sind. Dass Kirchenvolk und die nationalsozialistische Bewegung so gut miteinander harmonieren konnten, liegt auch daran, dass man die gottlosen pseudowissenschaftlichen Theorien über die Anfänge des Weltalls und die Entstehung des Lebens übernommen hat und damit Gott als Schöpfer ebenso verraten hat wie Jesus Christus, der sich wiederholt auf die Ereignisse der Genesis bezieht. ***259** Damit hat die mehr oder weniger versteckte Kritik an der Bibel den Antisemitismus gefördert, denn nach Darwin gibt es fittere Rassen als andere und dem Nationalsozialismus ist es gelungen, das Kirchenvolk mit zu ziehen mit der Idee, dass die Arier von Gott tüchtiger gemacht worden seien als die minderwertigen Juden.

Es ist allerdings in sich widersprüchlich, sich dann ausgerechnet die Juden als minderwertige Rasse heraus zu suchen, die sich über Jahrtausende in der Fremde, die oft genug lebensfeindlich war, durchgesetzt und überlebt hat. Das zeigt die ganze Irrationalität des Judenhasses. Erst recht gilt das für die Rassenlehre der Nazis, die zu einem Zeitpunkt in Gesetzesform gebracht wurde, als es mehr jüdische Nobelpreisträger gab als nichtjüdische. Die böse Saat wurde aber von der katholischen Kirche ausgesät. So wie es im Islam den Koran mit seinen antijüdischen Versen gibt, gibt es in der Kirche Roms viele Schriften und Kundge-bungen, die bis hinein in die Schulen und Dorfkirchen hallten. ***260**

Es ist schon durchschaubar, wie sich die Kirche immer wieder aus der Verantwor-tung herausreden will. Nach dem Krieg ließ das Papsttum zunächst verlauten, dass das Verhalten des Kirchenvolks in der Nazizeit zu loben wäre, ehe es sich dann doch mit Verspätung für das Versagen seiner Schafe entschuldigte. Dass vor allem die Hirten und der Oberhirte versagt haben, wird nicht zugegeben. Das zeigt das ganze Heuchlerische der Kirchenpolitik. Man kann gar nicht anders, weil man in diesem Käfig der Narretei gefangen ist. Die schamlose Legende von der Widerstandskirche wird auch heute noch gesponnen. Da wird nicht davor zurück-geschreckt, von einem Ruhmesblatt des politischen Urteilsvermögens der Kirche zu reden. ***261** Das allerdings sehr schnell verwelkte! Heinrich Himmler sagte ein-mal zur Judenvernichtung, sie sei ein *„niemals geschriebenes und niemals zu schreibendes Ruhmesblatt".* ***262** Wer glaubt das noch?

Der Verdacht liegt nahe, dass es jedes Mal der gleiche Geist ist, der so redet. Die „Ismen" kommen und gehen, es bleibt immer nur der Antisemitismus, der sich meist geschmacklos mit kunstschwachen Fantasien immer wieder mal andere Kleider zulegt, die nur unzureichend die Schamlosigkeit verbergen. Vielleicht wird nicht einmal die Rückkehr des Messias dem Antisemitismus das Ende bereiten. Der Satz, der Einstein sicherlich zu Unrecht nachgesagt wird: *„Zwei Dinge sind, soweit wir wissen, unendlich – das Weltall und die menschliche Dummheit",* weil er ja nachgewiesen hat, dass das Weltall eben nicht unendlich ist, ***263** würde passender so lauten: *„Zwei Dinge sind, soweit wir wissen, unendlich – die mensch-liche Dummheit und der Antisemitismus."* Aber vielleicht sind auch diejenigen, die ganz zum Schluss noch in der Hölle geläutert werden genau aus diesem Grund die letzten!

Wenn Menschen dumm sind, können sie ihre Dummheit noch steigern, indem sie sich dem Antisemitismus zuwenden.

Was soll daran rühmlich sein, wenn man etwas, was offenbar anti-christlich ist, auch als anti-christlich bezeichnet? In Wirklichkeit war es mit der Beurteilung des Nazismus eher so: die Kirche erkannte, dass hier eine Macht erstand, die in Konkurrenz zur Kirche trat. Der Nationalsozialismus ist ja eine ganzheitliche Theorie. Der Führer ist Gott, die Partei ist die Heiligen, das Heil liegt in der Zugehörigkeit zur Gemeinschaft. Die katholische Kirche ist ganz ähnlich organisiert, mit dem Papst an der Spitze, der priesterlichen Geistlichkeit und dem Glaubensvolk. Da die nationalsozialistische Bewegung stark war, verbündete man sich mit ihr, im Vertrauen daran, dass die Kirche auch die Nazis überlebte. Und so geschah es ja auch. Hitler musste gehen, die Päpste blieben. *264

Immerhin gibt es auch sehr viele Kritiker der katholischen Kirche, auch aus den eigenen Reihen der Kirche, denen die bisherigen Eingeständnisse des Versagens noch zu wenig sind, weil man weiß, dass politischer Pragmatismus nicht zu den Aufgaben der Jünger Jesu gehört. Zeugnis abzulegen für Christus kann bis zur Verfolgung führen. Taktische Manöver, die das verhindern sollen, dürfen nicht dazu führen, dass man verpflichtende Werte unbeachtet lässt und die christliche Nachfolge aussetzt. Feigheit nach dem Motto „rette sich wer kann!" oder Berechnung nach dem Motto „jeder rette für sich, was er kann!" sind kein Erkennungszeichen Christi. *265 Dieser offenbarenden Sünde der Feigheit, nicht vor dem Feind, sondern vor der Wahrheit, haben sich alle großen Kirchen schuldig gemacht. Viele Kleriker haben die Nazis nicht als Feind betrachtet. Nach dem Krieg waren die Seilschaften der Freundschaft und Sympathie zwischen Vatikan und Nazis mit verantwortlich dafür, dass viele Nazis ins Ausland flüchten konnten.

Es ist eine bewährte Überlebensstrategie, dass man auch dann noch überleben kann, wenn die Beweise erdrückend sind. Man muss sich nur anpassen. In der DDR nannte man so ein Verhalten „Wendehals". Das passt zur Weltanschauung, dass nur der Fitteste überlebt und seine Sache weitertragen kann. Nur, es ist eine „Welt"anschauung, es ist nicht das Anschauen von Jesus Christus.

Manch Autor der sich immer wieder kritisch äußert, schlägt doch wieder einen versöhnlichen Bogen zu jedem, der von der katholischen Kirche als Partner der Ökumene ins Visier genommen ist. Manch einer mag dabei an das Margot-Honecker-Syndrom denken, wonach jemand auch die schlimmsten Versäumnisse bei der unmissverständlichen Konfrontation mit den Fakten schönredet, damit er in Frieden ruhen kann. Ob das gelingt?

Es gibt katholische Kirchenleute, die behaupten, dass es nicht zur Machtübernahme der Nazis gekommen wäre, wenn alle Deutschen Katholiken gewesen wären. Dabei fällt bei einem Blick in die Geschichtsbücher auf, dass es meistens Katholiken waren, die die höchsten Ämter im Nazi-Staat einnahmen und die Konzentrationslager für Juden bewachten. Es war die katholische Kirche, die mit Hitler eine Art Nichtangriffspakt - anscheinend einen Pakt mit dem Teufel - abgeschlossen hat, welcher sicherstellte, dass in den zwölf Jahren nationalsozialistischer Herrschaft in Deutschland und später halb Europa kaum ein Priester von der Kanzel Kritik an den Erzverbrechern des 20. Jahrhunderts geübt hat oder irgend etwas gegen die Verfolgung der Juden vorgebracht hat. Die protestantischen „Priester" schafften das auch ohne päpstliche Anweisung nicht! Zumindest kann man das aus der Literatur schließen. Wo sind sie denn, die Nachweise tausender Priester, die sich mit dem Regime anlegten? Es gibt sie nicht. Man schweigt vornehm oder verschämt.

Was die Judenverfolgung durch die Kirchen anbelangt, kann man eine Parallele zum Verhalten der politischen Parteien im 21. Jahrhundert gegenüber den Juden erkennen. Die Kirchen konnten sich zu früheren Zeiten nicht gegen einen Staat Israel richten, weil es den in der Kirchengeschichte vor 1948 nie gab Aber sie konnten die Juden in ihrem Machtbereich erreichen. Man sah zu, wie das Volk, auch „Vulgärkatholiken" genannt, Pogrome veranstaltete und die weltliche Macht Maßnahmen gegen Juden ergriff. Zugleich redete man, als sei man den Juden wohl gesonnen. Heutige Politiker aller Parteien, die keine Judenfreunde sind und ihren

Antisemitismus nie bekennen würden, kritisieren Israel, wann immer sich eine Gelegenheit dazu ergibt, fügen aber immer gleich hinzu, dass man seine Hand über jedem Juden halten würde. Nur gut, dass man sie gleich wieder zurückziehen kann, wenn es zu heiß wird!

In Wirklichkeit dürfte der religiös begründete Antijudaismus eine starke Triebfeder für den Antisemitismus gewesen sein. Die geistlichen Brunnenvergifter sitzen in Rom und haben mit der Ersatztheologie ein starkes Gift erzeugt, das immer noch wirkt. ***266**

Es ist aber nicht zu übersehen, dass der eigentlich ab dem 19. Jahrhundert so stark werdende rassistische Antisemitismus eng mit der Lehre Darwins zusammenhängt, wonach es minderwertige Rassen gibt. Es ist allerdings in sich widersprüchlich, sich dann ausgerechnet die Juden als minderwertige Rasse heraus zu suchen, die sich über Jahrtausende in der Fremde, die oft genug lebensfeindlich war, durchgesetzt und überlebt hat. Erst recht gilt das für die Rassenlehre der Nazis, die zu einem Zeitpunkt in Gesetzesform gebracht wurde, als es mehr jüdische Nobelpreisträger gab als nichtjüdische. Die böse Saat wurde aber von der katholischen Kirche ausgesät. So wie es im Islam den Koran mit seinen antijüdischen Versen gibt, gibt es in der Kirche Roms viele Schriften und Kundgebungen, die bis hinein in die Schulen und Dorfkirchen hallten. Der Antisemitismus wurde immer wieder neu ausgesät, von Generation zu Generation und zwar in vollem Bewusstsein, zu was das führen könnte und teils auch sollte, zumal man immer wieder zusah, zu was er führte. Der Samen der Bosheit und das, was aus ihm erwuchs stank allezeit zum Himmel. ***267**

Paulus machte diese Aussage von dem Gesetzlosen, der sich in den Tempel Gottes setzen würde (**2 Thes 2,3-4**), noch bevor im Jahre 70 die Römer den Tempel in Jerusalem zerstörten. Bibelausleger haben jedoch Voraussagen der Propheten des Alten Testaments so gedeutet, dass in den letzten Tagen noch ein dritter Tempel gebaut sein soll. Wer die Bibel ernst und wörtlich nimmt, kommt hier zu dem

Schluss, dass Paulus, vermutlich ohne es zu wissen, von diesem dritten Tempel gesprochen haben muss. Woher nimmt Paulus aber diese Zusammenhänge? Allein aus dem Buch Daniel kann er das nicht genommen haben.

Dass es sich um einen Typus des Antichristen handeln muss, ergibt sich auch aus **2 Thes 2,9**ff. Er bezieht nämlich seine Wirksamkeit von Satan *„mit aller Kraft, Zeichen und Wundern [der] Lüge"* (KÜ) Es sind also nicht nur Lügen, sondern auch noch Lügen, die mit Wundern verbunden sind. Man könnte zum Beispiel an Marienerscheinungen denken. Dies alles dient dazu, die Menschen zu verführen *„durch jede Verführung der Ungerechtigkeit unter denen, [die] untergehen, darum, weil sie die Liebe der Wahrheit nicht angenommen haben, um gerettet zu werden. Deshalb wird Gott ihnen [eine] Wirksamkeit [des] Irrtums senden, damit sie der Lüge glauben".* (**2 Thes 2,10** KÜ) Die Menschen jener Zeit werden deshalb verführt werden, weil sie die Wahrheit nicht geliebt haben. Da Gottes Wort die Wahrheit ist, werden unter denen, die in jenem Äon verloren gehen, jedenfalls diejenigen sein, die die Bibel nicht wertgeschätzt haben.

Das sind aber leider auch die meisten, die sich Christen nennen. Wie kann das sein? Weil sie entweder nicht alles glauben, was in Gottes Wort geschrieben steht, oder alles so sehr ins Bildhafte und Symbolhafte entstellen, dass die biblische Botschaft nicht mehr erkennbar ist. Dazu kann man die „Bibelentmythologisierer" und die historisch-kritischen Bibelausleger zählen, aber auch diejenigen, die dem Wort Gottes ihre eigenen „Wahrheiten" hinzugefügt haben oder das Wort Gottes durch ihre eigenen Worte ersetzt haben, durch Vorschriften und Dogmen, Beschlüsse und Satzungen. Und so haben sie die Menschen gelehrt und sind zu Handlangern des großen Verführers und Täuschers geworden. haben. Paulus kennzeichnet diese Menschen auch damit, dass sie *„Lust an der Ungerechtigkeit [hab]en."* (2 Thes 2,12). Das erinnert nicht nur an ein falsches Verständnis über Gottes Gerechtigkeit, sondern auch an die Verfolgung bibeltreuer Christen und die Verdammung der sogenannten Fundamentalisten.

Es gibt immer noch viele noch nicht mundtot gemachte Apologeten, die warnen, dass aus demselben Kanal nicht Licht und Finsternis, Segen und Fluch fließen können. *268 Nach 2 Kor 6,14-15 soll ein Gläubiger nicht unter dem fremdartigen Joch mit Ungläubigen gehen! Er fragt: *„Denn welche Verbindung haben Gerechtigkeit und Gesetzlosigkeit? Oder welche Gemeinschaft Licht mit Finsternis?"* In dem Augenblick, wo man eine solche Verbindung eingeht, hat man die Seite gewechselt. Dann kommt es aber darauf an, so schnell wie möglich wieder umzukehren!

Rücklingsfallen wie es vielen Gemeinden pfingstlerischen und charismatischen Gemeinden häufig zu beobachten ist, ist ein bekanntes Phänomen im Heidentum. Das Phänomen ist keine neue Erscheinung, wie Jes 28,13 zeigt. *269 Interessanterweise werden die Wirkungen des Heiligen Geistes als Vorboten einer weltweiten *„religiösen Erweckung"* gesehen. Das ist gut möglich, denn in den letzten Tagen wird die Verführung zunehmen. Das ist auch eine Erweckung, eine Erweckung dazu verführt zu werden, den noch vorhandenen Rest-Realismus zu verlassen. Wer soll verführt werden? Die Muslime zu mehr Islam? Die Hindus zu mehr Hinduismus? Die Buddhisten zu mehr Buddhismus? Die Atheisten zu mehr Atheismus? Angenommen die Ausbreitung des charismatischen Christentums ist einem Geist zuzuordnen, den man „heilig" nennt. Dann ist dieser Geist sicherlich kein Geist von Gott, wenn die charismatische Bewegung sich tatsächlich zu einem weltweiten Erfolgskonzept entwickelt, denn für die letzten Tage ist keine Zunahme der Gläubigkeit angesagt. Wenn man sagt, dass der heilige Geist, die dritte Person der Trinität ist, dann kann dieser Geist jedenfalls weder vom Vatergott, noch von Christus sein.

Bei dieser bemühten Geist-Überbetonung sieht man auch, dass oft vom „heiligen Geist" geredet wird und dabei Christus vergessen wird.

Da der Geist dem Vater oder Christus zuzuordnen ist, ist die automatische Folge des Redens über die Wirkungen einer dritten Person, dass man die Ehre, die dem Vater und dem Sohn gebührt, verkürzt. Wenn das zutrifft, kann die Inspiration und der Impuls nur eine andere Quelle als Gott haben. Oft wird sogar zum „heiligen Geist" gebetet. Zu Recht weisen bibeltreue Christen darauf hin, dass der Geist, der von Gott ist, immer Christus und den Vater in den Mittelpunkt stellt. ***270** Das stimmt deshalb, weil der Geist der Geist Christi ist.

In Joh 16,14 wird die Unselbständigkeit des heiligen Geistes sogar noch herausgestellt. Jesus sagt da über den Geist: *„Er wird mich verherrlichen, denn von dem Meinen wird er nehmen und euch verkündigen."* Er hätte auch sagen können, denn er kommt ja von mir, ich sende ihn aus! Christus redet so zu seinen Jüngern (Joh 16,13), denn Er wird dann, wenn Er beim Vater ist, vom Vater gesagt bekommen, was geschieht. Der in der Rede über die dritte Person Gottes kaum überraschenderweise meist nicht zitierte Vers in Röm 8,9 zeigt deutlich, dass im Denken von Paulus eine dritte Gottperson keine Rolle spielt. *„Ihr aber seid nicht fleischlich, sondern geistlich, da ja Gottes Geist in euch wohnt. Wer aber Christi Geist nicht hat, der ist nicht sein."* Hier wird klar der Geist Gottes, der in den Gläubigen wohnt, der Geist Christi ist.

Wenn der Geist der Pneumatiker, die sich in der Neuzeit Charismatiker nennen, auf eine Person zurückzugehen ist, steht diese jedenfalls der Ökumene nahe. Die Bibel sagt aber eine Einheit des Glaubens nur zwischen Christus und den Seinen voraus. Eine künstlich erzeugte Einheit der Kirchenchristenheit ist damit nicht gemeint. Das ist etwas, was der Antichrist braucht, damit es ihm noch leichter fällt, die Menschen zu verführen. Der schleichende Übergang der an der Bibel noch irgendwie orientierten Christenheit zu einer Art humanistischem Christentum erleichtert dieses Vorhaben. Dabei ist klar, warum die katholische Kirche mit dabei sein wird. Sie war die erste christliche Glaubensgemeinschaft, die das Wort Gottes vernachlässigt hat. Diese von ihrem „heiligen" Geist inspirierten Bewegungen werden der Verführung in die Anti-Christlichkeit hinein anheimgefallen sein. Sie zielen auf Erhebung und Machterweiterung, wie der Antichrist. Und wer sie mitmacht, merkt nicht, bemerkt nicht, wer die treibende Kraft dahinter ist. Unter dem Eindruck von spiritueller Geschäftigkeit schleicht sich der Geist des großen Glaubensabfalls ein und breitet sich dann gemächlich aus. Der Abfall reichert sich noch an mit lügenhaften Zeichen und Wundern (**2 Thes 2,3.9-11**).

Die Charismatiker und Pfingstler berichten von großen Wundern in ihrem Umkreis. Aber diese Erscheinungen werden noch weiter zunehmen und noch mehr Menschen verführen. Die „Weissagungen" aus diesen Kreisen kommen aber nicht von Jesus, sondern von Lügengeistern, denn allzu oft erweist sich das *„So spricht der Herr!"* als Irrtum. Wenn man meint, der „Herr" sei Christus, so macht man aus Ihm einen Lügengeist. Ein Herr, der spricht, kann auch ein anderer als Jesus Christus sein! Und dieser andere Herr hat dann tatsächlich gesprochen. Aber er hat sich dabei als Irrgeist offenbart. Das Problem der meisten Kirchenchristen wird aber sein, dass ihr das Unterscheidungsvermögen fehlt. ***271**

Während ab dem 19. Jahrhundert sich die pfingstlerische und charismatische Bewegung in den Kirchen ausbreitete, ging zu dem ein gesellschaftlicher Wandel parallel, der die Kirchen stark beeinflusste und ein weltlicher Zweig der Gesetzlosigkeit darstellt. Und auch hier gilt, dass das Gute und Bekömmliche auf eine raffinierte Art und Weise mit dem Kritischen, was nicht offensichtlich ist, verwoben und verflochten ist.

Dem großen Gesetzlosen von 2 Thes 2,10 geht ein Abfall voraus, der folgerichtig ein Abfall von der Gesetzmäßigkeit und damit auch vom Glauben sein kann. Im 19. und dann im 20. Jahrhundert hat man immer wieder die gesellschaftlichen und Weltentwicklungen seitens der gläubigen Christen, die die Warnungen von Paulus als gültige Prophetie verstanden haben, als Zeichen des nahen Endes verstanden. Der „Abfall" in die Gesetzlosigkeit war beispielsweise in der zunehmenden Verweltlichung der einstmals christlichen Gesellschaften gesehen worden. Hinzu kam der Großangriff des Atheismus über den Evolutionismus und Relativismus, der zugleich den biblischen Gott und die christlichen Werte in Frage gestellt hat. Diese Atheismen haben auch über die liberale Theologie Eingang in Kirchenkreisen gefunden. In bibeltreuen Kreisen hat man die Kirchen davor gewarnt, diese Atheismen, vor allem auch die Evolutionstheorie und den Aktualismus, die beide behaupten, dass die Erde viele Millionen Jahre alt seien und es eine Entwicklung des Lebendigen gegeben habe, die gänzlich ohne einen Schöpfergott erklärt werden könne, in den Kirchen devot als wissenschaftliche Realitäten aufzunehmen.

Leider haben sich auch solche Christen dieser Sichtweise angeglichen, die versuchen, die Bibel wörtlich zu nehmen. Das geht natürlich gerade in Bezug auf die Evolutionslehre nicht, weil der Genesisbericht offenbar nicht zugleich richtig sein kann. Entweder hat Jesus Recht, oder die Menschen, die sich Wissenschaftler nennen und all zu oft vergessen, dass das Schaffen von Wissen immer wieder einer Korrektur bedarf und meist nur vorläufige Ergebnisse erzielt. Gott hat die Realitäten erschaffen, nicht der Mensch. *272

Jesus bestätigt in Mt 19,4, dass Gott den Menschen als Mann und Frau schuf, und zwar, wie es geschrieben steht. Darauf baut seine Theologie auf, wie in Ehefragen zu verfahren ist. Auch Paulus baut seine Theologie darauf auf, dass die Ereignisse im Buch Genesis richtig beschrieben worden sind. Er sagt, dass durch Adam der Tod in die Schöpfung gekommen ist. (1 Kor 15,21-22). Der Tod ist die Folge des Sündenfalls im Garten Eden. *273 Vor Adam kann es kein Sterben und kein Leiden gegeben haben. Das zeigt auch 1 Mos 1,29-30, wonach es vor dem Sündenfall keine Fleischfresser und damit auch keine Gewalt gab. Man hat aber in vielen Gesteinsschichten Szenerien des Fressens und Gefressenwerdens gefunden und Fossilien von Tieren, die manche Christen gerne vor Adam gelebt haben wollen. Wenn es aber keinen Sündenfall von Adam gegeben hat, der den Tod zur Folge hatte, muss auch kein Sohn Gottes kommen, der die Menschen von der Sündenschuld vertreibt und die Todesstrafe aufhebt. Der Evolutionsapostel Huxley schrieb in „Lights oft he Church and Science" zurecht: *„Mir ist ziemlich unverständlich, wie jemand auch nur einen Augenblick bezweifeln kann, dass die christliche Theologie mit der historischen Glaubwürdigkeit der jüdischen Schriften steht und fällt."* *274

In der akademischen Theologie lässt man das nicht gelten, sondern hat sich darauf geeinigt, dass Evolution mit der Bibel vereinbar wäre. Das zeigt wie vieles andere auch, wie weit sie sich von der Bibel entfernt hat. Man will von den Atheisten ernst genommen werden und verrät dafür den Glauben. Man kann die Sichtweise des Evolutionismus nur vertreten, wenn man die Aussagen der Bibel in das Reich der Mythen verbannt. Und genau das hat man getan. *275

Noch von zwei anderen Richtungen hat das Kirchenchristentum sich maßgeblich zum Abfall von biblischen Wahrheiten beeinflussen lassen. Und beide Bereiche haben sich den Evolutionismus zunutze gemacht, um ihre Theorien abzusichern.

Die zwei großen neuen politischen Bewegungen ab dem 18. Und 19. Jahrhundert waren der Sozialismus und der Liberalismus. Beides sind humanistische Philosophien. Sie führen beide unvermeidlich in eine Sackgasse, wo Theorie und Lebenswirklichkeit nicht mehr zusammenpassen. Da wird versucht, die nicht realisierbare Idee unter allen Umstanden und mit allen Mitteln, die zielführend erscheinen, durchzusetzen. Immer wird dabei der Mensch seelisch vergewaltigt und geistig eingeengt. Das Ende ist nackte Gewalt und Zwangsherrschaft. *276

Der Sozialismus ist eigentlich nur zum Schein human, weil er ja am Darwinismus festhängt. Hitler hat das gewusst. Er konnte deshalb leicht den Sozialismus zu seinen Zwecken missbrauchen. *„Die Natur kennt vor allem nicht den Begriff der Humanität, der besagt, dass der Schwächere unter allen Umständen zu fördern und zu erhalten sei, selbst auf Kosten der Existenz des Stärkeren." *277 Damit hatte Hitler Recht. Das Urteil über den Liberalismus fällt jedoch auch nicht günstiger aus. Dass die sogenannte Freiheit des Liberalismus eine freiheitsgefährdende, sogar existenziell gefährliche Komponente hat, liegt daran, dass sie im Grunde immer auf das Recht des Tüchtigeren oder Stärkeren hinausläuft. Im Liberalismus setzt sich der durch, der der Stärkere, Erfolgreichere ist, der auf Kosten anderer in seinen Stand gelangt und dort bleibt. *278 Deshalb ist es ja Aufgabe eines Staates, zu viel „Liberalismus" in die Schranken zu weisen. Zu viel Liberalismus endet in der Anarchie oder in der Diktatur.

Es gibt alle Mischformen von Sozialismus und Liberalismus. Den Linksliberalismus kann man vereinfacht als Sozio-Liberalismus, also als den Versuch sehen, das Gute des einen mit dem Guten des andern zu verbinden. Es könnte aber ebenso die Schwächen verbunden werden. Der Linksliberalismus braucht eine pluralistische Demokratie, um machtvoll und einflussreich sein zu können. Die gibt es in Deutschland und der gesamten westlichen Welt, für die gesagt werden kann, dass der Linksliberalismus eine bedeutende politische, aber auch außerparlamentarische Kraft geworden ist, denn es gibt nicht nur politische Parteien, die dem linksliberalen Lager zuzuordnen sind, sondern große Teile gerade des Bildungsbürgertums und auch der Medien sind von ihrer Grundausrichtung her linksliberal.

Die Idee des Liberalismus war die logische Folge auf jahrhundertelange Unterdrückung und Machtmissbrauch durch wenige Herrschende. Sie will staatliche Willkür vermeiden und zielt auf die freie Entfaltung des Individuums, aber auch der gesellschaftlichen und politischen Kräfte. So soll sich alles harmonisch und zum Nutzen aller zusammenfügen. Den Nutzen aller herbeiführen zu wollen, hat sich auch der Sozialismus auf seine Fahnen geschrieben. In sozialistischen Denkmodellen gibt es eine auffällige Nähe zu liberalistischen Ideen. „Socialis" (Lat.) bedeutet eigentlich „kameradschaftlich".

Eine einheitliche Vorstellung, was „Sozialismus" tatsächlich ist, gibt es nicht. Aber inhaltlich setzt der jeweilige „Sozialismus" in etwa die gleichen Schwerpunkte wie die französische Revolution sie schon der Theorie nach hatte: Freiheit, Gleichheit, Brüderlichkeit.

Hier müsste man eigentlich bemerken, dass es einen gewissen Widerspruch zwischen Gleichheit und Freiheit gibt. Vielleicht ist letzten Endes die extremere Ausprägung des Sozialismus, der marxistische Kommunismus an diesem Gegensatz gescheitert. Wenn man alle gleichmacht, worin besteht dann noch die Freiheit des Individuums? Wenn man dem Individualismus huldigt, wie kommt man dann noch zu einer gemeinschaftlichen Ordnung?

Beide „Ismen" haben gemein, dass sie auch frei sind von jeder Bezugnahme auf Gott. Daher ist es nicht verwunderlich, dass überzeugte Christen meist skeptisch, wenn nicht ablehnend, liberalistischen und sozialistischen Bewegungen gegenüberstanden. Doch wie stehen dann Christen, die an die Richtigkeit der biblischen

Aussagen glauben, zum Sozio-Liberalismus, der ganz ohne Gott auszukommen vorgibt? Jesus war doch einerseits der große Befreier (Befreiungstheologie!) und der große Sozialreformer, könnte man meinen.

Gelegentlich versuchen auch Linksliberale Jesus für sich zu vereinnahmen. Andererseits sagte Jesus aber auch klar, dass das Ziel der menschlichen Existenz, das Kommen zum Vater im Himmel sei. Und Er gab auch den einzig gangbaren Weg dahin an: *„Niemand kommt zum Vater, denn durch mich!"* (Joh 14,6) Die Erlösung und das Heil des Individuums erfolgen also nicht durch Sozialismus oder Liberalismus, sondern personal durch Gott selbst (Ap 4,11).

Umso erstaunlicher ist, dass es bei den christlichen Kirchen eine wachsende Tendenz zu geben scheint, biblisches Gedankengut linksliberalem Gedankengut anzugleichen, oder gleich ganz durch dieses zu ersetzen. Wenn man als Hauptmerkmale des Linksliberalismus die Autonomie des Individuums, also völlige Ungebundenheit, und zugleich pluralistische Gleichmacherei im Sinne einer Toleranz gegen jeden und alles, der sich jeder verpflichten muss, erkennt, dann begreift man, dass dies ein fruchtbarer Nährboden für Zügellosigkeit, gerade auch in moralischer Hinsicht, und für die Beliebigkeit des Glaubens sein kann. Diese sind dem kirchlichen Erbe entgegengesetzt und gefährden daher den Fortbestand der Tradition, die im Falle des Christentums ja nicht einen beliebigen Fortschritt nehmen soll, weil der Weg und die Wahrheit ja bereits unverrückbar festgelegt sind.

Als Beispiel für den Wertewandel in den Kirchen sei die Position genannt, die man zur Homosexualität einnimmt. Der Linksliberalismus hat bewirkt, dass etwas, was früher staatlicherseits als gemeinschafts- und individualschädlich gehalten wurde, inzwischen als „normal", wenn nicht sogar als förderwürdig gelten soll. Das ist ein Zeichen für Schwachsinn, zu dem Tiere nicht fähig sind. Das ist eine Eigenschaft, die nur Menschen erwerben können, wenn sie in ihrem Denken nicht auf der Grundlage der Fakten der Schöpfung bleiben. Für Christen galt der biblische

Maßstab, Homosexualität als nicht der Schöpfungsordnung entsprechend zu beurteilen. *279 Inzwischen ist man bei vielen Kirchen davon abgerückt und hat sich dem weltlichen Konsens angeschlossen.

Was die Kirchen für den Weg und die Wahrheit halten, mag seit Jahrhunderten im Fluss der Zeit Veränderungen unterworfen worden sein. Im „Jubiläumsjahr der Reformation" wird man auch daran erinnert. Aber gerade das, was die Reformation überhaupt auslöste, eine Rückbesinnung zu den Wurzeln des christlichen Glaubens, mit seinen Hauptsträngen Solus Christus, sola fide, sola gracia, sola scriptura, wird einem linksliberalen Denken geopfert, wenn man die Unterschiede der Geschlechter leugnet oder auf Kosten der biblischen Wahrheit einebnet. Besonders alarmierend ist, dass auch ehemals eindeutiger biblisch orientierte Glaubensgemeinschaften und ihre Vertreter, die man gemeinhin den sogenannten „Evangelikalen" zuordnet, diesen Einebnungstendenzen immer zugeneigter scheinen. *280

Parallel laufen die Bemühungen der Ökumene alles unter ein von römischen Ziegeln dominiertes Dach zu bringen, ebenfalls eine Gleichmacher-Bewegung. Im Zentrum steht kein Kreuz, weil es aus Rücksichtnahme entfernt worden ist, sondern eine scheinbare „Freiheit", die doch wieder nur in eine neue Unfreiheit führt, weshalb man alle Wege zu Gott toleriert; eine „Gleichheit", die zu einer Qualitätsminderung und Vielfaltsverarmung führt, weshalb man die Lehren angeglichen hat; eine „Brüderlichkeit", eigentlich eine Kumpanei der Armut, weshalb man den Oberbruder Papst sogar „heiliger" Vater tituliert und als Hoffnungsträger für etwas Hoffnungsloses und wahrhaften Pontifex zu allen diesseitigen Ufern betrachtet.

Die linksliberale Gesellschaft ist eine postmoderne Gesellschaft, die keine verbindliche Wahrheit mehr kennt und deshalb nicht bibelfreundlich sein kann. Daher präferiert sie auch Theologen und Kirchenobere, die die Bibelkritik berücksichtigen und zeitgemäß bzw. zeitgeistmäßig argumentieren. Das Göttliche muss auf das Alltagstaugliche schrumpfen und der Gottesdienst zum Event aufgewertet werden, bei dem sich alle, wie es ihnen gefällt, bedienen können.

Doch dann ist das nur ein Bildnis von Gott, ein weiterer nutzloser Götze. Freiheit durch Christus ist die biblische Freiheit, nur Christus kann sie herstellen. Sie ist etwas ganz anderes als die Freiheit „von" Christus, auf das die Evangelikalen zusteuern und wo die Kirchen längst angekommen sind. Die ist „von" der Welt. Jesus sagte, dass Er wahrhaft frei macht (Joh 8,36), frei von der Versklavung durch die Sünde und allem, was die Bestimmung des Menschen, auf den Heilsweg zu Gott zu kommen, im Wege steht (Röm 8,21).

Paulus ermahnte die Galater, weil sie sich wieder zu sehr der Weltlichkeit und ihren Irrwegen annäherten: *„Zur Freiheit hat uns Christus befreit! So steht nun fest und lasst euch nicht wieder das Joch der Knechtschaft auflegen!"* (Gal 5,1) Oder will man das, was man als *„Freiheit in Christus"* tituliert, nur zu einem Deckmantel für die Bosheiten (1 Pet 2,16) des Menschlichen verkommen lassen? Ist moderner Evangelikalismus nichts weiter als *„das Recycling des Irrtums des klassischen Liberalismus".* ***281** Das hört sich gut an: *„Tu was du willst, sobald es dir erlaubt ist!"* Wer erlaubt es? Und wozu? Die gesellschaftliche Norm, der die kirchliche Norm sich so lange angleicht, bis sie identisch geworden ist!

Petrus warnte vor denen, die von Freiheit reden, *„obwohl sie selbst Knechte des Verderbens sind. Denn von wem jemand überwunden ist, dessen Knecht ist er geworden."* (2 Petr 2,19). Damit hätte man endlich die Loslösung von Christus erreicht. Das einzige, was man tun kann, ist, noch rechtzeitig von diesem Zug ins finstere Nirgendwo abzuspringen. Die Kirchen scheinen sich längst an diesen Zug angehängt zu haben. Sie müssen sich fragen, was ihnen wichtiger ist, „zeitgemäß" oder christusgemäß, „weltoffen" oder die Welt nicht liebend (1 Joh 2,15), „politisch korrekt" oder geistlich korrekt. Martin Luther schrieb einmal: *„Wo das Wort ist, da ist die Kirche"* und Nikolaus Ludwig Graf von Zinzendorf dichtete: *„Mir ist`s nicht um tausend Welten, aber um Dein Wort zu tun."* Wer das Wort Gottes nicht in allem glaubt, glaubt auch nicht an den, der das Wort ist. Wer aber den Christus nicht hat, hat auch den Vater nicht. Anstatt Erlösung steht Auflösung auf dem Programm der Kirchen.

Durch einen „Konziliaren Prozess für Gerechtigkeit, Frieden und Bewahrung der Schöpfung", interreligiöse Gebets- und Dialogtreffen und andere Ersatzbefriedigungen anstelle des Dialogs mit Gott will man nicht mehr an eine baldige Rückkehr von Jesus Christus als Gerichtsherr denken müssen und das kommende Reich Gottes verharmlosend vorverlegen und vermenschlichen. Statt Neuer Bund New Age, statt Heiliger Geist Zeitgeist. ***282**

Daran erkennt man die prophetische Reichweite von 1 Petr 4,17: *„Das Gericht beginnt am Hause Gottes."* Man kommt nicht umhin, festzustellen, dass die Kirchen mit eiligen Schritten dahin zu kommen scheinen, wo sie keinen großen Unterschied mehr ausmachen, zu dem was die Gesellschaft als Norm, der sich keiner verschließen soll, erhoben hat. In Offb. 9,21 heißt es dazu passend: *„Und sie taten nicht Buße von ihren Mordtaten noch von ihren Zaubereien noch von ihrer Unzucht noch von ihren Diebstählen."* Diese Aufzählung hebt Mord, Zauberei, Unzucht und Diebstahl hervor. Das tut die heutige Gesellschaft auch.

Der hunderttausendfache Mord an Kindern im Mutterleib, macht die Frauen zu einem Sicherheitsrisiko für den Fortbestand der Bevölkerung. Esoterik und Spiritismus sind heute stärker ausgeprägt als jemals zuvor und werden noch durch die Medien gefördert. Magie verdirbt die Jugend ebenso wie die Kultur der Unzucht. Homosexualität gilt ebenso als normal wie alle Formen von außerehelichem Sexualverkehr. Schulkindern wird eine unbiblische Sexualmoral, die den Namen „Moral" gar nicht mehr verdient, vermittelt; auf ihren elektronischen Gehilfen, mit denen sie auch die Mama anrufen, wird das durch eine Flut von gehirnverdummendem Bildmaterial bestärkt. Der Diebstahl blüht in verschiedenen Formen, aber immer wird dem anderen etwas unrechtmäßig weggenommen: der Staat nimmt den Familien die Kinder weg, die Banken nehmen den Kunden das Geld weg, die Eltern stehlen den Kindern die gemeinsame Zeit, und die Kirchen stehlen Gott die Ehre. Und es wird *„die Wahrheit durch Ungerechtigkeit niedergehalten".* (Röm 1,18)

Das geschieht systematisch. Auch in kirchlichen und staatlichen Ausbildungsstätten. In den Kirchen werden auf Leitungsebenen nur dort ausgebildete Bewahrer der mittlerweile liberalen Tradition, die den Konsens mit dem Machtkartell gelernt haben, eingesetzt. Die Ausnahmen werden immer weniger. Und so wird das Kirchenvolk von blinden Leitern geleitet, die sich gegenseitig weiterempfehlen, während Andersdenkende ausgegrenzt werden. Vielleicht ist das der große Abfall, der in der Bibel vorausgesagt worden ist (**2 Thes 2,10**). *283

Aber kann die Entfernung von der biblischen Wahrheit noch größer werden? Hat nicht längst die Huldigung des Zeitgeistes den Geist Gottes vertrieben? Und wenn man die Wahrheit der Bibel leugnet, kann man nicht den Gott der Bibel vertreten, auch nicht, wenn man sich Stellvertreter Christi nennt. Die babylonische Vermischung der Religionen ist vollständig, wenn man sagt, dass alle Wege zu Gott führen und alle den gleichen Gott anbeten. Dem biblischen Gott untreu werden und sich ein eigenes Gottesbild schaffen, das ist die geistliche Hurerei, vor der die Bibel gewarnt hat. Da nützen auch die ganzen humanistischen Friedensbegegnungen und der Austausch multikultureller Freundlichkeiten nichts.

Schon manche haben darauf hingewiesen, dass es gewisse Parallelen zu jener Zeit vor der Reformation gibt. Auch damals war das Kirchenchristentum verweltlicht. Die Bibel konnten nur die lesen, die nicht bereit waren, sie ernst zu nehmen, sonst hätte die römische Kirche nicht so viel unbiblische Lehren einführen können. Auch heute gibt es noch die Pharisäer und Schriftgelehrten, die die Deutungshoheit darüber haben, was Gott zu sagen hat, wenn Er denn überhaupt noch was zu sagen hat. Den Kirchenführern zur Zeit Luthers ging es mehr um Ansehen, Macht und dass die Kasse stimmt. Ist das heute wirklich anders? Und vor allem waren sich Kirche und Staat einig, denn eine Hand verunreinigte zu beidseitigem Nutzen die andere. Will man akademischer Theologe werden, braucht man auch heute noch die staatlichen Weihen. Und auch damals erwartete man nicht das baldige Kommen des Herrn, denn man war sich selber Herr genug. Aber anstatt, dass man sich zu Beginn des 21. Jahrhunderts Hoffnung auf eine Reformation machen könnte, steuert die Welt auf ein anderes Großereignis zu.

Die Bibel bezeichnet das gefälschte Gegenstück zur Braut Christi als Hure Babylon. Sie will anstatt und anstelle der Braut sein. Das wird ihr aber nicht gelingen, ganz einfach deshalb, weil der Bräutigam nicht einverstanden ist. Zur Hure gehört biblisch gesehen jeder, der in Christus und zugleich von der Welt sein will. Jesus hat klar gesagt, dass Seine Braut keinen anderen hat.

Über die endzeitliche Hure Babylon heißt es in Of 18,4 f.: *„Und ich hörte eine andere Stimme vom Himmel, die sprach: Gehet aus von ihr, Mein Volk, dass ihr nicht teilhaftig werdet ihrer Sünden, damit ihr nicht empfangt etwas von ihren Plagen! Denn ihre Sünden reichen bis an den Himmel, und Gott denkt an ihren Frevel."*

Als *„Gespenst des toten Römischen Reiches, das gekrönt auf dessen Grab sitzt"* bezeichnete einst Thomas Hobbes das Papsttum. Die Kirche Roms und ihre Ableger haben schon immer auch die Wahrheit in Ungerechtigkeit niedergehalten (Röm 1,18). Darüber sind viele Bücher gefüllt worden. Und es hat schon immer Versuche gegeben, dies alles zu beschönigen und zu relativieren. Der Helfershelfer der Kirchen sind viele. Die Kirche hat Macht und Geld und zieht alle in ihren Bann, denen es um Macht und Geld und Ruhm geht. Sie gehen alle ins Gericht.

Die Ungerechtigkeit, die die Kirche verbreitet und demonstriert, zeigt auch die ganze Hässlichkeit dieses Täuschungsinstruments der Kirche. Den Menschen fehlt weitgehend auch der Sinn für Schönheit. Er kann dort nicht gedeihen, wo es ungerecht zugeht. Betritt man den Regierungssitz eines Gewaltherrschers oder das Haus eines Terroristen wird man vielleicht auf gestohlene Kunst stoßen, aber nicht auf eine besondere Aufwartung eines Sinnes für Schönheit. Als der IS, der sich durch brutale Gewaltanwendung im Nahen Osten ausbreitete, von aller Herren Länder Zulauf bekam, war das Merkmal, das die Zuläufer am meisten mit den anderen gemeinsam hatten, die Geschmacklosigkeit, nicht etwa den Glauben an den mohammedanischen Allah. Geschmacklosigkeit ist immer ein Zeichen der geistigen Unreife.

Das Evangelium, das die Kirchen, die die Ungerechtigkeit niederhalten, vertreten, ist keine schöne, sondern eine hässliche Botschaft, denn sie behauptet, dass es

Milliarden von Menschen gibt, die auf immer an einem finsteren Ort in Qualen verbleiben müssen. Das Evangelium Jesu Christi ist hingegen wunderschön, weil es die Erlösung und die Verherrlichung aller verheißt und dieses Ziel schrittweise verwirklicht.

Wie hängen Schönheit und Wahrheit zusammen? In Gott. Es ist nicht nur die Frage nach dem Wo, die so beantwortet wird. Es haben schon viele versucht, den Wahrheitsbegriff mit dem der Schönheit zu verbinden. Ist Gott schön, wenn Er wahr ist? Ist das Evangelium schön, wenn es wahr ist?

Wer Schönes erschafft, muss den Schönheitssinn bei sich haben. Er ist dann so oder anders, aber irgendwie schön. Wenn Gott die Welt erschaffen hat, dann ist sie ein Abglanz seiner Herrlichkeit. Ob sie daneben noch hässlich ist, spielt dabei keine Rolle, da Hässlichkeit nur eine Anwandlung oder ein vorübergehender Verlust der Schönheit ist. Ein schönes Gesicht kann durch einen Unfall entstellt werden, aber die Chirurgie kann es wieder herstellen. Wenn nicht, hat sie nur die Mittel dazu noch nicht. Gott hat alle Mittel, die es braucht, um die Entstellungen in der Schöpfung zurechtzubringen. Und tatsächlich ist das auch die Botschaft der Bibel.

Dass Gott alles zurechtbringt und dass alles zu ihm hin geschaffen ist und in die rechte Ordnung gebracht wird, das ist der Sinn der Schöpfung und hat zum Ziel, Gott zu verherrlichen. Und das ist die Wahrheit. So steht es in Gottes Wort. Die Wahrheit kann hässlich sein. Aber das Hässliche kann überwunden werden und dann bleibt das Verherrlichte als Wahrheit stehen. Das ist eine frohe Botschaft, ein schönes Evangelium. Der Zusammenhang von Wahrheit und Schönheit ist den Menschen nicht ganz verborgen geblieben. Sie haben nur beides nicht genau festlegen können. Das Wahre und Schöne, wie es am reinsten vorkommt, muss ein jeder erst noch für sich entdecken! *284 Noch eine abstoßend hässliche Lehre ist die Lehre Darwins vom „survival of the fittest". Sie ist auch deshalb umschattet von Hässlichkeit, weil sie bewusst mit Unterdrückung und Lügen und anderen unredlichen Methoden der Besitzstandswahrung operiert.

Thomson sagt in seinem Vorwort zu Darwins „Origins of Species": *285 *„Wie wir wissen, gibt es unter den Biologen eine große Vielfalt der Meinungen, nicht nur über die Ursachen der Evolution, sondern sogar über deren eigentlichen Verlauf. Es ist in der Wissenschaft nicht nur höchst ungewöhnlich, sondern auch ebenso unerwünscht, dass man zur Verteidigung einer Lehre bereit ist, die man nicht wissenschaftlich definieren, geschweige denn mit wissenschaftlicher Exaktheit beweisen kann, deren Glaubwürdigkeit man aber in der Öffentlichkeit durch die Unterdrückung von Kritik und Leugnen der vielen Schwierigkeiten zu erhalten sucht."*

Warum ist es abzulehnen, wenn Theologen versuchen, die biblische Schöpfungslehre mit der Evolutionslehre zu harmonisieren?

1. Weil es sich bei der Evolutionslehre um eine Philosophie handelt, die sich nicht auf Christus gründet (Kol 2,8).
2. Weil biblische Aussage relativiert und von ihrem Wahrheitskern entfernt werden, dabei gewinnt die Philosophie das Übergewicht.
3. Konsequent weitergedacht erbringt die theistische Evolutionslehre den Nachweis, dass die Bibel kein absoluter Maßstab ist und irreführend ist.
4. Auch bei den Anhängern der theistischen Evolution wird ein Misstrauen gegenüber der Bibel erzeugt, das letzten Endes zum Abfall vom Wort Gottes führt. *286
5. Diese Lehre bringt den Ungehorsam gegen Gott mit sich. *287

Einstein war kein Darwinist, sondern ein Theist. *288 Einstein soll gesagt haben *„Ich glaube an einen persönlichen Gott... Schon als junger Student lehnte ich den wissenschaftlichen Standpunkt der achtziger Jahre ab, und ich betrachte Darwins, Haeckels und Huxleys Entwicklungslehren als hoffnungslos veraltet."* Dazu zeigt seine bekanntere Aussage: *„Gott würfelt nicht. Vielmehr hat Er die Welt nach einem ordentlichen Plan geschaffen, den zu finden Aufgabe der Wissenschaftler ist.",* dass er jedenfalls kein Darwinist war und verstanden hat, dass die Natur die

Handschrift eines genialen Planers zeigt. Man braucht natürlich keinen Einstein, oder Galilei, Kopernikus, Kepler, Newton, Kant, Hegel, Planck, Heisenberg oder andere Geistesgrößen aus den Naturwissenschaften, um die Richtigkeit eines theistischen Weltkonzepts nachzuweisen.

Man kann aber sagen, dass die Linie des Atheismus, die über Darwin, Hitler, Stalin zu den bald namenlosen Vertretern des Atheismus geht, eine Unheilslinie ist, die eine Degeneration der menschlichen Moral anzeigt. Einstein kannte als Jude vielleicht auch Hiob 12,7-9: *„Frage doch das Vieh, das wird dich's lehren, und die Vögel unter dem Himmel, die werden dir's sagen, oder die Sträucher der Erde, die werden dich's lehren, und die Fische im Meer werden dir's erzählen. Wer erkennte nicht an dem allen, dass des HERRN Hand das gemacht hat, dass in seiner Hand ist die Seele von allem, was lebt, in seiner Hand auch der Geist im Leib eines jeden Menschen?"*

Der Darwinismus ist ein starkes Zugpferd des Anti-Christlichen und wird deshalb auch vor den Karren der anti-christlichen Kirchen gespannt. Man sollte nicht darauf springen, denn er wird früher oder später an die Wand gefahren.

In 2 Thes 2,10ff steckt noch ein weiteres aktuelles Problem der heutigen Kirchen. Das ist die Ökumene.

In **2 Thes 2,7-12** warnt Paulus die Thessalonicher davor, wie Satan wirkt, damit die Menschen, ja sogar an Christus Gläubige, dem Gesetzlosen, bzw. der Gesetzlosigkeit, auf den Leim gehen. Seine Wirksamkeit erfolgt *„mit jedem Betrug der Ungerechtigkeit für die, welche verloren gehen, dafür, dass sie die Liebe der Wahrheit zu ihrer Rettung nicht angenommen haben."* (**2 Thes 2,10**) Paulus führt weiter aus, was die Merkmale der Verführten sein werden, ein Irrwahn, der eine große Stärke entwickeln kann, eine kaum nachvollziehbare Neigung, dem Lügenhaften Glauben zu schenken und eine immer schamlos werdendes Wohlgefallen an Ungerechtigkeit, Werteumwertung und geistiger Beschmutzung (**2**

Thes 2,11-12) Die Ökumenebewegung ist so ein Irrwahn, durchsetzt mit Lügen, zunehmender Liebe an der Unwahrheit und an der Ungerechtigkeit.

Vieles deutet darauf hin, dass die Ökumene nichts anderes ist als die Verwirklichung des Programms, die Menschheit nach ihren beiden Urlügen auszurichten. Die erste Lüge lautet: *„Hat Gott wirklich gesagt…?"* (1 Mos 3,1) Ja, Er hat gesagt! Die Ökumene sagt, nein, Er hat das nicht gesagt oder Er hat das nicht so gemeint. Was hat Gott gesagt?

„Geht nicht unter fremdartigem Joch mit Ungläubigen! Denn welche Verbindung haben Gerechtigkeit und Gesetzlosigkeit? Oder welche Gemeinschaft Licht mit Finsternis? Und welche Übereinstimmung Christus mit Belial… Darum geht aus ihrer Mitte hinaus und sondert euch ab!, spricht der Herr." (2 Kor 6,14-15.17)

Und zwar auch, wenn das schmachvoll ist, so soll man doch *„außerhalb des Lagers"* der Verräter an Christus *„seine Schmach tragen"* (Heb 13,13) Die Getreuen Gottes werden verspottet und gemieden, weil sie nicht an der Ökumenebewegung teilhaben wollen. Zum Teil werden sie bereits bekämpft. Man will sie nicht haben und versucht, sie loszuwerden und mundtot zu machen.

Die Ökumene hat nichts mit der Einheit im Leibe Christi zu tun. Jesus bittet in Joh 17,11 Seinen Vater für Seine Jünger: *„Bewahre sie in deinem Namen, den du mir gegeben hast, dass sie eins seien wie wir!"* Die Jünger waren jahrelang mit Jesus zusammen und hatten alle Seine Lehren gehört. Ihr gemeinsamer Auftrag lautete, das Evangelium den Juden zu bringen. Da sie von Jesus nur Wahrheiten gehört hatten, war klar, dass sich Jesu Bitte um Einheit und Einigkeit auf die Wahrheit und nicht auf eine Unwahrheit, wie sie dann von Judas vertreten worden ist, bezogen hat. Es muss also eine geistige Einheit und ein gemeinsames geistiges Ziel da sein. Mit Belial oder Satan kann es keine geistige Einheit geben. Sie haben auch andere Ziele als Christus. Man muss also immer zuerst prüfen, ob jemand die Wahrheit, die Gerechtigkeit, das Licht und Christus vertritt, wenn man sich mit ihm eins machen will. Der Name Christus genügt nicht, die Absichtserklärung auch nicht.

Die falsche Einheit und die Ökumene sind durch das Gleiche gekennzeichnet. Sie haben Vertreter, die so fragen wie Satan gefragt hat und immer wieder fragt. Das *„Hat Gott wirklich gesagt…?"* kommt beispielsweise so zu Tage: *„Hat Gott wirklich die Welt in sechs Tagen erschaffen? Oder war es doch die Evolution?"*, *„Sind das wirklich authentische Jesusworte?"*, *„Hat Gott wirklich das Rote Meer geteilt?"*, *„Hat Jesus wirklich diese Wunder vollbracht?"*, *„Ist Jesus wirklich körperlich von den Toten auferstanden?"*, *„Ist wirklich der ein Antichrist, der abstreitet, dass Jesus der Sohn Gottes ist?"*, *„Sind die Geschichten der Bibel mehr als nur Legenden und Mythen?"*

Es gibt zum Teil auch recht widersprüchliche Auffassungen, die aber erstaunlicherweise dann niemand mehr stören, wenn es um die gemeinsamen Ziele geht. Satan ist sehr tolerant gegenüber der Lüge und Ungerechtigkeit, solange er nur zerstören und das Heil aufhalten kann! Früher hat man bei Streitfragen Menschen auf den Scheiterhaufen gebracht, in der Ökumene sind nun die Streitparteien einträchtig vereint zu einer Gesellschaft des faulen Friedens. Die einen glauben, dass es eine Mutter Gottes gibt, die sündlos in den Himmel aufgefahren ist und dort die Aufgabe hat den Sohn Gottes zu besänftigen, wenn der die irdischen und menschlichen Dinge zu eng sieht. Die anderen glauben nicht einmal, dass Maria als Jungfrau schwanger geworden ist. Einig sind sie sich nur, wenn es gegen jene geht, die die Bibel als höchste Autorität des Glaubens verstehen und alles glauben, was in ihr geschrieben steht. Und einig sind sie sich, wenn es gegen Israel geht. Das war schon immer die Zielrichtung Satans.

Einheit kann sich nur auf jene beziehen, die zum Leib Christi gehören, ebenso wie zum Volk Israel nur diejenigen gehören können, die das Judentum angenommen und sich beschneiden gelassen haben. Innerhalb dieser Heilskörperschaften möchte Gott die Einheit. Weder Israel noch die Gemeinde Jesus sollen sich mit Belial vermischen. Die Kirchen haben es getan und finden deshalb auch nichts Unrechtes daran, es weiterhin zu tun. Sie begeben sich damit unter einen Fluch.

Wer in den Kreis der Ökumene aufgenommen werden will, wird daher auch nicht gefragt, was er glaubt oder wie er zu Jesus steht. Hauptsache ist, dass er die Einheit will. Wer die göttliche Inspirierung der Bibel abstreitet und sagt, dass Jesus nicht auferstanden ist, oder dass der Exodus nie stattgefunden hat, wird aufgenommen in den Kreis der Scheinfriedfertigen. Herzlich willkommen sind jene, die sagen, dass das Land Israel den Palästinensern zurückgegeben werden sollte. Wichtig für die Ökumene ist nicht das Glaubensbekenntnis, sondern der Wille und die Bereitschaft zum Zusammenschluss. Es ist aber ein Zusammenschluss des Unglaubens und des Unrechts. In der Ökumene versammeln sich alle jene, die den Namen haben, dass sie leben, aber in Wirklichkeit tot sind. Dazu kommen die Pharisäer und Heuchler, die ungläubigen Schriftgelehrten und viele, die nur akademisch über die Verdammnis predigen, aber aus Gründen des harmonischen Miteinanders innerhalb der Ökumene über das Substantielle des Evangeliums schweigen. Ein Warner hat einmal die Ökumene als „galvanisiertes Christentum" bezeichnet. Wie bei einem toten Frosch, der unter Strom noch zuckt, aber natürlich nicht wieder zu beleben ist. Die Ökumene ist eine Frankenstein-Christenheit. Da wird ein Gebilde gebaut, das vielleicht humanoide Züge trägt, aber eben keine christlich- authentischen.

Die andere Urlüge, ebenfalls von Satan stammend und immer noch von den Menschen geglaubt, lautet: *„Keineswegs werdet ihr sterben!"* (1 Mos 3,4) Aber vollständig geht die Lüge so, dass sich noch ein „Sondern..." anschließt, denn es geht um das Sondern, das darauf abzielt, von der verbotenen Frucht zu essen: *„Sondern Gott weiß, dass an dem Tag, da ihr davon esst, eure Augen aufgetan werden und ihr sein werdet wie Gott, erkennend Gutes und Böses."* Es geht also um das eigenwillige Erkennen des Guten und Böses, nicht auf dem Wege, den Gott vorsieht. Und auf diesem verbotenen Weg - wie praktisch - wird man dann auch noch „wie

Gott". Das ist der alte Menschheitstraum. Mit anderen Worten, es geht um den Ungehorsam gegen Gott im Zusammenhang mit dem, was man selber gerne als gut und recht haben möchte.

Alle Religionen sind solche Ergebnisse dieses Ungehorsams, denn alle behaupten sie, zu wissen was gut und böse ist und was nicht nur vom Bösen erlöst, sondern auch noch das Problem mit dem Tod löst. Der Mensch tut es! In den fernöstlichen Religionen relativiert er Gut und Böse und behebt das Todesproblem durch die Behauptung, man fließe in die Existenz der Weltseele über oder das Erlöschen in ihr sei das höchste Ziel. Im Islam hat die Unterscheidung von Gut und Böse eine untergeordnete Rolle zu spielen. Erstens weil Allah selbst viel Böses tut und anordnet und sich als größter Täuscher bezeichnet, *289 was nur wahr ist, wenn er Satan ist. *290 Zweitens, weil der Weg ins Paradies unabhängig von dem Guten oder Bösen ist, das man tut. Es kommt allein auf die Gunst Allahs an.

Und was ist bei den Kirchen die verderbliche Frucht des falschen Erkennens von Gut und Böse? Es ist das Festhalten an der Werkgerechtigkeit, die den ewigen Tod abwenden und in den Himmel bringen soll. Christus ist nur Mitläufer. Und es eint diese Kirchen, ganz gleich, ob sie konservatives, liberales oder charismatisches Gedankengut haben, auch der Glauben, dass der Mensch das Entscheidende zu seiner Selbsterlösung beitragen müsse. Man muss nur die Frucht der Erkenntnis pflücken und davon kosten, ein Akt der Selbstergreifung und Selbsterlösung, der sich dann spiritistisch, okkult, rituell oder sakramental gibt.

Auf die Spitze der Ablösung von Gott hat es die katholische Kirche getrieben. Sie verfügt über den Erlöser dergestalt, dass sie ihn auf ihren Altären opfert. Die Priester schaffen das Erlösungswerk, holen dazu Gott vom Himmel herunter, stellen Ihn in ihren Dienst, wie und wann sie es gerade brauchen. Der Gläubige nimmt die Hostie, schluckt sie hinunter und hat sich wieder bis auf weiteres mit der Gottheit eins gemacht. Die Gottheit ist Erfüllungsgehilfe, die gehorchen muss. Die katholische Kirche hat es also sogar fertiggebracht Gott unter ihre Obhut zu nehmen und Ihn bei sich als Messdiener einzustellen.

All diese Machthabereien spiegeln die Folgsamkeit gegenüber der Schlange wieder. Dazu kommt oft noch der Hass auf Gottes Volk, Israel und jene, die seit Grundlegung der Welt auserwählt wurden, der zur geistlichen Blindheit führt. Mit dieser Ökumene darf man sich keinesfalls eins machen. Die Ökumene ist ein Sammelbecken gottfeindlicher und antichristlicher Kräfte. Sie bereitet das Kommen des Antichristen vor, von dem die Bibel prophezeit, dass er zunächst der große Friedensbringer, dann aber der letzte große Zerstörer sein wird.

Die Ökumene ist ein weiterer Versuch des autonomen, humanistischen Menschen Gott zu verdrängen. Er vergöttlicht sich einfach selber und gibt sich dabei einen christlichen Firnis. Der Mensch der Sünde ist der Mensch der Ungerechtigkeit und Gesetzlosigkeit. Er ist aber auch ein Mensch der Ökumene. Damit ist nicht gesagt, dass jeder Mensch, der für die Ökumene ist, gesetzlos oder ungerecht sei. Aber einer, der den Maßstab vorgibt, ist dies alles zusammen und noch dazu so, dass es, jedenfalls zunächst, die Wenigsten bemerken.

Anmerkungen

1

Vgl. Michael Borgolte, „Wie Europa seine Vielfalt fand", S. 144, 2005.

2

Zu früheren Zeiten wurden hauptsächlich Machtmenschen oder religiöse Fromme in besonderer Weise verehrt oder gar in den Stand der Gottgleichheit versetzt. Heutzutage sind es mehr die Menschen der Massenmedien: Musiker, Filmstars oder Sportler, denen man sein Leben widmet oder einen Hausaltar baut. Dazu kommen Vereine, Clubs, Orden, Hobbies und die vielen Haustiere, die ausgleichen sollen, was Mitmenschen nicht erbringen können. Sie alle können eine Art Gottesersatz werden und Trost spenden als eine minderwertige Form des Heils.

3

Das Recht haben gehörte leider in der Menschheitsgeschichte nicht immer zum Rechtsein dazu.

4

Heinz Schumacher in „Gnade und Herrlichkeit" 1 /19 S. 5.

5

Die erste Christin Europas, Lydia, stammte eigentlich aus Thrakien in Kleinasien (Ap 16,11-40).

6

Thessalonich und Philippi lagen an der berühmten Via Egnatia, die die Römer bereits 170 Jahre vor Paulus als Hauptverkehrsachse zwischen Rom und dem Nahen Osten gebaut hatten.

7

1 Thes 2,17, vgl. Ap 17,5-9.

8

2 Kor 1,19 mit 1 Thes 3,6.

9

1 Thes 1,8; 4,10, vgl. aber auch 2,17; Ap 18,1.

10

Vgl. 1 Thes 2,17; Vgl. Ap 18,5 mit 1 Thes 3,6.

11

1 Thes 3,13; 4,3.4.7; 5,23.

12

1 Thes 1,9f; 2,19; 3,13; 4,16f; 5,23.

13

Mt 18,14, Lk 12,6; 15,4-9.

14

Griechisch „pistis". Das deutsche Wort „Glauben" wird oft in den Kontext des Zwei-
fels gebracht. Biblisch ist mit „pistis" nichts Zweifelhaftes gemeint, sondern eine
Überzeugung, die zumindest zum Teil auf Fakten beruht. So wie es in einem Ver-
trauensverhältnis ein begründetes Vertrauen gibt, das auf den Fakten positiver Erfahrungen beruht.

15

Eine dritte Person Gottes kommt in der Bibel nicht ausdrücklich vor, was zu der
Annahme führt, dass es sie nicht gibt. Die einzige Stelle, die man anders deuten
könnte ist Mt 28,19, wo *„auf den Namen des Vaters und des Sohnes und des Heiligen Geistes"* getauft werden sollte. Diese Schriftstelle selbst ist umstritten, weil sie
in den ältesten Textzeugnissen nicht vorkommt. Sie ist aber ungewöhnlich, eben
gerade deshalb, weil hier der Geist Gottes zusätzlich genannt wird, obwohl doch
auch der Vater und der Sohn, weil sie Gott sind, auch Geist sind. Hieraus lassen
sich also trinitarische Gedanken ableiten, die sonst in der Bibel nirgendwo auftauchen. Die Ausführungen der Theologen, die von einer dritten Gottperson ausgehen
sind ausnahmslos interpretatorisch. Da der heilige Geist auf jedenfalls auch eine
Kraft ist, die zugeteilt werden kann, kann auch das der Grund sein, warum er hier
in Mt 28,19 zusätzlich genannt ist. Von Gott Vater und Gott Sohn erfährt man anhand der Kraftentfaltung des Geistes Gottes, aber nicht wegen der Wirkung einer
weiteren Person. Ohne die Wirkungsmacht des Geistes Gottes geschieht nichts.
Damit ist gesagt, dass der Geist Gottes nicht nur über den Dingen schwebt, sondern eingreift und aktiv wird. Das ist auch in der Taufe gegeben, um die es in Mt
28,19 geht. Man wird getauft mit Geist. Das bedeutet, dass nun der Geist Christi,
wegen Röm 8,9 innewohnt und die Kraft für gottgemäßes Christushandeln gibt. Der

Geist wird hier in Mt 28,19 also, allem Anschein und aller Logik nach, nur genannt, weil er derjenige und diejenige Geisteskraft ist, die bei der Taufe überwechselt von Gott und von Christus zu dem Gläubigen. Mit einer dritten Person hat das nichts zu tun, denn sonst wäre ja in jedem Gläubigen eine eigene Person Gottes, nach der dritten Person, beim vierten Gläubigen die vierte Person Gottes, dann die fünfte usw. innewohnend und man würde einem Polytheismus das Wort reden. Das liegt der Bibel fern. Die Bereitschaft der überwiegend griechischen Kirchenväter, eine Trinität in ihr Denken über Gott einzuführen, dürfte historisch aus dem Hellenismus und dem hellenisierten Judentum in die Christenheit eingeführt worden sein, wo es trinitarische Gedanken bereits gab. Diese sind im Hellenismus deshalb nichts Ungewöhnliches gewesen, weil Göttertriaden im Altertum nicht unbekannt waren. Paulus und die Jünger Jesu haben gewiss keine Trinitätslehre vertreten.

16

Der Verfasser des Hebräerbriefs spricht dabei aber die von Israel an (Vgl. Heb 10,30). Die Analogie, dass diese Warnung auch für alle anderen gilt, ist nachvollziehbar.

17

Helps Word studies, Nr. 3955, 1987, 2011.

18

Arabisch „al-Makr", Sure 3:54. Ungläubige darf man immer anlügen, wenn es der Sache des Islam dient.

19

Ein guter Arbeiter ist seines Lohnes wert, aber abgesehen von einem Selbstkostenpreis, sollte es am „Käufer" liegen, wie er diesen Grundsatz beherzigt. Diener Gottes sollten grundsätzlich kein Gottesgut verkaufen, um damit ihr Privatvermögen zu mehren (Wenn zwischen dem Arbeiter und dem Abnehmer noch weitere sind, muss das, auch nach den Regeln dieser Welt, berücksichtigt werden).

20

Luther übersetzt mit „Nachfolger". Das ist jedoch etwas anderes. Ein Nachfolger läuft dem Vorausgehenden hinterher. Er hat die gleiche Richtung und weicht keinen Grad davon ab, sonst wäre es keine Nachfolge mehr. Schon eine kleine Kursänderung führt zu einem ganz anderen Ziel. Ein Nachahmer ist jemand, von dem man noch nicht weiß, ob er nur so tut als sei er in etwas ebenso wie der, den er nachahmt.

21

Vgl. John Mac Arthur, „Israel in Exile", S. 112, 2016.

22

So z.B. Posidonius (135 vZ), Apollonius Molon (1. Jhdt. vZ), Apion (1. Jhdt nZ), Seneca (4 vZ- 65 nZ), Petronius Arbiter (6-66 nZ), Aulus Persius Flaccus (34-62 nZ), Marcus Fabius Quintilianus (35-99 nZ), Marcus Valerius Martialis (40-102 nZ), Mestrius Plutarchus (46-120 nZ), Tacitus (5-120 nZ), Gaius Suetonius Tranquillus (75-150nZ), Philostratus (170-245 nZ), Cassius Dio (155-235 nZ), Celsus (2. Jhdt.), Flavius Claudius Julianus (331-363 nZ).

23

Im „Dialog mit dem Juden Tryphon", 11,5; 123,6-7, ca. 152 nZ.

24

Ebd. 16,4; 17,1-4; 120, 2-4.

25

Ebd.

26

„Göttliche Unterweisungen" (Epitome Divinarum) ca. um 314 nZ, 41,3-9; 4,18,5-10 unter Verfälschung von 1 Kön 9,7-9.

27

Kap 23; 40,8-10; 14.

28

„Predigten gegen die Juden" (Homiliae Adversus Iudaeos), 6,2; 7,1.

29

„Traktat gegen die Juden" (Tractatus Adversus Iudaeos), 10.

30

In seiner „Kirchengeschichte", 7,16.

31

Sure 2,88-90: *„Allah hat sie ihres Unglaubens wegen verflucht."* Sure 5, 32-34: *„Die Vergeltung für die, welche Allah und seinen Gesandten befehden und auf der Erde umherreisen, um Verderben zu stiften, soll dies sein: dass sie getötet oder gekreuzigt werden, oder dass ihnen die Hände und Füße wechselseitig abgehauen werden oder dass sie aus dem Land verjagt werden. Das ist ihre Strafe auf dieser Welt…"* Sure 5,51: *„O ihr, die ihr glaubt, nehmt euch weder Juden noch Christen zu Freunden; denn sie sind untereinander Freunde. Wer von euch sie zu Freunden nimmt, der ist einer von ihnen. Ungerechte Leute leitet Allah nicht."* Sure 5,64: *„Die Juden…. Feindschaft und Hass werden Wir bis zum Tag der Auferstehung unter ihnen erregen."* Sure 9, 29-30: *„Bekämpft diejenigen, denen die Schrift gegeben wurde, die nicht an Allah und an den Jüngsten Tag glauben und die das nicht verbieten, was Allah und sein Gesandter verboten haben, und sich nicht zur Religion der Wahrheit bekennen, so lange, bis sie erniedrigt sind und den Tribut aus der Hand entrichten….Allah schlage sie tot!"* Sure 47,4: *„Wenn ihr auf die Ungläubigen trefft, dann schlagt ihnen den Kopf ab, bis ihr ein Gemetzel unter ihnen angerichtet habt."*

32

Sure 3,110.

33

Sure 5,20.

34

Ps 33,11, Spr 19,21; Jes 46,10.

35

Unter den Namen „Baal", „Helios", „Sol", „Sol invictus".

36

2 Mos 5,2: *„Ich kenne den HERRN nicht und werde Israel auch nicht ziehen lassen."*

37

Vgl. Thiede/Stingelin, „Die Wurzeln des Antisemitismus", S. 25, 2003.

38

Interessanterweise sieht das Drehbuch zum Film „Die Zehn Gebote" von 1956 vor, dass der Pharao nach dem Untergang seiner Armee auf die Frage seiner Frau, wie das geschehen konnte, seine frühere Aussage korrigiert. Er sagt, dass der Gott Israels Gott ist. Deshalb also hat Israel auch fortziehen können. Er kennt also Israels Gott an und sieht ein, dass in der Konsequenz dieses Volk auch in die Freiheit zu entlassen war.

39

Der Pharao ging mit seiner Armee im Meer unter. In der Auferstehung wird er seinen Irrtum erkennen können. Er wird sich aber auch wundern, dass sich die Kirchen so irren konnten, wo sie doch im Besitz der Bibel waren und all der wunderbaren Offenbarungen des Gottes Israel. Und dennoch ließen sie Israel nicht ziehen, sondern bekämpften es noch schlimmer als es der Pharao je getan hatte. Wird Gott ihn als Ankläger der Kirchen einsetzen?

40

Also anders wie es Thiede/Stingelin („Die Wurzeln des Antisemitismus", S. 97, 2003.) behaupten, die aber wiederum richtig feststellen, dass die Uminterpretation eine Fälschung der Fakten, *„jedoch nicht die direkte Umsetzung dessen, was dort (im Neuen Testament) tatsächlich gesagt wird."*

41

LuÜ, ElbÜ und Schlachter übersetzen so. Die Zürcher hat: *„Sein Blut über uns und unsere Kinder!"* Sie lässt das „Kommen" weg. Das Kommen steht zwar nicht im Text ist aber folgerichtig, denn wie soll das Blut die Kinder betreffen, die es bisher nicht betroffen hat, wenn nicht, dass es noch so weit kommt!

42

Vgl. Brigitte Mihok (Hrsg.), „Begriffe, Theorien, Ideologien", S. 238, 2010. Wie sie richtig bemerkt ist „ganz Israel" keinesfalls verworfen. Aber man muss es noch positiver ausdrücken, denn „ganz Israel" wird gerettet (Röm 11,26).

43

Ähnlich auch in 2 Sam 1,14-16; 3 Mos 20,9 oder Hes 33,4-6.

44

Thiede/Stingelin („Die Wurzeln des Antisemitismus", S. 99, 2003) haben unrecht, wenn sie sagen, dass sich aus einer zu unterstellenden Selbstverfluchung aller Juden eine Berechtigung für die Judenmörder ergäbe, das mit dem Evangelium zu rechtfertigen.

45

Die genaue Zahl ist nicht zu ermitteln. Sie schwankt jeweils entsprechend den neusten wissenschaftlichen Erkenntnissen. Ausreichend belegt und bewiesen ist der massenhafte Mord an Juden.

46

Hubertus Mynarek, „Herren und Knechte der Kirche", S.166, 2010.

47

„Wenn es um die Frage von Schuld und Mitschuld. Verantwortung und Mitverantwortung für den Genozid geht, weicht die katholische Kirche nicht selten mit Rechtfertigungsstrategien aus….So verurteilte zwar die katholische Kirche den rassischen Antisemitismus, sympathisierte aber andererseits mit dem staatspolitisch auf der gleichen Ebene argumentierenden Antisemitismus der Nazis.", Maximilian Gottschlich, „Unerlöste Schatten: Die Christen und der neue Antisemitismus", S. 112, 2016.

48

Wenn sich sogar heute noch die verschiedenen christlichen Kirchen nicht im Klaren darüber sind, was Paulus tatsächlich gelehrt hat und was nicht, wie könnte man dann von nichtchristlichen Juden erwarten, dass sie Lehre und Legende klar unterscheiden konnten!

49

Reinhard Kratz weist darauf hin, dass sich die damaligen Juden selber als „Judäer" (Jehudaim) bezeichneten („Das Judentum im Zeitalter des Zweiten Tempels", S. 3, 2017).

50

Ob sie auch Helfer und Vollstrecker aus anderen Nationen hatten, spielt in dem Zusammenhang keine Rolle.

51

Zum Zusammenhang von Ersatztheologie und Judenverfolgung in der Anfangszeit der Amtskirche schreiben Thiese/Stingelin: *„Die zur Verfolgung und Totschlag füh-* *rende Judenfeindschaft des frühen Christentums ist eine Folge der fehlgeleiteten* *Interpretation dessen, was im Neuen Testament steht; eine katastrophale Verfäl-* *schung, jedoch nicht die direkte Umsetzung dessen, was dort tatsächlich gesagt* *wird."* („Die Wurzeln des Antisemitismus" Thiese/Stingelin, 2002)

52

Emile Durkheim, „Soziologie und Philosophie", S. 87, 1996.

53

Vgl. vom Verfasser, „Der schmale Weg", 1/17

54

Der Gott Israels verlangt von Abraham die Bereitschaft seinen Sohn Isaak zu op- fern. Diese Unterbeweisstellung von absoluter Opferbereitschaft bezweckt jedoch nicht, die Gunst Gottes zu erbringen, sondern in eine unauflösliche Beziehung zu Gott zu kommen. Dem entspricht im Neuen Testament die hart klingende Forde- rung von Jesus, wer seine Familie nicht verlässt, wenn Gott es fordern sollte, ist Seiner nicht wert (Mt 10,37).

55

So z.B. Arnold Angenendt „Toleranz und Gewalt: Das Christentum zwischen Bibel und Schwert", 2018.

56

Ebd. S. 294.

57

Heinrich Heine, „Sämtliche Werke in vier Bänden", Bd. 3, S. 518f, 1972.

58

Arnold Toynbee, „Menschheit, woher und wohin?", S. 153, 1969.

59

Wolfhart Pannenberg, „Die Bestimmung des Menschen", S. 11, 1978.

60

Nach Poensgen war man eher bereit denjenigen zu opfern, der die „eingespielte Schulideologie" gefährdete als diese, die doch zur Ordnung der Gesellschaft dazugehörte (Herbert Poensgen „Ausgang – Exit", S. 54, 2001).

61

Vgl. Henry Chadwick, „Betrachtungen über das Gewissen in der griechischen, jüdischen und christlichen Tradition", Sp. 1026-1028, 1973.

62

Manche spotten, der Grund, warum die katholischen Kirchenoberen behaupten, sie hätten den gleichen Gott wie die Mohammedaner, sei der, dass es auch bei ihnen Kindesmissbrauch gibt. Mohammed selbst behandelte eine Neunjährige wie eine Ehefrau.

63

Leidtun können einem neben den Opfern auch die Katholiken, die glauben, dass das die Kirche Christi sei. Arme Irrende können an den Früchten anderer Irrender nicht erkennen, dass sie irren! Viele sagen, *„So etwas würde Christus in seiner Kirche niemals zulassen."* Was eine Schande ist, kann nur der erkennen, der den rechten Maßstab hat.

64

Carl Friedrich Keil, „Commentar über das Evangelium des Johannes", S. 105, 1881.

65

Es ist nicht denkbar, dass jemand die Botschaft ganz verstanden hat und sie dennoch ablehnt. Das ist nicht so gemeint, dass man nicht Gedanken zusammensetzen könnte, die es erklärlich zu machen scheint, sondern so, dass man stimmiger denkt, je mehr man sich der Quelle der Erkenntnis angenähert hat. Ein Gottloser hat sich dieser Quelle, Gott, nicht sehr angenähert und urteilt daher auf der Grundlage von mangelhafter Kenntnis. Die Bibel sagt, dass Gottlose Narren sind. Die Ergebnisse ihres Denkens können demzufolge nur Narren für sich einnehmen. Vor allem ist es aber so, dass eine völlige Unabhängigkeit des Wollens vom Denken und Erkennen nicht gegeben, zumindest aber nicht nachweisbar ist. Wer gottlos denkt, kann nicht frei wollen, weil es Freiheit unter der Sünde nicht gibt. Sein Wollen ist daher immer auch auf der Grundlage des Irrtums und Nichtwissens gewollt worden.

66

Jürgen Moltmann hat es in „Der Gekreuzigte Gott", S. 42, 2002, so ausgedrückt: *„Das Symbol des Kreuzes in der Kirche weist hin auf den Gott, der nicht zwischen zwei Leuchtern auf einem Altar, sondern zwischen zwei Räubern auf der Schädelstätte der Verlorenen vor den Toren der Stadt gekreuzigt wurde."*

67

Joh 1,3; 1Kor 8,6; Kol 1,16-17; Heb 1,2.

68

In „Ecce Homo", Sämtliche Werke: Philosophische und Philologische Werke, Autobiographische Aufzeichnungen, Lyrik, Aufsätze und Briefe, S. 223, 2018.

69

Charles Henry Mackintosh, „Gedanken zum 1. Buch Mose", S. 129, 1973.

70

Ebd., S. 188.

71

In „Der Antichrist", Sämtliche Werke: Philosophische und Philologische Werke, Autobiographische Aufzeichnungen, Lyrik, Aufsätze und Briefe, S. 19, 2018.

72

In: „Also sprach Zarathustra", Sämtliche Werke: Philosophische und Philologische Werke,

 Autobiographische Aufzeichnungen, Lyrik, Aufsätze und Briefe, 2018.

73

Dass sich die westliche Welt immer mehr auf die Dekadenz zubewegt, haben auch Soziologen längst erkannt. So bringen die Soziologen Brigitte und Peter Berger den Zusammenbruch der Familie und das Durchsetzen der antifamiliären Haltung in unserer ganzen Kultur mit dem Zustand anderer Bereiche in Verbindung: *„Diejenigen, die die bürgerliche Familie auflösen würden, würden, wenn es ihnen möglich wäre, diese ohne jedes Risiko auflösen. Diese phantastische Vorstellung eines risikolosen Lebens drückt sich in einigen ihrer zentralen Aussagen aus. Da gibt es das Ideal des „swinging single" ohne Verbindung zum Partner, die Planung einer endlosen Selbstverwirklichung; die Idealisierung der Abtreibung, die endgültige Entfernung eines letzten Risikos einer Schwangerschaft bei sexuellen Beziehungen; das beharrliche Drängen, dass ein „homosexueller Lebensstil" einer heterosexuellen Heirat gesellschaftlich gleichgestellt wird, die Gleichschaltung einer risikolosen (weil kinderlosen) Beziehung mit der gewagtesten aller Beziehungen. All diese Punkte können unter der Kategorie „Geburtsfeindlichkeit" zusammengefasst werden. Sie sind in einem eindeutig logischen Zusammenspiel mit anderen ideologischen Themen zu sehen, die in der gleichen Richtung bestimmend sind: politische Linksorientierung, Nullwachstum im wirtschaftlichen Bereich und der Bevölkerungszahl, antinukleare und im Allgemeinen antitechnische Meinungen, Pazifismus und eine milde nichtaggressive Haltung in internationalen Beziehungen, ein tiefer Argwohn gegen Patriotismus (der letztendlich immer eine mögliche militärische Dimension hat) und eine grundsätzlich negative Haltung zu allen Werten wie Disziplin, Leistung und Konkurrenz. In der Gesamtheit ist dies sicherlich eine Konstellation, die als Dekadenz zu benennen ist."* (zitiert aus Francis A. Schaeffer, „Die große Anpassung", S. 221, 1988).

74

„Jesu Stimme kann man nicht koppeln mit den Sirenen des Zeitgeistes.", Heinrich Kemner in „Esa gibt nichts Schöneres", S. 78, 1977.

75

5 Mos 10,16; 30,6; Jer 4,4.

76

Michael Brown, „Our hands are stained with blood", S. 163-164, 1992.

77

Wie es auch ein antisemitische Stereotype verwendender deutscher Schriftsteller und Nobelpreisträger mit SS-Vergangenheit in seinem Gedicht „Was gesagt werden muss" dargestellt hat. Wörtlich: *„Die Atommacht Israel gefährdet den ohnehin brüchigen Weltfrieden."*

78

Solche Gräuellügen verbreiten nicht nur islamische Medien, sondern auch europäische Tageszeitungen wie z.B. 2009 die schwedische „Aftonbladet".

79

Das soll nach Rosenfeld die Ursache für den „Wunsch nach einem Tod Israels" (Alvin H. Rosenfeld: „Was ist ‚Israelkritik'?" In: Marc Grimm, Bodo Kahmann (Hrsg.): Antisemitismus im 21. Jahrhundert. „Virulenz einer alten Feindschaft in Zeiten von Islamismus und Terror", S. 62, 2018.

80

Maximilian Gottschlich schrieb: *„Die Juden – wo immer sie leben – sind das schlechte Gewissen der anderen. Sie sind das Ärgernis, weil ihre Existenz die Verdrängung nicht zulässt, und deswegen hasst man sie."* (Maximilian Gottschlich, „Unerlöste Schatten. Die Christen und der neue Antisemitismus", S. 125f, 2015).

81

Jean Améry sagte einmal: *„Der Antisemitismus war einst der Sozialismus der dummen Kerle. Heute steht er im Begriff, ein integrierender Bestandteil des Sozialismus schlechthin zu werden, und so macht jeder Sozialist sich selber freien Willens zum* *dummen Kerl. Der Antisemitismus ist wieder ehrbar geworden, aber es gibt keinen ehrbaren Antisemitismus!"* (zitiert nach Arno Lustiger, „Judenhass heute", Die Welt, 29. 11.2008.

82

Vgl. Hans Mayer, „Außenseiter", 2007.

83

Alain Finkielkraut („Avenir d'une négation: réflexion sur la question du génocide", 1982) entgegnet dem: *„Der doktrinäre Antisemitismus hätte kaum fortbestehen können, ohne sich einen neuen Namen zu geben, aber das eben hat er getan. Und diese Ersetzung des Juden durch den Zionisten ist mehr als nur ein rhetorischer Kunstgriff."*

84

Im „Dialog mit dem Juden Tryphon".

85

Schnepel führt aus, dass der erste Schritt dazu, das Nachlassen der Verfolgung war. Die Kirche wurde zuerst gesellschaftsfähig und dann „in", allerdings aus weltlichen Gründen, die Kirche soll aber nur „in der Welt" sein, nicht umgekehrt die Welt „in der Kirche" sein! (vgl. Erich Schnepel, „Christus im Römerreich", S. 48ff, 1936).

86

Nach Schnepel war bereits „den Christen des zweiten Jahrhunderts die urchristliche Botschaft zum guten Teil verdunkelt". (vgl. Erich Schnepel, „Christus im Römerreich", S. 72, 1936).

87

In der „Homiliae adversus Iudaeos".

88

Michael L. Brown, Handbuch Judentum, S. 220, 2009.

89

„Wie der Kirchenvater Hieronymus die katholische Welt mit seinem unverhüllt aus-
gesprochenen Judenhass angesteckt hat, so vergiftete Luther mit seinem juden-
feindlichen Testamente die protestantische Welt auf lange Zeit hinaus." (Zitat des
Historikers Heinrich Graetz in Werner Keller, „Und wurden zerstreut unter alle Völker," S. 332, 1993).

90

Wengst bezeichnet die Judenfeindschaft Luthers als „Geburtsfehler des Protestantismus" (Klaus Wengst, „Christsein mit Tora und Evangelium", S. 35-52, 2014).

91

Philipp Jacob Spener (1635 – 1705), Johann Albrecht Bengel (1687 – 1752).

92

Ernst Wilhelm Hengstenberg (1802 – 1869), August Dächsel (1818 – 1901), Georg
Buchwald (1859 – 1947).

93

Carsten Peter Thiede und Urs Stingelin; „Die Wurzeln des Antisemitismus", S. 145-
146, 2003.

94

Martin Luther, in: Luther Deutsch, WA 7, 601, 34. Luthers Schmähschriften:– Von
den Juden und ihren Lügen (1543); – Vom Schem Hamphoras und vom Geschlecht
Christi (1543); – Von den letzten Worten Davids (1543); – Eine Vermahnung wider
die Juden (1546).

95

Siehe Martin Brecht, Martin Luther, Bd. 3, S. 332-345, 2013.

96

Was die Vertreter des biblischen Christentums dachten, ist kaum überliefert, da sie
keine Weltgeschichte geschrieben haben. Dem, was Broadbent dazu sagt, dürfte
kaum zu widersprechen sein: *„Es gab auch schon in den ersten Jahrhunderten im-*
mer wieder kleinere Glaubensgemeinschaften, die sich der Kirche Roms verwei-
gerten, weil sie sahen, dass die Lehre des Neuen Testaments ganz anders war. Ihr

wollten sie folgen, Christus, nicht der Kirche.“ (E.H. Broadbent, „Gemeinde Jesu in Knechtsgestalt", S. 41; 1965) Wobei zu sagen ist, dass die Kirche Christi da ist, wo Christus ist und umgekehrt. Aber so, wie man nicht wissen kann, wo Jesus ist, wenn Er es einem nicht gesagt hat, kommt man auch nicht zu seiner Gemeinde, wenn man nicht von Jesus persönlich hineingezogen worden ist.

97

Sure 3:54.

98

Vgl. Hans Joachim Eckstein, „Du bist geliebter, als du ahnst", S. 153, 2018.

99

Vgl. Georg Huntemann, „Streit in der Kirche", S. 73, 1971.

100

E.H. Broadbent, „Gemeinde Jesu in Knechtsgestalt", S. 29; 1965.

101

Ebd., S. 25.

102

Karl Friedrich Hering zitiert in „Gottes Plan für die Zeitalter", S. 14, 1946, Th. Krawielitzki: *„Das größte Übel in der Welt ist ein Christentum ohne den Heiligen Geist"* und fährt dann fort: *„Das kann nur Antichristentum ergeben. Dass also eine Anzahl der Nationen das Christentum zur Volksreligion bekommen haben, dient nicht so sehr dazu, sie christlich zu machen, als vielmehr sie reif zu machen für das Antichristentum ...".* Er sieht offenbar einen Plan dahinter.

103

Vgl. Di Fabio/Schilling (Hrsg.), „Weltwirkung der Reformation", S. 107, 2017.

104

Vgl. Ernst-Wolfgang Böckenförde, „Recht, Staat, Freiheit", S. 112, 1991.

105

Vgl. Ives Ledure, „Im Auftrag der Republik", S. 2, 2002.

106

Walter Kasper, „Theologie und Kirche", S. 112, 1987.

107

Nach Hans-Ullrich Wehler sei sogar zu rühmen *„die unzweideutige Kritik, mit der die katholische Amtskirche bis 1933 der Hitler-Bewegung begegnete, ein Ruhmesblatt ihres politischen Urteilsvermögens."* (Vgl. „Deutsche Gesellschaftsgeschichte", Bd. 4, S. 797, 2003).

108

Arnold Angenendt „Toleranz und Gewalt: Das Christentum zwischen Bibel und Schwert", S. 154, 2018.

109

„Von einem Lebensrecht des ungeborenen Kindes konnte im Abendland bis zum Auftreten des Christentums keine Rede sein." Robert Jütte, Hrg. „Geschichte der Abtreibung, von der Antike bis zur Gegenwart", S. 16, 1993.

110

„Wycliff, Tyndale, Luther, Calvin, Cranmer, im 17. Jahrhundert, Bunyan, die Übersetzer der King James Bibel und die Männer, die das Westminster Bekenntnis und das BaptistenBekenntnis verfassten; Sir Isaac Newton, Wesley, Whitefield, Jonathan Edwards und – in jüngerer Zeit – Spurgeon, Bischof J. C. Ryle und Dr. Martyn LloydJones: Diese Männer und viele andere sahen das Amt des Papsttums als den Antichristen, der an die Stelle Christi tritt, das neue Gesicht des alten Heidenkultes, das Geheimnis Babylon, von dem die Bibel spricht. Sie sahen dies alles in der Schrift; das Wort Gottes wurde für sie eine lebendige Offenbarung. Sie sahen, wie viele auch heutzutage, die falsche Braut, die Hure, die am Ende der Zeit gerichtet werden soll, in der Beschreibung von Offenbarung 17,16. […] Die Reformatoren erkannten den wahren Charakter des römischen Systems und wussten, dass sie sich deutlich dagegenstellen mussten. Wenn sie damals Recht hatten, haben sie auch heute noch recht. Gottes Wort ist unwandelbar…", Michael de Semlyen, „Alle Wege führen nach Rom. Evangelikale – wohin?", S. 208, 1993.

111

Röm 13,12-13; 1Kor 5,11; 2 Kor 12,21; Gal 5,16.19; Eph 5,3-4; Kol 3,5-6; 1Thes 4,3-5,6; 1Pet 4,3; Heb 12,16.13,4; Jud 7.

112

Vgl. Erwin W. Lutzer, „Unvollkommene Heilige", S. 82,1999.

113

So schreibt Schacke über die Hoffnung trotz aller Erschwernisse: *„Christen, die durch den Geist Gottes getrieben sind und geführt werden, ist es die Hoffnung, ganz mit dem verherrlichten Christus vereinigt zu werden..."* (vgl. Martin Schacke „Die Neuordnung Gottes und das Sein in Christus", S. 47, 1979).

114

Vgl. Thomas Ice, Timothy Demy (Hrsg.) „Wenn die Posaune erschallt", S. 51, 1995.

115

„Es gibt keine Grundlage für eine Datierung der Wiederkunft Christi oder des Weltendes", John Walvoord, „Armageddon, Oil an the Middle East Crisis", S. 21-22, 1990.

116

„Die Entrückung ist ein zeichenloses Ereignis", Thomas Ice, „Wenn die Posaune erschallt", S. 22, 1995.

117

Joh 14,1-3; Jak 5,7-9; 1 Thes 1,9-10; 2,17-19; 3,13; 4,13-16; 5,1-11; 5,23-24; 2 Thes 2,1,1-2 1 Tim 6,14; 1 Kor 15,51-52; Phil 3,20-21, Tit 2,13; 1 Joh 2,28; 3,2-3.

118

Jak 5,7-8, 1 Thes 2,17-19; 3,13; 4,13-18; 5,23; 2 Thes 2,1-2; 1 Kor 15,23-24; 1 Joh 2,28; 3,2-3.

119

Joh 14,1-3; Jak 5,7-9; 1 Thes 4,16; 5,23-24; 2 Thes 2,1-3; Tit 2,13; 1 Joh 2,8; 3,2-3. Vgl. auch Mal Couch, „Die wichtigsten Begriffe und Bibeltexte über die Entrückung". S. 37, 1995.

120

Ebd., S. 57.

121

Vgl. vom Verfasser, „Apokalypsis", 2015.

122

2 Thes 2,8; 1 Tim 6,14; Tit 2,13; oder als Verb „erscheinen" in 1 Joh 2,28; 3,2.

123

Vgl. Adolf Harnack, der die Naherwartung geradezu als unverzichtbarer Bestandteil des Glaubens sieht, was anscheinend ein Widerspruch ist zu der Tatsache, dass das „Nahe" nun schon 2000 Jahre dauert (in „Millennium", Encyclopedia Britannica (9.Ausgabe), XVI, 314).

124

„Auf der heutigen Weltbühne lassen viele Hinweise die Schlussfolgerung zu, dass das Ende dieses Zeitalters kurz bevorsteht." John Walvoord, „Israel in Prophecy", S. 129, 1962.

125

Grat Jeffrey, „Die Kirche des frühen Mittelalters", S. 118, 1995.

126

Vgl. Charles Ellicott, „Ellicot`s Commentary on the whole Bible", Vol. 8 S. 84, 1959.

127

Ausgerechnet die jüdische Übertragung des Neuen Testaments von David Stern, 1994, nennt den „Sonntag".

128

Joh 12,31; 16,11; Eph 2,2.

129

Mk 16,1.2.9, Lk 24,1; Joh 20,1.7.19 bei Bibelstellen im Zusammenhang mit der Auferstehung Jesu; sowie Lk 18,12; 1 Kor 16,2.

130

Vgl. Helmuth Egelkraut, W.S. LaSor, D.A. Hubbard, F.W. Bush, „Das Alte Testament: Entstehung, Geschichte, Botschaft", S. 1206, 1982.

131

Obd 15; Joel 1,15; 2,1.11.31; 3,14; Am 5,18.20; Jes 2,12; 13,6.9; Zef 1,7.14; Hes 13,5; 30,3; Sach 14,1.

132

5 Mos 32,35; Obd 12-14.

133

Jes 34,8a; 35,4a; 61,2b; 63, 4a.

134

Zef 1,15; Am 5,18.20; Joel 2,2.

135

Diese Bezeichnung „Tag" wird benutzt, *„um die Schnelligkeit und Entschlossenheit beim Sieg des Herrn über seine Feinde hervorzuheben"* schlägt Robert Chisholm vor („The Bible Knowledge Commentary", 1:1412, 1985).

136

„Nach Paulus liegt der Sinn der Entrückung darin, dass wir dem kommenden Zorn entrinnen und Errettung „durch unseren Herrn Jesus Christus" (5,10) erlangen." (Mal Couch, S. 61).

137

Frank Gaebelein, „The Expositor`s Bible Commentary", Vol. II; S. 285, 1984.

138

Vgl. Randall Price, „Alttestamentliche Begriffe für die Zeit der Trübsal", S. 78, 1995.

139

Vgl. Maoshe Mayah, „A World Built, Destroyed, and Rebuilt", S. 77, 2004; Jonathan Ben-Dov, „The Construction of Time in Antiquity", S. 187, 2017.

140

Vgl. Werner Schmidt, „Das Buch Jeremia", S. 111, 2013.

141

Die von ihren jüdischen Mitgliedern meist verlangt haben, dass sie alles Jüdische aufgeben.

142

Jer 33,14-18; Hes 37;16-28.

143

Jer 30,7-8; 31,28; 33,16; Hes 37, 23b.

144

Jer 31,27; 33,14; Hes 37,16-22.

145

Jer 31,8; 31,40; 33, 16a.17.18; Hes 37,25-28.

146

Jer 30,9; 31,33-34; 33,16b; Hes 37,23a.24b.

147

Jer 30,9b; 33,15; Hes 37,24-25.

148

Mt 24,29-31; Sach 12,1-13; 14, 1-5.

149

Bei den USA mag es anders sein, da es zwar eine sogenannte Diaspora in den USA gibt, aber dorthin sind die Juden aus eigenem Antrieb, nicht gezwungener Maßen, gekommen.

150

Larry Cruchfield, „Hoffnung und Trübsal bei den apostolischen Vätern", S. 94, 1995.

151

Robert Gundry, „The Church and the Tribulation", S. 173, 1973.

152

Lateinisch „prä" für „vor" und „tribulare" für plagen. Prätribulationisten sind also „Vorhergeplagte".

153

Ephraem Syrus 373 nZ in „Über die letzten Zeiten". Bei ihm beginnt die Reihenfolge der eschatologischen Ereignisse mit der Entrückung. Darauf folgt die Trübsal, die unter der Herrschaft des Antichristen dreieinhalb Jahre dauert. Danach kommt es zur Wiederkunft Christi mit seinen Heiligen. Er macht auch klar, dass es einen Sinn macht, die Vollkommenen und Geläuterten weiteren Belastungen auszusetzen.

154

Vgl. Herbert Briem, „Epochen der Heilsgeschichte", S. 109-112, 2014.

155

Röm 16,25; 1Tim 1,11; Eph 1,13.

156

Mt 4,17.23; 24,14; Of 14,6.7.

157

Vgl. Adolf Heller, „Wozu uns Christi Wiederkunft ermahnt", in „Gnade und Herrlichkeit", S. 186, 4/16.

158

Vgl. Joh 13,34, Vgl. Joh 15,17; Röm 13,8.

159

1 Joh 2,10; 3,14; 4,7.8.20; 5,1.

160

Hiob 41,2; Ps 135,6; Spr 19,21; Jes 46,10f; Jer 32,27; Röm 9,16. 18-19; 8,20; Eph 1,11;2,8; 1 Tim 2,4; 4,10; Dan 4,32; 1 Chron 29,11-12; Lk 14,28-30.

161

Vgl. A. W. Tozer, „The Set of the Sail", S. 114, 1986.

162

Vgl. Phi 1,6; 2 Pe 3,12. Und wer dennoch verängstigt ist, dem wird Christus weiterhelfen.

163

Spurgeon: *„Wenn ich daran denke, wie andere für den Glauben gelitten haben, dann erscheint ein bisschen Verachtung und Unfreundlichkeit wie eine Lächerlichkeit, die nicht erwähnenswert ist."* (Zitiert in: John F. MacArthur, „Wenn Salz kraftlos wird", S. 42-44, 2. Auflage 1997).

164

Jer.30,7.23.24; Dan.8,19; Zeph.1,14.15.

165

Röm.5,9; 1.Thess.1,10; 5,9.

166

Vgl. Röm 1,18.

167

Bei den Sendschreiben werden die angesprochenen Gemeinden als jüdisch bzw. mit jüdischen oder alttestamentlichen Kennzeichen charakterisiert. Sie haben den Schlüssel Davids und sie haben Synagogen (Of 2,7.9.14.20.26; 3,5.7.9.12) Es ist anzunehmen, dass für Johannes zwischen den Jahren 70 und 90, als er die Offenbarung verfasst hat, trotz einem nicht unbedingt als Minderheit zu bezeichnenden Anteil an nichtjüdischen Messiasgläubigen in den Gemeinden Kleinasiens, die jüdischen Gläubigen doch noch den Ton angaben. Es muss ihn daher nicht verwundert haben, dass ihm die Gemeinden der Endzeit im Geiste so jüdisch vorgestellt wurden. Vergleiche hierzu die Ausführungen des Verfassers in „Apokalypsis", S. 103 ff, 2015.

168

Vgl. auch Of 4,4.10;5,5.6; 5,8.11.14.

169

Vgl. Röm 14,10-12; 2 Kor.5,10. Die Hochzeit des Lammes mit der „Braut", die man in Of 19,7.8 sieht, gehört nicht dazu. Den Ausdruck „Brautgemeinde" gibt es in der Bibel nicht. In der Bibel wird als Braut (außer wenn eine wirkliche Frau gemeint ist) immer nur Israel bezeichnet (Joh 3,29; Of 21,9; 22,17).

170

Vgl. Robert Gundry, „The Church and the Tribulation", 1973. Gundry hat als einer der wenigen Ausleger den dispensationalistischen Ansatz, wonach man zwischen Israel und Gemeinde unterscheiden müsse. Allerdings trennt er auch nicht konsequent genug. So ist z.B. das Kommen des Messias in Mt 24 nicht die Entrückung, sondern das Kommen zu Israel.

171

Wie z.B. in „Bibel und Gemeinde", 4/18, wo dem Buchrezensent der dispensatio-nalistische Ansatz nicht behagt und daher den Verfasser einer dispensationalisti-schen Sicht als „unqualifiziert" diskreditiert. Wer querdenkt gegen den Mainstream wird aus dem Kreis der Fachleute verbannt.

172

Vgl. Stanley Tousant, in „Wenn die Posaune schallt", S. 263-264, 1995.

173

Im Neuen Testament erscheint er in den Evangelien nur in Mt 24., also genau in dem Evangelium, das als das jüdischste betrachtet wird.

174

Josephus in Ant. 3,80,202 und 9,55.

175

Es gibt auch Sabbat haltende Christen, die Mt 24 als Beweis dafür verwenden, dass doch Christen den Sabbat halten müssten. Diese Christen haben zwar verstanden, dass es seitens der Kirchen inkonsequent ist, zu behaupten, man müsse die Ge-bote Gottes halten und eines der wichtigsten Gebote des Dekalogs jedoch komplett ignorieren und ihm zuwiderhandeln. Aber sie übersehen die heilsgeschichtlichen Zuordnungen ebenso wie diese Kirchen und ziehen daraus andere falsche Schlüsse.

176

Bruce Ware, „Is the Church in View in Matthew 24-25", Biblioteka Sakra 138, S. 170, 1981.

177

Vgl. Stanley Toussaint, S. 269 in „When the Trumpet Sounds", 1995.

178

Vgl. John Walvoord, S. 276 ebd.

179

Natürlich gab es auch in Israel immer eine Gemeinde der Gläubigen, sie unterschied sich aber grundlegend in ihren Glaubensinhalten von den neutestamentlichen Gemeinden. Sie gehörten zu Israel und bildeten das gläubige Israel.

180

Joh 14,3; Heb 9,28.

181

Mt 24,30; Joh 14,3; 2 Thes 1,10; Jud 14; Of 1,7; 22,20.

182

1 Pet 1,7; 1 Kor 1,7.

183

Joh 21,1; 1 Joh 3,2.

184

2 Thes 2,8; 2 Tim 4,8.

185

Joh 14,3; 1 Thes 4,17; 2 Thes 2,1.

186

1 Thes 3,13; Jud 14; Of 19,14.

187

Sach 14,4; Ap 1,11.

188

1 Thes 5,1-3; Lk 21,11.15.

189

Vgl. John Sproule, „A Revised Review of the Church and the Tribulation by Robert H. Gundry", S. 32, 1974.

190

Vgl. die Auslegung von Edward Hindson in „Entrückung und Wiederkunft", S. 175 in „When the Trumpet Sounds", 1995.

191

Mt 24,31; 25,31ff; Sach 14,3-4; Joel 3,12-16 bzw. 4; Of 19,11ff-20.

192

1 Thes 4,13-18; 1 Kor 15,51-55; Joh 14,1-3. Vgl. John Feinberg, „Argumente über die Entrückung", S. 216, 1995.

193

Helps Word studies 1987,2011, Nr. 646.

194

Richard Reiter, „A History of the Development of the Rapture Positions", S. 32, 1984.

195

Stanley Ellisen, „Biography of a great Planet", S. 121, 1975.

196

1 Kö 21,13: „Männer der Bosheit" und „Söhne der Bosheit".

197

Nach den deutschen Übersetzungen wird der Gott Belial zu einem Synonym mit der Bosheit gemacht (Vgl. 2 Kor 6,15).

198

Vgl. Wayne House. S. 288 in „When the Trumpet Sounds", 1995.

199

Vgl. Jos 22,22; Jer 2,19.

200

Beispielsweise wird zum Teil von den Kirchen Homosexualität nicht mehr als Sünde betrachtet, obwohl die Bibel hierzu sehr klare Aussagen macht.

201

Die Auffassung, dass die katholische Theologie davon nicht betroffen wäre, ist falsch, denn auch bei katholischen Theologen wird den Worten Gottes im ersten Buch Mose nicht geglaubt.

202

Vgl. Lewis Chafer, „Sysematic Theology", Bd. VI, S. 86-87, 1948.

203

„Gott tut immer ein ganzes Werk. Er kommt zum Ziel." Erich Schnepel, „Das Werk Jesu", S. 133, 1972.

204

Auch der Verfasser versucht hier in dieser Arbeit eine Annäherung an die Fakten und die historische Wahrheit, ohne gegen Fehlsichten gefeit zu sein.

205

„Bald nach dem Ableben der ersten Apostel übernahmen die Verkündigung der frohen Botschaft nicht nur Fackelträger echten, sondern teilweise auch „kluge", hellenistisch geprägte Männer." Kurt Spöri/ Rudolf Michalke, „Die Wege der Kirche", S. 4, 2002.

206

Angeblich soll bei der Eroberung Babyloniens im Jahr 539 vZ durch den Perserkönig Kyros II der Hohepriester Babylons nach Kleinasien geflohen sein. Allerdings kennt der römische Geschichtsschreiber Livius eine Lister der Nachfolger vom ersten Pontifex Maximus von Rom aus dem Jahr 449 vZ bis in seine Zeit 141 vZ (Vgl. Alan Cameron, „Pontifex Maximus: from Augustus to Gratian – and Beyond", S. 139–159, 2016). Daher ist diese Aussage historisch nicht zu belegen.

207

„Im Lauf der Spätantike entwickelte sich das Christentum im Römischen Reich zu einer elaborierten Hochreligion, deren Grundvoraussetzungen neben der Schriftlichkeit wesentlich die griechische Philosophie und das römische Recht waren." Hubert Wolf, „Krypta-unterdrückte Traditionen der Kirchengeschichte", S. 147, 2015.

208

„Was die geistlichen Hirten in Stellvertretung Christi als Lehrer des Glaubens erklären oder als Leiter der Kirche bestimmen, haben die Gläubigen im Bewusstsein ihrer eigenen Verantwortung in christlichem Gehorsam zu befolgen."

Kodex des Kanonischen Rechtes, 1983 can. 212 §1 in Hubert Wolf, „Krypta-unterdrückte Traditionen der Kirchengeschichte", S. 146, 2015.

209

„Es musste Sklaverei geben, bevor überhaupt die Idee der Freiheit als eines Wertes entstehen konnte." Orlando Patterson, „Freiheit, Sklaverei und die moderne Konstruktion der Rechte", in Joas/Wiegandt (Hrg.) „Die kulturellen Werte Europas", S. 166f, 2005.

210

Rudolf Vierhaus, „Aufklärung als Lernprozess", S. 86, 1987.

211

„Wenn der Mensch Gott nicht mehr gegenüber steht, wird er absacken in das Bodenlose des Kollektivs." (Georg Huntemann, "Streit in der Kirche", S. 47, 1971).

212

Das Bruttoinlandprodukt aller arabischen Staaten lag um die Jahrtausendwende unter dem Schwedens. 1980 bis 2000 meldeten die arabischen Länder 370 Patente in den USA an, Israel hingegen 8000. In den arabischen Ländern wurden 1996 ganze 1945 Bücher gedruckt. (Dan Diner, „Versiegelte Zeit", S. 42, 2006). Das sind aber nicht einmal 1 Prozent der Weltproduktion (ebd. S.37) In den USA sind etwa 250 Mal so viele Wissenschaftler tätig wie in Saudi-Arabien. Die wissenschaftliche Bedeutungslosigkeit islamischer Länder, die rund ein Fünftel der gesamten Weltbevölkerung stellen, lässt sich anhand von Statistiken der Weltbank, der UNESCO und der US-amerikanischen National Science Foundation über Länder der Organisation of the Islamic Conference (OIC) belegen. In der OIC sind 57 islamische Staaten vertreten. Für das Jahr 2003 haben die Islamstaaten durchschnittlich 13 wissenschaftliche Veröffentlichungen pro eine Million Einwohner. In den USA sind es 666. Es gab bisher nur vier islamische Nobelpreisträger in den Naturwissenschaften. Doch die forschten nach Vorbildern und Ausbildung westlicher Standards. Anders werden Naturwissenschaften weltweit nicht betrieben. Aber auch innerhalb des christlich geprägten Westens gibt es markante Unterschiede!

213

Joh 4,22; 1 Mos 12,1-3; 28,14; 49,10.

214

Im Jahre 2019 sind laut Open Doors die 17 Staaten, in denen Christen am meisten verfolgt werden, 15 Islamstaaten, dazu kommen Indien und kommunistische Nordkorea.

215

Arnold Angenendt, „Toleranz und Gewalt: Das Christentum zwischen Bibel und Schwert", S. 104f, 2018.

216

Tilam Nagel, „Islam - Die Heilsbotschaft des Islam", S. 13, 2001.

217

Vgl. Eckhart Stöve, „Toleranz" in „Theologische Realenzyklopädie", S. 647, 2002.

218

Vgl. Reinhard Koselleck, „Aufklärung und die Grenzen ihrer Toleranz", S. 256, 1982.

219

Man sah als akzeptablen Anteil 20 Prozent an. Seither wurde diese Marke nie relevant überschritten. In europäischen Städten mit hohem Anteil an Muslimen zeigt sich, dass sich Parallelgesellschaften bilden, die nur schwer noch kontrollierbar sind und die demokratischen Regeln nur bedingt folgen. Das Wesen des Islam ist nicht Toleranz, sondern Unterwerfung. Nichts anderes bedeutet das Wort „Islam".

220

Carl Schneider, „Ursprung und Ursache der christlichen Intoleranz", S. 193, 1978.

221

Eduard Meyer schreibt: *„In keiner Religion ist dieser Fanatismus, die rücksichtslose, vor keinem Frevel zurückschreckende Verfolgung Andersdenkender so dominierend geworden und geblieben wie im Christentum in all seinen Erscheinungsformen"* (In Karl-Heinz Deschner, „Und abermals krähte der Hahn" S. 441, 1962). Der Satz stimmt nur ansatzweise, denn der Verfasser kennt nicht alle Erscheinungsformen des Christentums. Er unterscheidet offenbar nicht zwischen christlichem Glauben und Kirchenchristentum. Wenn man im Schwarzwald Pilze sammelt und zuerst an einem Pilz erbricht und einige Zeit später an einem anderen, ist man geneigt, zu sagen: alle Pilze sind im Schwarzwald giftig.

222

„Der Monotheismus hat mit seinem Tötungsverbot, seiner Abscheu gegen Menschenopfer und Unterdrückung, seinem Plädoyer für die Gleichheit aller Menschen vor dem einen Gott, alles getan, die Gewalttätigkeit dieser Welt zu verringern...", Jan Assmann in „Gottesbilder-Menschenbilder", S. 328f., 2006.

223

Apologeticum, 24,6; CChr.SL 2, S. 1127.

224

Joh 17,1ff; Röm 8,30; Phil 3,21.

225

„Die Religion ist mehr als alles andere Sache der Freiwilligkeit und man kann von niemand erzwingen, dass er etwas verehre, das er nicht will." schrieb der christliche Autor Lactanz um 300 nZ. (Lactanz, „Epitome divinarum institutionum" 49,2f. CSEL 19, S. 728.

226

Vgl. Rainer Forst, „Toleranz im Konflikt", S. 366, 2003.

227

Klaus Schreiner, „Toleranz", S. 447, 1990.

228

Vgl. Rainer Forst, „Toleranz im Konflikt", S. 55, 2003.

229

Vgl. Robert Moore, „Gesellschaft und Kultur im Mittelalter", S. 250, 2001.

230

Rudolf Vierhaus, „Aufklärung als Lernprozess", S. 113, 1987.

231

Vgl. Georg Huntemann, „Streit in der Kirche", S. 23, 1971.

232

„Die glaubenslosen Menschen werden sich stumm und hilflos manipulieren lassen." Georg Huntemann, „Streit in der Kirche", S. 28, 1971.

233

Ebd., S. 29.

234

„Der gottlose Mensch wird aggressiv und lusthungrig zugleich sein." Ebd., S. 34.

235

Vgl. Nikolai Berdjajew, „Von der Würde des Christentums und der Unwürde des Christen", S. 35, 1947.

236

„In der Begegnung mit Gott wird der Mensch nicht aufgehoben, sondern in der Freiheit und in der Liebe zu Gott vollendet." (Georg Huntemann, „Streit in der Kirche", S. 25, 1971).

237

1 Kor 6,9; 1 Tim 1,10.

238

Michael Kotsch hat auf die neue Freundlichkeit der Kirchen untereinander hingewiesen: „Auch sollte nicht vergessen werden, dass die neue Sympathie der katho-

lischen Kirche für Evangelikale weniger aus einer geistlichen Neubesinnung entsprungen ist, sondern aus einer tiefen Krise. In einer Zeit, als die katholische Kirche noch eine große gesellschaftliche Bedeutung hatte, setzte sie ihre Macht auch dazu ein, evangelikale Christen zu diffamieren und zu unterdrücken. Nach diesem starken gesellschaftlichen Einfluss sehnen sich heute viele der katholischen Amtsträger zurück. Ähnlich verlief es mit der osteuropäischen Orthodoxie. Solange die orthodoxe Kirche staatlich bekämpft wurde, gab es durchaus gute Kontakte zu evangelikalen Christen; stellenweise unterstützte man sich sogar gegenseitig. Nun, nachdem die orthodoxe Kirche in Russland wieder stark und einflussreich ist, benutzt sie ihre neue Macht unter anderem dazu, einen Alleinvertretungsanspruch durchzusetzen und Gesetze zur Benachteiligung evangelikaler Christen zu fordern, die sie jetzt weniger als Geschwister denn als unliebsame Konkurrenten betrachtet.“ Michael Kotsch, Bibel und Gemeinde 4/2018, S. 26-27.

239

„Die Kirche ist der sichere Grund auf dem wir stehen. […] Wir sollten nichts im Widerspruch zur Kirche unternehmen. Die Kirche ist […] in der Hierarchie, in Papst und Bischöfen, Gottes Präsenz in dieser Welt. Die Bischöfe sind die Nachfolger der Apostel, ihnen hat Christus die Leitung der Kirche aufgetragen. Wer sie hört, hört Christus.“ Michael Prüller, in: Mission Manifest, S. 42, 2018.

240

„anomos"- „gesetzlos“ ist ein Adjektiv, so dass „ho anomos“ nicht zwangsläufig ein Maskulinum sein muss, der mit „der Gesetzlose“ übersetzt werden muss. Es könnte auch sächlich mit „das Gesetzlose“ übersetzt werden. „anomos“ kommt von „nomos“ – das Gesetz. Im Deutschen würde auf „das Gesetz“ als Gegensatz „das Gesetzlose“ folgen. Das grammatische Geschlecht bleibt also das Gleiche. Im Griechischen steht aber „anomos“ für ein Adjektiv und „das Gesetzlose“ oder „die Gesetzlosigkeit“ (2 Thes 2,7) heißt „anomia“, die grammatische Form ist weiblich, aber kein Grieche glaubt, dass deshalb die „Gesetzlosigkeit“ eine Person sei. Daher ist nicht einzusehen, warum „ho anomos“ zwingend eine

Person sein soll, denn „nomos" ist zwar grammatisch ein Maskulin, aber keine Person.

241

Vgl. Franz Zeilinger, „Der biblische Auferstehungsglaube: Religionsgeschichtliche Entstehung – heilsgeschichtliche Entfaltung", S. 83, 2008.

242

1 Kor 15,43; 2 Kor 11,30; 12,5.9.

243

Of 5,5; 1 Pet 5,8.

244

Vgl. Hartmann Grisar, „Rom beim Ausgang der antiken Welt", S. 274, 2017.

245

Außer natürlich, wenn einem das vom Arzt dringend empfohlen worden ist!

246

Paul van Buren, „The Secular Meaning of the Gospel",1963.

247

„Die moderne Theologie entmythologisiert nicht, sondern remythologisiert das biblische Gottesverständnis, weil sie die Freiheit Gottes in menschlichen Denkkategorien „einbildet"." (Georg Huntemann, "Streit in der Kirche", S. 45, 1971).

248

Anstatt Rollen gab es jetzt den Blätter-Codex.

249

„Durch die zur Gesetzlichkeit entstellte Befolgung der Gebote", David Stern Kommentar zum Jüdischen Neuen Testament, Bd. 2, S. 337, 1992.

250

David Stern, „Das Jüdische Neue Testament", S. 332, 1994.

251

Griechisch heißt es „ex ergon nomou", wörtlich „durch Werke des Gesetzes".

252

James G. McCarthy, „Das Evangelium nach Rom", S. 64, 1995; vgl. Katechismus Nr. 1129.

253

Und in vielen Kirchen im Machtbereich der Kirche Roms europaweit.

254

Of 19,20; 20,14.15.

255

Oetinger nennt das *„die große Rache, die Gott an den Völkern und auch an den Christen ausüben wird."* (Friedrich Christoph Oetinger, Sämtliche Schriften, Bd. 6, S. 27, 1977).

256

Es gibt auch schriftliche Zeugnisse dafür, dass kirchliche Verantwortungsträger, einschließlich einiger Päpste sich gegen die Judenverfolgung verwahrten. Aber das ist möglicherweise nur der Versuch eines Räuberhauptmanns, die Gesetzlosen, die sich unter seinem Kommando zu Raub und Gewaltanwendung versammelt haben, zu mäßigen. Wer Raubmörder anheuert, geschweige denn, jemand dazu erzieht und ausbildet, braucht sich nicht zu wundern, dass sie genau das tun. Im Falle der Kirche Roms erleichtert die gesamte bibelwidrige, antijüdische Theologie die Entfaltung des Antisemitismus und es braucht wenig, ihm Taten folgen zu lassen.

257

Für Urs Altermatt bildet im konfessionellen Katholizismus *„der religiös begründete Antijudaismus bis zum Zweiten Vatikanum das rationale und emotionale Fundament."* (Urs Altermatt, „Katholizismus und Antisemitismus", S. 304, 1999).

258

Die Frage, ob man als Christ überhaupt einer solchen Kirche angehören darf, muss sich jeder selber beantworten. Für einen inaktiven Christen ist das sicherlich nur schwer zu begründen.

259

Vgl. Thomas Huxley, „Science and Hebrew Tradition", S. 207, 1897.

260

Man kann von einer Institutionalisierung des Antisemitismus in der Kirche Roms reden, denn der Judenhass wurde *„ausgesät und [ist] aufgegangen im kanonischen Recht, in der Liturgie, im Katechismus, ausgesät auch von den Kanzeln und in den Schulen, mit dem Ziel, den Juden in eine Position völliger Minderwertigkeit zu versetzen"* (Nach Hans Henrix, Wolfgang Kraus (Hgg.), „Die Kirchen und das Judentum" Bd. 2, S. 110-119, 2001).

261

Nach Hans-Ullrich Wehler handele es sich sogar um eine *„unzweideutige Kritik, mit der die katholische Amtskirche bis 1933 der Hitler-Bewegung begegnete, ein Ruhmesblatt ihres politischen Urteilsvermögens."* (Vgl. „Deutsche Gesellschaftsgeschichte", Bd. 4, S. 797, 2003).

262

Posener Rede v. 4.10.43.

263

Laut dem Psychiater Frederick Perls ist ein Astronom Urheber des Zitats („Das Ich, der Hunger und die Aggression", S. 132, 2000).

264

Die Nazis verbündeten sich mit der katholischen Kirche, weil sie glaubten, sie zu überleben, denn Hitler hätte nach einem gewonnenen Krieg an einer anderen Front weiter Krieg geführt, der Front der Weltanschauungen. Wer sich an dem Wort „verbündeten" stört, dem sei gesagt, dass man das Konkordat nennen kann wie man will, es ist aus geistlicher Sicht ein Bündnis des Verrats an den Juden gewesen. Damit hat man lediglich das fortgesetzt, was man bisher betrieben hat, nur dass man nun von Seiten der Kirche sagen konnte, uns sind die Hände gebunden.

265

„Denn hätten die Kirchen und katholischerseits gerade auch das Papsttum früher und entschiedener für Menschenrechte, Demokratie und Gleichberechtigung ge-kämpft, dann wären Menschenwürde und Freiheit, wenn auch möglicherweise nur im Protest, stärker als Panier gegen die Barbarei hochgehalten worden." Arnold Angenendt „Toleranz und Gewalt: Das Christentum zwischen Bibel und Schwert", S. 154, 2018.

266

Für Urs Altermatt bildet im konfessionellen Katholizismus *„der religiös begründete Antijudaismus bis zum Zweiten Vatikanum das rationale und emotionale Funda-ment."* (Urs Altermatt, „Katholizismus und Antisemitismus", S. 304, 1999).

267

„Ausgesät und aufgegangen im kanonischen Recht, in der Liturgie, im Katechis-mus, ausgesät auch von den Kanzeln und in den Schulen, mit dem Ziel, den Juden in eine Position völliger Minderwertigkeit zu versetzen" (nach Hans Henrix, Wolf-gang Kraus (Hgg.), „Die Kirchen und das Judentum" Bd. 2, S. 110-119, 2001).

268

Alexander Seibel, „Die Heilungswelle rollt", S. 13, 2018.

269

Vgl. Alexander Seibel, „Neue Praktiken innerhalb der pfingstlich-charismati-schen Bewegung", S. 3, 2016.

270

Alexander Seibel schreibt: *„Der Heilige Geist bewirkt, dass der Herr Jesus im Mittelpunkt steht, Er verherrlicht wird und nicht umgekehrt (Joh 16,13-14)."*

271

So zu lesen bei Lee Grady, „Life After Lakeland: Sorting out the Confusion", 2006: *„Jetzt bin ich davon überzeugt, dass ein großer Teil der charismatischen Bewegung dem Antichristen folgen wird, wenn er auftreten sollte, denn sie ha-ben kein geistliches Unterscheidungsvermögen."*

272

Vgl. Thomas Huxley, „Science and Hebrew Tradition", S. 207, 1896.

273

1 Mos 3,19; Röm 5,12; 8,18-22.

274

Wie Nr. 272.

275

Zur Unvereinbarkeit des Evolutionismus mit der Genesis vgl. Reinhard Junker „Genesis, Schöpfung und Evolution", S. 15ff., 2019

276

Alexander Solschenizyn schrieb in „Three Key Moments in Japanese History", National Review, 9. Dezember 1983: *„Im Zentrum des Sozialismus steht der Trugschluss, dass alle menschlichen Probleme durch soziale Veränderung gelöst werden können. Aber selbst, wenn er verspricht, in seiner mildesten Form aufzutreten, versucht er immer, mit dem Werkzeug der Gewalt die erfundene und unerreichbare Idee einzubringen, dass alle Menschen gleich sein müssen."* Ob das für jede humanistische Weltanschauung nicht ebenso gilt?

277

AH, Rede v. 22.6.44 vor Offiziersanwärtern.

278

Ernst-Wolfgang Böckendorfer, „Recht, Staat, Freiheit", S. 43, 1991.

279

Röm 1,26-27; 1 Kor 6,9.

280

Georg Walter, „Der Angriff auf die Wahrheit", S. 26, 2009.

281

Os Guinness, „Church Growth—Success At What Price?", Tabletalk Magazine, 4/92.

282

Vgl. Georg Walter, „Der Angriff auf die Wahrheit", S. 390, 2009.

283

Abfall wird von Charles Francis Digby Moule, in „Sacrifice of Christ", S. 30, 1957 so definiert: *„Wechsel von der Seite des Gekreuzigten auf die Seite derer, die ihn kreuzigen."*

284

G.E. Lessing Werke Bd. 6, S. 462, 1767-1769: *„Es ist ein Beweis für die wahre, für die richtig verstandenen Religion, wenn sie uns überall auf das Schöne zurückbringt."* Wie konnte Lessing das sagen, da er doch kein Christ war? Er war Humanist. Ein Humanist muss sich nicht dafür entschuldigen, wenn er auf solche Ideen kommt. Aber Christen sollten sich dafür entschuldigen, wenn ihnen nur einfällt, wie sie andere Menschen quälen können oder es auch nur für richtig halten können, dass Lebenssinn und Lebensinhalt das Quälen und Gequältwerden sein könnte, welche man noch zu verewigen habe.

285

Nach H.M. Morris „Evolution im Zwielicht", S. 127, 1974.

286

Vgl. Heb 4,12; Jer 23,29; Joh 3,3; Mt 6,24.

287

1 Pet 2,8; 1 Sam 15,23.

288

H. Muschalek, „Gottesbekenntnisse moderner Naturforscher", S. 21, 1964.

289

Sure 3,54.

290

Wenn Allah sagt, dass er der größte Täuscher ist, dann gibt es zwei Möglichkeiten. 1. Das ist eine Lüge. Wenn er aber kein Täuscher ist, dann wäre er ja einer, der die Wahrheit vertritt, das kann aber auch nicht sein, weil dann ja zumindest seine Aussage, dass er ein Täuscher sei, gelogen wäre. 2. Die Aussage entspricht der Wahrheit, dann ist Allah identisch mit dem Satan, denn der ist der größte Lügner. Wäre Satan nicht der größte Lügner und Täuscher, sondern Allah, dann wäre nicht Satan der Satan, sondern Allah. Daraus muss man schließen, dass Allah und Satan identisch sind.

Literaturverzeichnis (Auswahl)

Urs Altermatt, „Katholizismus und Antisemitismus", 1999.

Arnold Angenendt „Toleranz und Gewalt: Das Christentum zwischen Bibel und Schwert", 2018.

Jan Assmann, „Gottesbilder-Menschenbilder", 2006.

Jonathan Ben-Dov, „The Construction of Time in Antiquity", 2017.

Nikolai Berdjajew, „Von der Würde des Christentums und der Unwürde des Christen", 1947.

Ernst-Wolfgang Böckenförde, „Recht, Staat, Freiheit", 1991.

Michael Borgolte, „Wie Europa seine Vielfalt fand", 2005.

Martin Brecht, Martin Luther, 2013

Herbert Briem, „Epochen der Heilsgeschichte", 2014.

Edmund Hamer Broadbent, „Gemeinde Jesu in Knechtsgestalt", 1965.

Michael L. Brown, Handbuch Judentum, 2009.

Michael Brown, „Our hands are stained with blood", 1992.

Alan Cameron, „Pontifex Maximus: from Augustus to Gratian – and Beyond", 2016.

Henry Chadwick, „Betrachtungen über das Gewissen in der griechischen, jüdischen und christlichen Tradition", 1973.

Lewis Chafer, „Sysematic Theology",1948.

Robert Chisholm, „The Bible Knowledge Commentary",1985.

Mal Couch, „Die wichtigsten Begriffe und Bibeltexte über die Entrückung". 1995.

Larry Cruchfield, „Hoffnung und Trübsal bei den apostolischen Vätern", 1995.

Karl-Heinz Deschner, „Und abermals krähte der Hahn" S. 441, 1962

Di Fabio/Schilling (Hrsg.), „Weltwirkung der Reformation", 2017.

Dan Diner, „Versiegelte Zeit", 2006

Emile Durkheim, „Soziologie und Philosophie", 1996.

Hans Joachim Eckstein, „Du bist geliebter, als du ahnst", 2018.

Helmuth Egelkraut, W.S. LaSor, D.A. Hubbard, F.W. Bush, „Das Alte Testament: Entstehung, Geschichte, Botschaft".

Charles Ellicott, „Ellicot`s Commentary on the whole Bible", 1959.

Stanley Ellisen, „Biography of a great Planet", 1975.

John Feinberg, „Argumente über die Entrückung", 1995.

Alain Finkielkraut, „Avenir d'une négation: réflexion sur la question du génocide", 1982.

Rainer Forst, „Toleranz im Konflikt", 2003.

Frank Gaebelein, „The Expositor`s Bible Commentary1984.

Maximilian Gottschlich, „Unerlöste Schatten. Die Christen und der neue Antisemitismus", 2015.

Lee Grady, „Life After Lakeland: Sorting out the Confusion", 2006.

Marc Grimm, Bodo Kahmann (Hrsg.): Antisemitismus im 21. Jahrhundert, 2018.

Hartmann Grisar, „Rom beim Ausgang der antiken Welt", 2017.

Robert Gundry, „The Church and the Tribulation",1973.

Adolf Harnack, „Millennium", 1889.

Heinrich Heine, „Sämtliche Werke in vier Bänden 1972.

Hans Henrix, Wolfgang Kraus (Hgg.), „Die Kirchen und das Judentum" 2001.

Karl Friedrich Hering, „Gottes Plan für die Zeitalter", 1946.

Georg Huntemann, „Streit in der Kirche", 1971.

Thomas Huxley, „Science and Hebrew Tradition",1897.

Thomas Ice, Timothy Demy (Hrsg.) „Wenn die Posaune erschallt", 1995.

Grat Jeffrey, „Die Kirche des frühen Mittelalters", 1995.

Joas/Wiegandt (Hrg.) „Die kulturellen Werte Europas", 2005.

Robert Jütte, Hrg. "Geschichte der Abtreibung, von der Antike bis zur Gegenwart", 1993.

Reinhard Junker „Genesis, Schöpfung und Evolution", 2019.

Walter Kasper, „Theologie und Kirche", 1987.

Carl Friedrich Keil, „Commentar über das Evangelium des Johannes", 1881.

Werner Keller, „Und wurden zerstreut unter alle Völker," 1993.

Heinrich Kemner in „Esa gibt nichts Schöneres", 1977.

Reinhard Koselleck, „Aufklärung und die Grenzen ihrer Toleranz", 1982.

Reinhard Kratz, „Das Judentum im Zeitalter des Zweiten Tempels", 2017.

Ives Ledure, „Im Auftrag der Republik", 2002.

Gotthold E. Lessing Werke 1767-1769.

Erwin W. Lutzer, „Unvollkommene Heilige", 1999.

John Mac Arthur, „Israel in Exile", 2016.

John MacArthur, „Wenn Salz kraftlos wird", 1997.

James G. McCarthy, „Das Evangelium nach Rom", 1995.

Charles Henry Mackintosh, „Gedanken zum 1. Buch Mose", 1973.

Maoshe Mayah, „A World Built, Destroyed, and Rebuilt, 2004.

Hans Mayer, „Außenseiter", 2007.

Brigitte Mihok (Hrsg.), „Begriffe, Theorien, Ideologien", 2010.

Jürgen Moltmann hat es in „Der Gekreuzigte Gott", 2002.

Robert Moore, „Gesellschaft und Kultur im Mittelalter", 2001.

Henry .M. Morris „Evolution im Zwielicht", 1974.

Charles Francis Digby Moule, in „Sacrifice of Christ", 1957.

Hubert Muschalek, „Gottesbekenntnisse moderner Naturforscher", 1964.

Hubertus Mynarek, „Herren und Knechte der Kirche", 2010.

Tilam Nagel, „Islam - Die Heilsbotschaft des Islam", 2001.

Roman Nies, „Apokalypsis", 2015.

Friedrich Nietzsche, Sämtliche Werke: Philosophische und Philologische

Werke, Autobiographische Aufzeichnungen, Lyrik, Aufsätze und Briefe, 2018.

Friedrich Christoph Oetinger, Sämtliche Schriften, 1977.

Wolfhart Pannenberg, „Die Bestimmung des Menschen", 1978.

Frederick Perls, „Das Ich, der Hunger und die Aggression", 2000.

Herbert Poensgen „Ausgang – Exit", 2001.

Randall Price, „Alttestamentliche Begriffe für die Zeit der Trübsal", 1995.

Richard Reiter, „A History of the Development of the Rapture Positions",1984.

Martin Schacke „Die Neuordnung Gottes und das Sein in Christus", 1979.

Francis A. Schaeffer, „Die große Anpassung", 1988.

Werner Schmidt, „Das Buch Jeremia", 2013.

Carl Schneider, „Ursprung und Ursache der christlichen Intoleranz", 1978.

Erich Schnepel, „Christus im Römerreich", 1936.

Erich Schnepel, „Das Werk Jesu", 1972.

Klaus Schreiner, „Toleranz", 1990.

Alexander Seibel, „Die Heilungswelle rollt", 2018.

Alexander Seibel, „Neue Praktiken innerhalb der pfingstlich-charismatischen Bewegung", 2016.

Michael de Semlyen, „Alle Wege führen nach Rom. Evangelikale – wohin?", 1993.

Kurt Spöri/ Rudolf Michalke, „Die Wege der Kirche", 2002.

John Sproule, „A Revised Review of the Church and the Tribulation by Robert H. Gundry", 1974.

Eckhart Stöve, „Toleranz" in „Theologische Realenzyklopädie", 2002.

David Stern Kommentar zum Jüdischen Neuen Testament, 1992.

David Stern, „Das Jüdische Neue Testament", 1994.

Thiede/Stingelin, „Die Wurzeln des Antisemitismus", 2003.

Carsten Peter Thiede und Urs Stingelin; „Die Wurzeln des Antisemitismus", 2002.

Arnold Toynbee, „Menschheit, woher und wohin?", 1969.

A. W. Tozer, „The Set of the Sail",1986.

Paul van Buren, „The Secular Meaning of the Gospel", 1963.

Rudolf Vierhaus, „Aufklärung als Lernprozess", 1987.

Georg Walter, „Der Angriff auf die Wahrheit", 2009.

John Walvoord, „Armageddon, Oil an the Middle East Crisis",1990.

John Walvoord, „Israel in Prophecy", 1962.

John Walvoord, „When the Trumpet Sounds", 1995.

Hans-Ullrich Wehler, „Deutsche Gesellschaftsgeschichte", 2003.

Klaus Wengst, „Christsein mit Tora und Evangelium", 2014.

Hubert Wolf, „Krypta-unterdrückte Traditionen der Kirchengeschichte", 2015.

Franz Zeilinger, „Der biblische Auferstehungsglaube: Religionsgeschichtliche Entstehung – heilsgeschichtliche Entfaltung", 2008.

Zeitfracht Medien GmbH
Ferdinand-Jühlke-Straße 7
99095 Erfurt, Deutschland
produktsicherheit@kolibri360.de